걷기, 삶과 행복의 관계

김연형
산티아고
에세이

걷기, 삶과 행복의 관계

도서출판 월인

책을 펴내며

우리 삶에서 중요한 것은, 같은 강에 두 번 발을 담글 수 없다는 옛말처럼 평생 나답게 사는 것이 무엇인지 고민하고 성찰하는 삶을 사는 것이다. 외국의 어떤 철학자는 "흑판을 향하여 30년, 흑판을 등지고 30년을 보냈는데 이제는 무덤이 기다리고 있을 뿐이다"라는 말을 남겼다고 한다. 학생 생활로 30년, 선생으로 30년을 보냈는데 벌써 인생의 황혼이 되었다는 고백이다. 나 역시 마찬가지이다. 학생 생활로 30년, 선생으로 40년을 보냈으면서 내가 상상하고 기대했던 것보다는 너무나 짧은 동안에 인생의 노년기에 들어선 것이다. 이것을 깨닫지도 못하는 사이에 늙어버린 자신을 발견하게 되는 것이 인생이라는 생각이 든다. 그러므로 우리 삶에서 생각할 수 있는 가장 중요한 것은 인생의 마지막 순간에 원하는 것을 지금 하라는 것이다. 너무 생각이 많으면 행동으로 나타나지 않기 때문이다. 나는 사는 동안 어떻게 하면 기왕 사는 삶 의미 있는 일을 하며 살아갈 것인가를 생각하고 있다.

나는 살아 있는 한 걷고 싶다. 숲 속에서, 들녘 길에서 홀로 가는 나그네처럼 걷고 또 걷고 싶다. 자연은 우리에게 너무 광활하다. 자연 안에서 인간은 마치 치수가 맞지 않은 옷을 입은 것처럼 헛돌고 있다. 길 위에서 우리는 이방인일 뿐이다. 우리가 속한 자연의 한복판에서 이방인이 되지 않는 간단한 방법은 그곳을 찾아서 걷는 것이다. 헨리 데이비드 소로는, 걷기는 자신을 되찾아가는 것이 아니라 자신을 재창조할 가능성을 스스로 부여하는 것이라고 했다. 나이가 많든 적든 간에 모든 사람의 가슴 속에는 놀라움에 끌리는 마음 즉 경이감을 느끼며, 미지에 대한 끝없는 탐구심과 도전정신에 의해서 삶에서 환희를 얻고자 하는 근원적인 열망이 있는 법이다. 우리들은 가슴 속에 남에게 잘 보이지 않는 그 무엇을 간직하고 살고 있는 것이다. 아름다움, 희망, 전율, 용기, 영원의 세계에서 오는 힘, 이 모든 것을 간직하고 있는 한 언제까지나 우리는 젊음을 유지하며 살고 있는 것이다. 사무엘 울만이 말하는 청춘이란 인생의 어느 기간을 말하는 것이 아니라 우리들의 마음의 상태를 말하고 있지 않은가. 모든 것이 마음먹기 나름인 것 같다. 젊음과 청춘이란 우리의 삶의 깊은 샘물에서 오는 신선한 정신, 유약함을 물리치는 용기, 안이를 뿌리치는 모험심을 의미한다고 생각한다. 며칠 전 산악인 김홍빈의 산 너머 삶에서 본, 열 손가락 없이 히말라야 봉우리에 모두 오른 그의 도전정신이야말로 살아있는 우리들에게 커다란 충격과 존경심을 일깨워 주었다. 제임스 딘이 말한 것처럼 영원히 살 것처럼 꿈을 꾸고 내일 죽을 것처럼 오늘을 살아간 사람이 아닌가 생각이 든다. 어찌 보면 이것이 인생이 아닌가 한다.

나의 인생에 결정적인 역할을 하여 주신 많은 분이 계신다. 이분들에게 고마움과 감사함을 전하고 싶다. 고 강오전 교수님은 나에게 대학원 입학을 권유하여 주셨고 교수가 될 수 있도록 많은 역할을 해 주셔서 현재의 내가 있는 것이라 생각한다. 그리고 남궁평 전 성균관대학교 교수님은 통계학과에 대한 애정과 사랑이 남다르게 강하였다. 특히 남궁평 교수님은 경기대 이우리 교수, 나와 함께 성균관대학교 통계학과 출신 교수모임을 만들어 통계학과의 발전과 선후배 교수 간의 학문교류와 친선관계를 원활하게 만들기 위해서 남다른 리더십을 보여주었고, 개인적으로 보면 나에게는 남다른 관심과 애정을 보여주셨으며, 나의 부족한 면을 지적해 주시고 보완해 주시는 고마운 선배 교수님이시다.

나는 전주대학교 교수로 부임한 후 형님께서 다니시던 전주침례교회에서 신앙생활을 시작하여 지금은 전주갈릴리교회를 다니고 있다. 여기서 만난 장승현 장로, 이화옥 장로, 채수완 장로는 형제들처럼 가깝게 지내면서 이분들에게서 신앙적으로 많은 것을 배우고 있다. 특히 뒤에 함께한 남기종 장로님은 참으로 존경하고 사랑하는 닮고 싶은 분이다. 항상 성실하고 친절하며 다정다감한 그분과 함께 신앙생활을 한 것만으로도 감사하게 생각한다. 존경하는 양교철 목사님은 하나님 나라의 일꾼으로서 복음에 대한 열정과 소외된 이들에 대한 사랑을 보여주셨고, 또한 신학자로서 저술활동 등 많은 일을 하시고 전주갈릴리교회에서 은퇴하셨다. 은퇴식에서 우리에게 주신 말씀이 나에게는 커다란 울림을 주었다. "바람부는 대로 살지 말라"라는 말씀으로 험한 세상에서 자신의 정체성을 확고히 갖고 살라는 내용이었다.

그리고 전주대학교에 부임한 후 40년 동안 변함없이 함께한 박하섭 교수님, 이인홍 교수, 고태욱 교수와 박광서 교수는 평생 잊을 수 없는 교수님들이다. 또한 같은 과의 고선우 교수, 권수태 교수, 민정익 교수, 이근호 교수 그리고 송해안 교수와 김승곤 교수를 잊을 수가 없다. 항상 고맙고 감사한 후배 교수들이다. 그리고 황건준 박사는 스페인에 선교사로 떠나 하나님 나라 일을 하고 있는 존경하는 후배이다. 그리고 수많은 제자들은 어찌 잊을 수 있겠는가? 동창회장인 윤영배 박사, 노동부 익산지청장인 김재훈 박사와 모든 궂은 일을 마다하지 않은 이석원 박사를 잊을 수가 없다. 그리고 대학 졸업 후 지금까지 변함없이 스승의 날에 우리를 축하해주는 89학번 고대관, 박승교, 김남진 등 모든 제자들에게 고마움을 전하고 싶다. 특히 김남진 본부장은 나의 골프 인생을 책임져 주겠다(?)고 한다.

많은 친구들이 있는데 어찌 누구를 빼고 누구를 거명할 수 있겠는가? 하지만 나의 인생에서 특별히 기억에 남는 친구 이용재 사장은 내가 힘들고 어려울 때 가장 많이 이해해주고 배려해준 친구이다. 항상 고맙고 감사하게 생각한다. 그리고 이춘선 전 스페인 대사와는 학창 시절부터 고희가 지난 지금까지 형제처럼 매우 가깝게 지내고 있다. 참 다감하고 편안한 막역지우이다. 아직도 외교 관련 문제를 연구하고 논문을 쓰고 있는 학구파 직업 외교관이다.

산티아고 순례길을 정년퇴직 후에 다시 가고 싶어 계획했는데 아내가 무릎이 좋지 않아서 아들이 그 자리를 대신했다. 그동안 아들과 소원했던 모든 것을 해결할 수 있을 것이란 기대감과 설렘으로 가슴이 벅차올랐다. 나는 다시 가는 산티아고 순례길에서 앞으로의 삶을, 왜, 무엇을, 어떻게 할 것인가를 묵상하고 싶었다. 코로나19가 종료되면 아내와 함께 다시 산티아고 순례길을 계획하고 있다.

이제 시골 농부가 되어 블루베리를 심고 가꾸며, 몸으로 흘리는 실천의 땀에 젖어 살고 있다. 농부의 정성과 간절함이 함께하는 아름답고 풍요로운 삶이 될 수 있도록 최선의 노력을 다하고 있다. 순박한 시골의 정취에 취해서 느림과 여유가 있는 삶을 만들고 싶다. 또한, 나는 살아있는 한 아니, 죽을 때까지 행복하게 걷고 싶다. 나의 이야기는 특별할 것은 없는 보통 할아버지가 살아온 이야기지만, 정말로 행복하게 걷고 싶은 사람들을 위한 작은 불씨가 된다면 나에게는 커다란 보람이 되는 일이 될 것이다.

이 책이 나오기까지 많은 사람의 도움이 있었다. 난필로 된 나의 원고를 깨끗하게 정리해준 모예진 양과 손녀인 이지영에게 고마움을 전하고 싶다. 또한 우리 부부의 산티아고 순례길을 기념하여 2010년에 선물해 준 그림을 이번 수필집 표지로 만들어 준 조카 김지현 화가에게 고마움을 전한다. 이 책에서 아쉬운 점은 그동안 읽었던 책들에서 감동받거나 좋은 글을 인용하면서 주석을 달지 못하고 참고문헌으로 대신한 점이다. 이해와 양해를 부탁하고 싶다. 코로나19 때문에 출판상황이 좋지 않은 가운데 책을 내어주신 박성복 사장에게 진심으로 감사하게 생각한다.

앞으로도 슬플 때나 기쁠 때나 변함없이 아름다운 동행을 해줄 사랑하는 아내 서정순에게 이 책을 바친다.

2021년 9월 1일

김연형

목차

제1부 길 위의 인생

제2부 배낭여행기

제1부

길 위의 인생

1. 산티아고, 그 길을 다시 가다

산티아고 순례는 자연에 순응을 하고 또한 자연과 다투는 여정이다. 하지만, 정말 중요한 것은 자연을 감상하는 것이다. 이것은 순례하는 체험을 통해서 자연의 아름다움을 느끼게 해주는 것이다. 걷다 보면 자연의 아름다운 광경 앞에 무아지경이, 문명의 물리적 도덕적 압박으로부터 해방되면서 자연에 완전히 빠져들게 된다. 우주 질서와 하나가 되면 의식 속에서 존재의 감정이 깨어난다. 숲속에서는 개울과 나무와 작은 돌들이 만들어내는 오밀조밀한 풍경이 매순간 다른 형태로 나타났고, 숲 밖에서는 푸른 대지 너머 탁 트인 시야가 가슴을 뚫어줬다. 인생의 결정적 고비에서 벽에 부딪힌 이들은 무거운 배낭을 메고 오로지 자신과 자연만이 있는 이 길을 걸으면서 답을 찾는다. 이 길에서는 세 가지가 전부다. 먹고 자고 걷고 그리고 하나 더 추가하면 깊은 생각이다. 이 힘든 길 왜 걸을까 하는 질문을 자주 받는다. 그럴 때면 그 길 위에 사람이 있다고 말한다. 그 길에서 걷기는 내 생각에 영혼을 주고 생명을 불어넣은 뭔가를 가지고 있기 때문이다.

8년 전, 2008년(6.20.~7.25.)에 아내와 산티아고를 다녀왔다. 정년퇴직 후에 다시 한 번 가고 싶다는 생각을 했는데 그 생각을 실행하고 있다. 그런데 아내는 무릎이 좋지 않아서 이번에는 함께하지 못하고 지금 쉬고 있는 아들 상진이와 함께 순례하기로 하였다. 평소에 운동을 하지 않던 아들이 이것을 극복하고 끝까지 완주할 수 있을까 걱정이 앞선다. 어떻게 보면 그의 인생에서 커다란 도전이라 생각되었다. 가슴이 뛰고 벅차다. 사랑하는 아들과 함께 산티아고 순례에 오른다. 생각처럼 쉽지 않은 결정이다.

모든 일정을 아들 상진이에게 준비하도록 하고 걷기 훈련을 하였다. 힘들지 않게 살아온 그가 인내와 끈기가 얼마나 소중한지 느꼈으면 하는 바람도 있었다. 아들과 의견 충돌이 많아서 이것을 어떻게 극복할까 걱정이 되는 부분도 있지만 모든 것을 하나님께 의지하면서, 상진이와 많은 이야기를 하며 그동안 소원했던 그 모든 것을 털어놓고 이야기할 수 있는 좋은 기회일 수도 있어, 어떻게 보면 은혜로운 순례길이 될 것 같았다. 오랜 역사를 지닌 산티아고의 길을 이번에는 아들과 함께 느끼고 싶었다. 순례에 반드시 따르게 마련인 시련을 자기 자신과 주위의 넓은 세상에 대해 무엇인가를 배울 수 있는 기회로 바꿀 수 있도록 하려는 것이다. 물론 마음의 눈으로 보아야 하겠지만….

순례는 성스러운 장소를 향해 걷는 여정이다. 또한 행동으로 나타내는 믿음이다. 나와 창조주 사이에서 오가는 가장 중요한 믿음이기 때문이다. 순례자는 무턱대고 가는 것이 아니라 자신의 관점에서 의미있는 것을 향해, 하나의 약속을 향해 걷는 것이다. 순례자는 자신이 걷는 길이 자신을 고귀한 의미에 눈뜨게 해주기를, 이 성지에 닿았을 때 초월적인 현실이 모습을 드러내기를 예상하거나 기대하는 것이다.

순례의 가장 큰 행복은 동행이다. 이를 위해 우리가 할 일은 속도를 늦추는 것이다. 코엘료(Paulo Coelho)는 "순례할 때 너무 빠르게도 너무 느리게도 걷지 말 것이고, 언제나 길의 법칙과 요구를 존중하며 걸어갈 것이며, 그를 인도하는 이에게 절대… 복종해야 한다."라고 했다. 빨리 가는 것이 중요한 게 아니라 함께 가는 것이 중요하다는 것이다.

성경은 인생살이가 순례와 같다고 한다. 순례는 단순한 여행이 아니다. 여행이 공간과 관련된 활동이라면, 순례는 신앙과 관련된 활동이다. 까를로 마짜가 '순례 영성'에서 말했듯 인간은 본질적으로 순례적 존재다. 순례자가 순례를 떠나는 이유는 자신의 일상 속에서는 어떤 초월성을 경험할 시간도 가망도 없기 때문이다. 아니 그보다도 이런 경험은 비일상적인 환경에서만 일어나기 때문이다. 물리적 장소로부터 멀어지며 초월성과 닿아있는 형이상학적 장소로 향하는 걷기를 통해서 세속적인 세상과 그 속에 가득 찬 근심과 걱정들 그리고 세상을 규정짓는 의무들과의 '거리 두기'가 작동하는 것이다. 따라서 성지까지 가는 여정에 걸리는 시간은 부수적이 아니라 필수적이다. 신비와 맞닥뜨릴 준비를 제 몸 속에서 느껴내고, 지속성 속에서 그것을 고스란히 살아내야 하기 때문이다.

가슴과 정신을 열기 위해서는 한길음, 한길음 세상에 붙들어 매는 매듭을 풀고, 몸을 정화한다. 그러므로 순례는 신성한 것으로의 통로이기도 하지만, 그와 동시에, 어쩌면 그보다도 더 중요하게, 다른 상황에서는 등한시되는 자기 자신의 어떤 차원으로 향하는 통로다. 미국 시인 월트 휘트먼(Walt Whitman)은 "나도 또 다른 누구도 당신의 길을 걸을 수 없다. 당신 스스로 그 길을 가야 한다."라고 했다. 이와 같은 성찰은, 여행자들은 정말 성스러운 것과 마주치기 전까지 여행의 깊은 의미를 알 수 없다는 생각과 맞닿아 있다. 성스러운 것은 곧 숭배할 가치가 있는 것, 인간의 마음에 경외심과 경이감을 불러일으키는 것이며, 심사숙고

되었을 때는 우리를 완전히 바꾸어 준다는 것이다.

사랑하는 사람이 때로 짐이 될 수 있을까? 사랑하기에 함께하기도 하지만 인생길은 함께이면서도 홀로 가는 길, 그리고 그 안에 사랑하는 사람이 때로는 짐이 되기도 한다. 그러나 사랑 때문에 그 사람을, 그 짐을 놓을 수 없다는 생각을 하게 된다. 오늘 사랑하는 아들과 함께 그러나 각자가 홀로 걸을 수밖에 없는 길 위에서, 서로가 짐이 되지 않기 위해서 최대한 노력하는 것이 중요할 것이다. 그리고 사랑하는 사람과 사랑하는 사람의 짐은 할 수 있는 한 끝까지 함께 가는 것이다.

론세스바예스에서 출발하는 상진

자! 새로운 세상으로 출발이다. 아들과 함께!

8년 전엔 프랑스의 생 장 피드포르(St. Jean Pied de Port)에서 출발하여 피레네산맥을 넘어 출발하였지만 늦게 합류한 아들의 비행기 티켓 때문에, 2016년 6월 16일 스페인 론세스바예스(Roncesvalles)에서 출발하기로 하였다. 인천공항에 가는 도중에 30년 이상을 동고동락했던 박광서 교수와 고태욱 교수로부터 안부 전화가 왔다. 신앙생활을 함께해 온 채수완 교수는 우리가 무사히 순례길을 마치도록 기도해 주겠다고 했다. 모두 감사한 사람들이다. 상진이는 러시아 항공 게이트로 가고 나는 대한항공으로 스페인 마드리드 공항에서 만나기로 하고 헤어졌다.

헨리 데이비드 소로는 티베트 여행 중에 알게 된 문구를 다음과 같이 소개해주었다. '매일 너 자신을 완전히 새롭게 하라. 그 일을 하고, 또 하고, 영원히 하라.' 이번 순례길에 나를 새롭게 변화하도록 주어진 지상명령과 같았다. 마음 속 깊이 간직하고 하루하루를 순례하기로 하였다. 우리 모든 사람의 마음속에는 삶을 바꾸는 데 쓸 수 있는 지도가 있다. 그것이 우리가 이 먼 곳까지 순례를 하는 이유일 것이다. 그것을 알건 알지 못하건, 우리는 생소하고 거친 땅에서 우리 자신을 새롭게 해야 할 필요가 있다.

상진이와 헤어진 후 비행기를 탑승했으나 마음이 왠지 불안하며 허전하다. 너무 걱정을 하는 것 같아 마음이 불편하였다. 모든 것이 잘 해결되리라 믿고 잠을 청해본다. 마드리드 공항에 도착하여, 새벽 1시 15분에 팜플리나로 출발하는 ALSA 버스터미널을 미리 확인하기 위하여 터미널4를 찾아 확인했다. 상진이는 30분 비행기가 지연되어 밤 11시경 만났다. 얼마 되지 않았지만 얼마나 반가운지 헤어졌던 아들을 다시 만나는 것 같았다. 야간 버스를 타고 팜플리나에 왔는데 론세스바예스로 가는 버스는 오후에 한 번 간다고 한다. 세상에 이럴 수가 있나 하면서 주위를 둘러보고 있는데, 배낭을 멘 아가씨가 택시기사와 론세스바예스를 가기 위한 흥정을 하고 있다. 서로 합의하여 함께 합석해서 론세스바예스로 출발하였다. 함께 출발한 아름다운 아가씨는 헝가리에서 온 유명한 가수라고 본인이 소개한다. 성격이 좋아 보이고 활달하다. 육체적 정신적으로 피곤하고 힘들어서 힐링하고자 왔다고 한다. 인기를 먹고 사는 연예인들에게는 우리가 알지 못하는 고민도 많이 있는 듯하다. 환호 뒤에 오는 허탈감, 허무감이 스스로를 힘들게 할 것 같았다. 힘내라고 격려하면서 헤어졌다. 하나님의 은혜가 있기를 기원해주었다.

론세스바예스에 도착하여 순례여권을 발급받으려 했으나 10시에 발급한다고 하여 카페에서 커피를 한잔했다. 밖을 보니 비가 온다. 첫 날부터 비가 오네. 아내와 왔을 때는 34일간 비가 오지 않았는데? 기분이 야릇하다. 하지만 촉촉이 내린 비는 모든 들판을 아름답고 운치 있게 만들었다.

비는 사람의 몸만 부대끼게 하는 것이 아니다. 쏟아지는 비에 강물이 불어나고 길은 진창으로 변한다. 비가 오면 보행이 어려워지는 것은 사실이다. 그러나 비가 반드시 해로운 것만은 아니다. 장비를 잘 갖춘 순례자에게는 비는 황홀한 것일 수도 있다. 비는 풍경에 푸릇푸릇한 생기를 준다. 그리하여 사람은 마음이 고즈넉해져서 위안을 얻는다. 또한 비는 길바닥으로 내몰린 불운한 다른 사람들에게 가까이 가고 싶은 마음을 불러일으키기도 한다. 풍경 위로 덮치는 소낙비나 안개나 구름 등은 비록 그 당장에는 극복해야 할 고난이겠지만 겪고 난 다음에는 지울 수 없는 추억이 된다.

2. 어떻게 살 것인가

론세스바예스에서 주비리까지

론세스바예스는 커다란 수도원으로 대표되는 작은 마을이다. 이곳은 스페인 교회 역사에서도 의미가 깊은 곳이다. 1212년에 나바라 지역의 왕 산초 엘 푸에르테(Sancho el Fuerte)가 이슬람 군대를 물리치고 기독교 성지를 재탈환하는 근거지가 되었기 때문이다. 이곳은 피레네 산맥을 넘는 힘든 길을 피하려는 순례자들이 시작하는 스페인 동부 끝 순례 시작의 장소로, 매일 밤 8시에 순례자들을 위한 축복의 예배를 드린다.

오늘은 론세스바예스의 언덕진 들판을 따라 걷는다. 가랑비로 만물이 파릇파릇하게 물을 머금고 있다. 오늘 하루는 의지있는 행위로 시작하는 것이 아니라 불안감이 없는 확실성 속에서 시작하는 것이다. 아침에 걷는다는 것, 그것은 자연에서 하루를 시작하는 것이 얼마나 큰 힘을 갖고 있는지를 이해하는 것이다. 미국 작가인 헨리 데이비드 소로(Henry David Thoreau)는 '월든'에서 건강은 아침을 얼마나 사랑하느냐에 따라 달라진다고 했다. 몇 시간이 지난 뒤 전에 겪어보지 못했던 새로운 것이 느껴지기 시작한다. 무엇인가 온몸으로 강하게 느껴지며 한

곳에서 다른 곳으로 이동하고 있는 듯하다. 이것은 근본적으로 전혀 다른 느낌이다. 나는 한 공간에 있음을 느낀다. 그러나 실제로는 무수히 많은 공간에 존재한다. 공간은 미세하게 나뉘고 나는 그 속에 존재하는 것을 느낀다. 예순다섯 나이에 육체의 젊음을 다시 찾아 온 것 같다. 나의 신체 기관을 내가 뛰어든 모험에 적응시키는 것, 이 첫 싸움에서 나는 승리한 모습이다. 이 환상적인 풍경 속에서 발걸음이 힘차게 움직인다.

론세스바예스 수도원

출발한 지 얼마 지나지 않아 첫 번째 마을인 부르게테(Burguete) 마을에 도착했다. 부르게테(오리츠)는 덧문창이 있는 집들로 이루어진 아름다운 마을로 헤밍웨이가 송어낚시를 하며 머물면서 '태양은 다시 떠오른다'를 집필한 곳으로 유명해진 자그마한 동네다. 헤밍웨이는 여기서 친구인 피츠제럴드에게 다음과 같은 편지를 썼다. "송어가 많고 다른 누구의 방해도 받지 않고 낚시를 할 수 있다는 것이 천국에 온 것 같다."

고 말이다. 그는 부르게테 마을을 이렇게 천국으로 묘사했다. 우리는 길을 다시 걷기 시작했다. 목장을 가로지르고 들판을 건너 언덕 위 경사진 곳이 있는 숲으로 통하는 작은 길이었다. 들은 울퉁불퉁하고, 풀에 덮여 있었지만, 그 풀은 양이 뜯어 먹어서 짧았다. 소는 언덕 위 높은 곳에 있었고 숲속에서는 소의 목에 달린 방울 소리가 계속해서 들려왔다. 뒤를 돌아보니 부르게테 마을의 하얀 집들과 빨간 지붕이 아름다운 전경을 자아내고 있었다. 언덕 위에는 길이 뻗어 있었고, 우린 울창한 숲 속으로 들어갔다. 때로는 내려가기도 했지만 또 다시 가파른 언덕길이 계속되었다. 숲 속에서는 소의 목에 달린 방울 소리가 계속 들려왔다. 산마루 양지쪽에 있는 나무들 사이에 조그마한 공지에는 산딸기가 있고, 길 양쪽 옆에는 숲 속에서 빠져나가는 길이 나 있다. 저만치 앞에 보이는 언덕에는 나무가 없고, 노란 금잔화가 우거진 넓은 들이었다. 에스피널(Espinal) 마을에 와보니 시골 마을 광장에 여행자나 순례자들이 물을 마실 수 있는 곳이 있었고 마을 사람들이 잘 관리하고 있었다.

우리가 살다 보면 행복하다는 생각을 하곤 하는데 나 역시 그렇다. 특별히 지금은 더욱 그렇다. 이렇게 힘든 여정을 아들 상진과 함께 동행하고 있으며 또 곁에서 이런저런 이야기를 하는 것에 즐거움을 느낀다.

사실, 상진이는 전주에서 인천 그리고 모스크바를 경유하며 마드리드 공항에 도착하여, 야간 고속버스와 택시를 타고 이곳 론세스바예스까지 왔으니 얼마나 피곤하고 긴장하고 있을까? 비가 조금씩 내리고 있어 힘들어 할 줄 알았는데 그래도 잘 걷고 있다. 새로운 경험이고 도전이 될 것이다. 아들이 옆에 있어 든든한 마음이 든다. 순하고 착하기만 한 아들인데 새로운 도전을 함으로써 많은 것을 얻을 수 있으리라 생각되었다. 그렇다면 우리는 어떻게 사는 것이 현명할까?

아름다운 부르게테 마을

어떻게 살 것인가 하는 질문에 대해 소크라테스는 '중요한 것은 그냥 사는 것이 아니라 훌륭하게 사는 것'이라고 한다. 우리 모두가 어떻게 살 것인가를 묻는 이유는 그냥 살고 싶지 않기 때문이다. 문제는 어떤 것이 훌륭하게 아름답게 사는 것이냐는 것이다. 우리는 고전을 통해 절제, 겸양, 배려, 관용 같은 윤리적·도덕적 규범을 배웠다. 하지만 나는 이러한 고전적인 가치로서의 훌륭한 삶을 이야기하기보다는 우리 시대에 가장 절실한 시대 가치가 무엇인지, 가장 필요한 것이 무엇인지를 고민하는 게 맞다고 생각한다. 어떤 사람이 되고 싶어 하는지 개인에 따라 차이가 나겠지만 누구나 멋지고 아름다운 삶을 사는 사람이 되고 싶어 할 것이다. 이와 같이 아름다움을 실현하는 삶을 산다는 것을 '어떻게 살 것인가'에 대한 답으로 내놓으면 일단 대부분의 사람들은 공감해 줄 것이다. 그러나 현실의 삶은 아름답게 살겠다고 해서 그 바람이 쉽게 이루어질 수 있는 것이 아니다. 플라톤은 인간의 영혼 자체가 아름다움을 갈구하도록 되어 있어서 그렇게 살 수는 없다고 한다. 그는 우리로 하여금 추한 현실 속에서도 아름다움을 추구하는 인간의 삶 그 자체가 아름답다는 사실을 깨닫게 해준다는 것이다.

정년퇴직 후 남은 삶의 인생을 위한 준비는 다 되어있는가? 퇴직 후의 인생을 준비하는 첫 단계는 꿈을 갖는 일이라고 생각한다. '이 나이에 꿈은 무슨'이라고 말하면서 아예 꿈을 꿀 엄두조차 내지 않은 것이다. 하지만 제2의 인생을 시작하기 위해서는 그에 걸맞은 꿈이 있어야 한다. 그래야 나만의 목표가 생기고, 그것에 도달하고자 하는 목적이 분명해질 것이다.

누가 나에게 '당신의 꿈이 무엇입니까?'라고 물으면 나는 이렇게 대답하고 싶다. '좋은 농부'와 '아름다운 리아농장'을 만들고 싶다는 것이다. 이 말에는 명사가 둘, 형용사 둘이 있다. '농부'와 '리아농장'은 명사이며 이것은 내가 무엇이 되겠다(What To Do)는 꿈을 의미한다. 나는 현재 농부로서 농약을 사용하지 않은 유기농 블루베리와 아로니아를 생산하고 있다. 그리고 형용사 둘은 '좋은'과 '아름다운'이다. 이 두 형용사는 내가 어떻게 살겠다(How To Live)는 꿈을 의미한다. '좋은'은 내가 농부로서 무엇이 되겠다는 꿈을 그리고 '리아농장'을 아름답게 가꾸겠다는 꿈을 보여주는 것이고 '아름다운'은 내가 농부로서 어떻게 살아가겠다는 꿈을, 그리고 '리아농장'을 어떻게 이끌어 나가겠다는 꿈을 압축하고 있는 것이다.

만약 누가 다시 나에게 "당신의 꿈에서 '농부'와 '리아농장'이라는 명사가 더 중요합니까? 아니면 '좋은'과 '아름다운'이라는 형용사가 더 중요합니까?"라고 묻는다면 나는 망설이지 않고 분명하게 대답할 수 있다. 나에게 중요한 것은 명사가 아니라 형용사 '아름다운'과 '좋은'이라고 말할 것이다. 왜냐하면 무엇이 되느냐는 사실보다 어떻게 사느냐에 대한 신념의 부산물이기 때문이다. 곧 내가 어떻게 살기 위해서 무엇이 되어야 하는 것이지 무엇이 되는 그 자체가 목적은 아니기 때문이다. 김형길 교수의 '백 년을 살아보니'를 보면 인생의 황금기는 60에서 75세라고 한다. 사람은 성장하는 동안 늙지 않으며 노력하는 사람들은 75세까지는 정신적으로 인간적 성장이 가능하다고 말한다. 이제 건강을 생각할 나이가 되었다. 평소에는 운동을 좋아해서 꾸준히 하고 있지만 요즈음 더욱 절실하게 느끼고 있다. 2020년 여름 장마에 60일 정도 비가 계속적으로 와서 그와 더불어 리아농장에 있는 풀들이 하루가 멀다 하고 무성하게 자라서 풀과 전쟁을 치렀다. 그것이 원인이 되어 손가락 마디마디가 통증이 심해져 병원에서 진찰한 결과 퇴행성관절염이라 한다. 일을 줄이라고 한다. 하지만 그럴 수가 없는 것이 농부의 삶이지 않는가. 또한 오래 전부터 해오던 골프도 원인이 된 것 같았다.

그래도 건강을 위해서 운동을 해야 한다. 나는 매일 만보 이상 내지는 8km 이상을 걷는다. 걷는다는 것은 산책이고 산책도 정신적으로는 생산적이기도 하다. 풀리지 않았던 문제가 걷다 보면 풀리기도 하고 새로운 아이디어가 생겨나서 새롭게 계획하고 도전할 수 있는 기회도 생긴다. 나이든 사람에게는 운동이란 생각보다 생활 자체가 운동을 동반하는 습관이 되어야 한다고 생각한다. 나는 골프를 30년 이상 했다. 골프에 대한 사랑은 스스로 대단하다 생각한다. 그래서 골프 홀인원 보험까지 가입했지만 아직 하지 못하였다. 나는 건강이 허락하는 한 85세까지 운동을 계속할 계획을 세우고 있다. 또한 마지막 꿈이 될지 모르겠지만 세 번째 산티아고 가는 길을 아내와 함께 다시 도전하고 싶다. 하루 빨리 코로나바이러스감염증-19(COVID-19)가 진정되어 모든 사람들이 이전의 모습이 되어 만나고 여행도 자유롭게 할 수 있는 날이 빨리 오기를 소원해 본다.

배움에는 끝이 없다는 말처럼 평생학습으로 다양한 콘텐츠를 쌓아야 한다. 나는 그동안 평생교육원에서 수필 쓰기, 수채화 그리기, 사진 등을 배웠으며 '세계 술 테마 박물관'에서 와인에 대한 공부를 하였다. 그리고 귀농하여 농부로써 소득을 창출할 수 있는 농산물에 대한 교육 – 정읍시 농업기술센터에서 실시하는 농산물 발효가공 전문기술교육, 농산물 가공창업 기초와 심화과정 – 을 2년간 공부하였다. 대학에서 정년퇴직 후 처음 시작할 때는 작은 농막을 만들어서 휴식을 취하고 놀려고 했다. 책을 읽고, 쓰고, 사색하며 산책을 하면서 농작물을 돌보며 살 계획을 하였으나 시간이 지남에 따라 농작물의 수확량이 증가하여 자급자족을 넘어 판매를 해야 할 정도가 되었다. 창업을 한다는 것은 그렇게 쉬운 일이 아니다. 나 또한 '나이도 있는데…' 하면서 준비를 하였다. 아로니아 생산량이 1,000kg이 되어 가공을 해서 판매할 수밖에 없는 상황에 이르렀다. 그래서 만들어진 것이 농업회사법인 유한회사 '리아팜'이다. 처음은 미약하였으나 끝은 창대하리라는 믿음으로 아로니아를 가공을 해서 주위의 도움으로 판매를 하였다. 농촌에서의 소득이란 결론은 농부의 땀과 노력으로 이루어진 결과라는 생각이 들었다. 결산을 해본 결과 우리 가족의 인건비가 남았다는 것을 알 수 있었다. 농촌에서의 일은 한 계절 농사가 아닌 계절별로 생산할 수 있는 다양성의 품목이 중요하다는 생각이 들었다. 이러다간 완전한 농부가 되겠구나 해서 쓴웃음이 나온다.

어떻게 살 것인가에 대한 다음 단계, 자기 인생의 주인이 되는 삶을 살아야 한다. 이것은 자기다움의 탐구 내지는 자신만의 가치관이 정립되어야 하는 것이다. 가치관은 사람의 마음가짐, 태도, 프레임을 의미한다. 가치관이 내 삶을 좌지우지한다는 사실을 인정하면 삶은 많이 달라질 것이다. 가치관의 중요성을 깨달은 사람은 가치관에 대해 검토하게 될 테고, 좋은 점과 나쁜 점을 가려내고 바람직한 사고방식을 갖기 위해 주변에 조언을 구하거나 책 등을 읽을 것이다. 그러면 그 사람의 의식수준이 고양되면서 올바른 가치관이 형성될 것이다. 우리 마음속 어딘가에는 지금의 나는 진짜 내가 아니고 어딘가 있을 진짜 나를 탐구하고자 하는 욕구가 있는 게 아닐까? 자기답게 살고 싶다, 자신에게 충실한 인생을 살고 싶다는 절실한 바람은 우리의 자기실현 욕구의 발현일 것이다. 중요한 것은 자신의 자기다움을 발휘할 수 있는 특별한 뭔가를 발견하고 그것에 집중하는 일일 것이다. 다른 사람과의 경쟁에서 이기는 것보다 자신의 세계에서 자기답게 사는 것이 훨씬 멋지다는 것이다.

지금 우리에게 가장 절실한 시대적 가치는 무엇인가? 자연과 인간 세계의 아름다움, 진·선·미는 모두 서로 다른 것들이 어울려 사는 데서 오는 것이다. 우리는 결코 똑같은 색깔과 모양을 보고 아름답다고 하지 않는다. 아름다움이란 서로 다른 것들의 어울림이다. 자연을 보더라도 산과 물은 서로 다르지만 다투지 않는다. 오히려 함께 있어야 아름답다. 우리 인간 세계도 마찬가지일 것이다. 서로 다른 사람들이 함께 어울리면서 진·선·미가 만들어지는 것이다. 인간세계와 자연세계를 보더라도 함께 있어야 아름다움을 나타내는 것처럼 우리에게 정말로 가장 절실한 것은 통합 의식이 아닐까 생각된다. 성별, 지역, 학력, 빈부격차 등 모든 것이 우리를 슬프게 하고 아프게 하는 것이 현실이다. 이러한 사회적 갈등을 통합하는 가치가 진정으로 우리에게 필요한 시대적 가치가 아닌가 생각된다. 시대적 가치는 한마디로 말하면 '함께'라고 생각한다. 함께 놀고, 함께 먹고, 함께 사는 경우에는 조화가 중요하다. 조화를 이루기 위해서 서로가 양보하고 배려하며 대화하는 환경이 매우 필요하다고 본다. 대화는 상대방의 옳음을 발견하는 과정이며 상대방의 이야기에 공감하는 과정, 상대방의 눈에 비친 나를 보는 과정이다. 대화에서 가장 중요한 것은 경청이다. 경청은 그냥 듣는 게 아니라 자기를 비우고 상대방에게 집중하는 것이다. 나를 비우고 상대방의 이야기를 경청하는 것이 함께 살아가는 지혜이며, 이것이 지금 필요한 시대적 가치가 아닐까 생각한다.

어떻게 살 것인가에 대한 마지막 단계는 즐겁게 어울리고 더불어 사는 삶을 추구하는 것이다. 인생의 길에서 우리에게 기쁨을 주는 것은 진리 그 자체가 아니라 진리에 도달하기 위해 우리가 기울이는 노력이라고 톨스토이는 말하고 있다. 변화의 과정과 흐름을 인정하는 것은 곧 시간의 흐름을 인정하고 수용한다는 의미이다. 에피쿠로스(Epicouros)는 '바티칸어록'에서 '운이 좋은 사람은 젊은이가 아니라 인생을 잘 살아온 늙은이다. 혈기가 왕성한 젊은이는 신념에 따라 마음이 흔들리고 운수에 끌려 방황하지만, 늙은이는 항구에 정박한 배처럼 느긋하게 행복을 즐긴다.'며 노년이 인생의 절정, 최상의 단계라고 믿었다.

노년을 잘 보낼 수 있는 방법은 무엇일까? 에피쿠로스는 삶의 질을 종합적으로 판단해야 한다고 생각했다. 그는 자신의 행복을 스스로 막고 있는 것은 자본의 유혹에 스스로 속박당하는 것이라고 생각했다.

진정한 행복이란 단순한 즐거움과 소박한 즐거움을 찾는 것이라고 했다. 생활 규모를 줄이고 일상의 감옥에서 벗어나 자신에게만 충실하면 된다. 빡빡한 스케줄에 얽매일 필요도, 생계를 유지하려고 남의 비위를 맞출 필요도 없다. 친구들과 몇 시간이든 앉아서 한가롭게 대화를 나누다가 가끔 생각나면 야생 들국화 차의 향기를 맡아볼 수 있는 여유로운 삶을 즐기는 것이다.

"가장 아름다운 삶은 기적이 일어나거나 기이한 행동을 하지 않고 순리대로 평범한 인간으로 사는 것이다."

우리가 늙어간다는 사실을 잊고 살고 있는 것 같다. 연륜이 쌓인다고 지혜가 저절로 얻어지는 것은 아니다. 오히려 늙은이에게는 젊은이보다 더 많은 허영심과 결점이 생긴다. 늙으면 어리석고 낮은 자존심에 빠지고 따분한 수다나 떨고, 쉽게 발끈하고, 사람들과 어울리지 못하는 성격으로 변하고, 터무니없이 재산에 대해서 걱정하는 경향이 있는 것 같다. 그러나 이것은 방향이 틀렸다. 나이 먹음의 가치는 그러한 결점을 수정하는 데 있기 때문이다. 노인이 되면 젊은이들은 찾기 어려운 방법으로 자신의 결점을 찾을 기회가 생긴다. 자신의 몸과 마음에 새겨진 쇠퇴의 흔적을 보면서 자신도 한계가 있는 인간에 불과하다는 사실을 받아들인다. 나이를 먹는다고 슬기로워지지는 않는다는 사실을 이해하면 결국 일종의 지혜를 얻는다.

결국 사는 법을 배우는 것은 이렇게 결점을 지닌 채 살아가고 결점도 기꺼이 받아들일 수 있는 법을 배우는 것이다. 우리는 아주 짧은 순간이라도 우리의 마음을 벗어나 다른 존재의 관점으로 자리를 옮길 수도 있다. 이러한 능력이 바로 진정으로 남들과 홍겹게 어울리고 더불어 사는 능력이라고 생각한다.

어느덧 쥬비리(Zubiri)마을에 도착하여 다리를 건너서 알베르게를 쉽게 발견하였다. 쥬비리마을은 시멘트 공장 등이 있어서 좀 썩 내키지는 않았지만 너무나 힘들어서 이곳에서 첫날밤을 지내기로 하였다. 알베르게 내부의 침상들이 좁게 붙어 있어 배낭 등을 놓고 있기에는 여러 가지로 불편해 보였다. 하지만 할 수 없다. 다음 마을까지 가는 것은 무리라고 생각했다. 비를 맞고 왔기 때문에 배낭 속의 물건 등을 정리하고 특히나 물에 젖어 있는 것들은 내어서 마르도록 하였다. 짐들을 정리한 후 저녁을 먹기 위해 마을을 산책하였으나 환경이 좋지 않아서 간단하게 식사를 마친 뒤에 내일 아침거리로 슈퍼에서 사과, 체리, 요구르트, 바게트빵 등을 준비하였다. 오늘은 너무 힘들어서 옷 등을 정리한 뒤에 주위가 소란스럽고 시끄러워도 피곤해서 그런지 곤히 잠을 잤다.

알베르게에서의 휴식

3. 행복은 배워야 한다

주비리에서 팜플로나까지

우리의 하루하루는 축복을 받고 있음을 느낀다. 어제 밤에 감기기운 때문에 힘들었지만 상진이가 편히 잠이 들어 좋았다. 나도 모르게 잠이 들었었다. 새벽 5시 30분에 일어나니 몸이 아주 상쾌하다. 지난밤과는 너무나 달라진 심신의 변화는 너무 커서 거의 믿을 수 없을 정도다. 아마 나 역시 걱정과 긴장감이 피로와 함께 몰려 온 것 같았다. 잠이 인간의 몸과 마음을 이렇게 놀랍게 보완시킬 수 있다는 것은 대단한 일이다. 상진이에게 몸의 상태를 물었다. 편안하다고 한다. 항상 걱정이 된다. 숙박을 했던 사람들이 함께 모여 식사를 했다. 각 나라에서 온 순례자들의 모습이 새롭게 보였다. 모두 어떤 생각을 하고 있을까? 아니 왜 왔을까? 새삼스럽게 나에게 질문을 하는 것 같았다.

이제 7시 25분에 출발이다. 햇살이 온 사방에 환하게 비치고 어제 내린 빗방울이 나뭇잎마다 대롱대롱 매달려있다. 길 따라 물기를 머금은 덤불을 스치며 지나치다보니 옷이 젖는다. 주비리를 벗어나서는 아르가 강을 끼고 오솔길에 나무들이 우거져있어서 물소리, 새소리, 바람소리를 들으면서 걸었다. 마을의 공장과는 대조적으로 자연 그대로 보존되어 있는 모습을 보면서 많이 부러웠다. 있는 그대로가 가장 아름다운데 우린 왜 그것을 모르고 있을까?

갈수록 경치가 더 아름다워진다. 수려한 산세, 풍부한 수량 그리고 우거진 숲과 나무들이 잘 어우러져 있다. 마침내 비탈 위로 올라갔다. 작은 덤불들이 있는 숲길을 걷는다. 걷는 동안 몸이 축축하게 젖을 정도로 아직 습기가 많다. 조금 더 가니 벌판이 나온다. 외국에서 온 순례자들이 많이 간다. 부부순례자, 친구들, 가족들이 즐겁게 걷고 있다. 신기하게 어제, 오늘 한국인은 보지 못했다. 오늘 일정은 20Km이다. 모든 것에 집중하면서 팜플로나로 가고 있다. 지나가는 순례자들이 부엔 까미노(Buen Camino)라 외친다. 이것은 '좋은 순례길 되십시오'라는 의미이다. 서로 다른 이유로 각기 다른 나라에서 온 순례자들이 서로에게 건네는 격려와 위로, 공감과 연대의 인사말이다. 다시 길을 걸어 한참을 내려오다 보니 전원도시와 풍경이 한폭의 수채화처럼 아름답게 펼쳐져 있는 팜플로나에 도착하였다.

팜플로나는 중세 나바라 왕국의 수도였고, 현재는 나바라 주의 수도이다. 로마 점령기에 로마 장군 폼페이로가 아르가 강을 끼고 높은 언덕에 위치한 이곳의 지리적 이점을 이용해 진영을 만든 것이 중세에 요새도시로 발전한 것이다. 팜플로나라는 도시명도 로마 장군 폼페이로의 이름에서 유래되었으며 이곳은 로마, 서고트족, 무슬림, 프랑스 순으로 침략을 받아 피로 얼룩지며 번영을 이룬 곳이기도 하다. 그래서 유대인, 바스크인, 무슬림, 프랑스인 등 다양한 민족들이 각자의 구역을 이루며 살았다. 오랜 세월 적과 동침하며 살았지만 피는 섞이게 마련이어서, 나폴레옹이 이곳에 왔다가 다민족사회의 다양한 기질에 질려버렸다는 일화도 전해지고 있다. 팜플로나에서는 매년 7월 7일부터 15일까지 산 페르민(San Fermin)이라는 소경주 축제가 열린다. 이 기간 동안에 축제 참가자들은 붉은 운동화를 신고 흰 바지에 붉은 띠를 허리에 두르거나 붉은 스카프로 치장한다. 소 떼를 풀어 놓고 그 앞에서 사람들이 달리고 소들은 흥분해서 닥치는 대로 발로 치고 받고 밟으면서 난리를 부리는 축제가 진행된다. 정열과 역동이 넘치면서 품위 있는 아주 아름답고 자그마한 도시가 팜플로나이며 헤밍웨이가 오랜 세월을 보낸 곳이기도 하고, 시드니 쉘던의 소설 '시간의 모래밭'의 무대이기도 한 곳이다. 이 도시는 전체적으로 깨끗하게 정리되어 있었으며 집집마다 각양각색의 꽃들을 많이 키우고 있다. 알베르게를 정하고 난 다음에 뜨거운 물로 몸을 씻고 저녁식사를 하기 위하여 밖으로 나선다. 알베르게 안에는 조리시설이 완벽하게 갖춰져 있다. 이것은 밖에 나가 먹을거리를 사서 이곳에서 스스로 밥을 해먹을 수 있음을 뜻한다. 저녁은 레스토랑에 와서 순례자를 위한 메뉴(Menu del Peregrino)를 주문했고, 야채와 고기류 그리

산 페르민(소경주) 축제 조형물

고 과일과 빵, 물과 와인으로 차려진 저녁식탁은 여러모로 저렴하고, 푸짐했다. 아마도 장기간 순례를 하는 순례자를 배려해 주기 위한 가격으로 보인다. 저녁식사를 마치고 숙소에 왔지만 아직도 날이 훤했다. 이곳은 10시 30분이 되어서야 어두워지기 시작한다. 일기를 쓰고, 일정을 체크해 보면서 오늘 하루 걸어왔던 순례 길을 되돌아보았다.

2016년 대학교에서 정년퇴직 후 산티아고 순례길을 아들 상진과 동행하는 것 자체가 행복이라 생각했다. 그렇다면 행복이란 무엇이며, 행복을 어떻게 배워야 하며 그리고 어떻게 얻을 것인가를 생각해보았다. 특히 학생들에게 세계 100명의 학자들이 1000개의 단어로 행복을 설명하는 레오 보만스(Leo Bormans)의 '세상 모든 행복'을 몇 차례 강의한 적이 있었다. 그리스의 철학자 아리스토텔레스는 다른 모든 것은 만인이 추구하는 바가 될 수 있어도 행복만은 어디서나 누구든지 갈망하는 가장 귀한 인생의 목적이라고 말했다. 사람은 왜 살아가는가, 삶의 의미는 어디에 있는가, 행복이란 무엇인가 하는 문제를 고민하고 시간을 허비하는 것 자체가 쓸데없는 것이라고 생각하는 사람이 있을지도 모른다. 그래도 사람은 이런 질문을 하지 않을 수 없다. 물음에 대답한다는 것은 응답하는 것이고, 결단하는 것이며 또 책임을 지는 것이기도 하다. 이렇게 보면 인생의 물음 하나하나에 정확히 '예'라고 대답해가는 것은 결코 낙천적인 선택이 아니라 무거운 결단이라는 것이다. 우리의 인생은 바로 그 인생에서 나오는 물음에 하나하나 응답해가는 것이고, 행복이라는 것은 그것에 다 답했을 때의 결과에 지나지 않는 것이다.

그러므로 행복은 인생의 목적이 아니고, 목적으로서 구할 수 있는 것도 아니다. 즉 행복을 손에 넣기 위해 뭔가를 한다는 생각 자체가 처음부터 성립하지 않은 것이다. 하지만 행복은 추구한다고 얻을 수 있는 것이 아니라는 것이 노력해도 안 된다는 허무주의가 아님은 물론이다. 좋은 미래를 추구하기보다 좋은 과거를 축적해가는 마음으로 살아가는 것, 두려워할 필요도 없고 기가 죽을 필요도 없이 있는 그대로의 자신으로도 괜찮다는 것, 지금이 괴로워 견딜 수 없어도, 시시한 인생이라고 생각되어도, 마침내 인생이 끝나는 1초 전까지 좋은 인생으로 바뀔 가능성이 있다는 것, 특별히 적극적인 일을 할 수 없어도, 특별히 창조적인 일을 할 수 없어도 지금 거기에 있는 것만으로 당신은 충분히 당신답다는 것… 그러니 녹초가 될 때까지 자신을 찾을 필요 같은 건 없다는 것. 그리고 마음이 명령하는 것을 담담하게 쌓아 나가면 나중에 돌아보았을 때는 저절로 충분히 행복한 인생이 되어 있을 것이라는 것 등등 이러한 태도가 아닌가 한다.

모든 인간은 행복하기 원한다. 행복을 원하지 않는 사람이 있다면, 마음에 깊은 병이 든 사람일 것이다. 더 이상 행복해질 수 없다는 마음은 깊은 좌절과 무기력이 가져온 인간이 경험할 수 있는 가장 낮은 수준의 마음일 것이다. 그렇다면 행복의 진정한 조건은 무엇일까? 2002년 영국 심리학자 로스웰과 상담가 코언은 행복의 조건을 3가지로 규정하고 있다. 첫째, 생존조건으로 인간관계, 건강, 돈에 의해 결정되며, 둘째 개인적인 조건으로 인생가치, 사회적응력에 의해 결정되며 셋째 삶의 고차원조건으로 자존심, 미래에 대한 기대감에 의해 결정된다고 하였다. 행복은 이처럼 생존의 문제이며 대부분이 삶의 문제라고 볼 수 있다. 그래서 베풀며 더불어 함께 나누고 가꿀 때 결국 나에게 다시 행복으로 돌아온다는 것이다. 많은 사람이 돈이나 물질적 소유가 행복의 열쇠라고 말한다. 돈으로 모든 것을 살 수 있다면 행복도 살 수 있을까? 아쉽게도 행복에 관한 돈의 영향력이 생각보다 미미하다. 그리고 돈으로 얻은 행복은 미처 잡아보기도 전에 순식간에 달아난다. 물질적 이익을 극대화하는 것보다 기부나 자원 봉사 같은 이차적인 행위를 할 때 행복이 더 증가한다. 또한 사랑하는 사람과의 관계, 의지해 믿을 수 있는 친구, 삶의 만족감에서 행복이 비롯된다고 한다.

누구나 바라는 그 행복은 어디서 오는가. 행복은 밖이 아닌 우리 내부, 우리 마음에서 찾아야 한다. 오늘 내가 겪은 불행이나 불운을 누구 때문이라고 생각하지 말아야 한다. 남을 원망하는 그 마음 자체가 곧 불행이다. 행복은 누가 만들어서 가져다주는 것이 아니라 내 자신이 만들어간다. 이것은 근본적인 가치관이 변화되어야 함을 뜻한다. 가치관의 변화는 그렇게 쉽게 이루어지지 않는다. 단순히 노력함으로 이루어질 수 있는 성질의 것은 아니다. 그것은 인격 전체의 혁명적인 변화를 뜻한다. 우리는 우리의 인격 전체를 사랑의 인격으로 만들어야 한다. 우리의 가치관을 바꾸고 타인과 사회에 대한 태도를 바꾸고 자신의 위치에 대한 인식을 바꾸어 나가야 한다. 무엇이 자신을 행복하게 하는지 깨닫고 인생의 갈림길에서 상황에 떠벌리지 말고 스스로 선택하며 일상 곳곳에 숨겨진 기쁨을 발견할 때 비로소 행복해진다는 것이다. 미국 하버드대학 심리학자인 하워드 가드너박사는 행복한 사람은 지금 있는 것을 사랑하고, 불행한 사람은 없는 것을 사랑한다고 한다. 이것을 깨달으면 행복한 사람이 된다고 한다.

우리는 행복을 배워야 한다. 행복은 우리 삶에서 가장 중요한 가치이다. 아리스토텔레스는 인간의 거의 모든 행위가 결국 자신을 행복하게 하려는 수단이라고 했다. 어떻게 하면 더 행복해질까 궁리에서 시작했다면 이미 행복의 길에 들어선 것이다. 사람들은 성공을 위해 많은 시간을 투자하면서도 정작 행복에의 욕구는 무시하고 밀쳐낸다. 물질적인 부를 끊임없이 추구하다가 막상 그것을 즐기려 하면 이미 너무 늦을 수도 있다. 인생 최고의 시기를 돈 버는 데 쓰느라 건강과 가족을 잃고, 잃어버린 건강과 흩어진 가족을 다시 찾는 데 세월과 번 돈을 쓴다는 말도 있지 않은가! 행복을 자기 것으로 만들기 위해서는 행복을 배워야 한다. 행복은 찾기 쉽지 않을 뿐더러 소유하기는 더더욱 어렵다. 그리고 좋은 행복과 나쁜 행복을 구분할 줄 알아야 한다. 좋은 행복이란 지속가능한 행복을 의미한다. 혼자 살아도 일과 취미를 통해 행복을 찾을 수 있고, 관계 속에서 사랑과 우정을 가꾸며 행복해 할 수도 있다. 건강을 위해 운동하면서 행복을 느낄 수 있고 사회참여를 통해 행복을 찾기도 한다. 이와 달리 중독성 행복도 있다. 술과 마약, 성공과 권력에의 갈망, 지루한 오락거리, 소외감만 느끼는 가벼운 관계 등이 그렇다. 중독성 행

아름다운 밀밭과 순례자들

복은 개인의 일생을 망치고 사회와 환경을 파괴할 수도 있다. 사람들은 스트레스, 절망, 결핍 속에서 나쁜 행복의 꾐에 쉽게 넘어간다. 나쁜 행복은 얻기 쉽다. 반면 좋은 행복은 하늘에서 뚝 떨어지는 것이 아니기에 끊임없이 배우고 훈련해야 누릴 수 있다. 좋은 행복은 자신뿐만 아니라 이웃, 사회, 나아가 인류에게 유익하다.

행복은 본래 공평한 것이어서 누구나 나눠 가질 수 있다. 하지만 행복하기로 마음먹지 않으면 행복할 수 없다. 행복은 노력으로 찾아낼 수 있으며, 나이를 한 살씩 먹어감에 따라 행복이 한 뼘씩 더 넓어진다. 하지만 우리가 살면서 다음과 같은 기본 준비가 선행되어야 한다.

첫째는 건강이다. 외롭고 건강에 해로운 생활 방식을 가진 사람의 80% 이상이 만성질환에 시달린다고 한다. 반면에, 자기 일에 흥미를 갖고 여가활동을 하는 건전한 사회적 자산을 가진 사람 중 5%만이 질병으로 고생한다고 한다.

둘째는 친구이다. 사람은 최소 4명에서 12명 이하의 가족이나 친구들 사이에서 전폭적인 신뢰와 든든한 도움을 받을 때 사회적 행복을 느낀다고 한다. 그리고 최소 15명 이상(많으면 많을수록 좋다)의 잘 알고 지내는 사람들과 사회적 조직 안에서 친밀하고 협조적인 관계를 유지할 때 강한 소속감을 느낀다고 한다.

셋째는 재미이다. 재미는 아기자기하게 즐거운 기분이나 느낌을 의미한다. 즉 즐거운 생활을 하려고 애쓰는 것이다. 물건을 사거나 좋은 음식, 섹스, 고급차, 큰집, 여행, 음악, 춤, 오락을 찾아다니는 등의 경험을 하면서 긍정적인 감정을 느끼는 것이다. 그리고 재산(소득과 물질적 자산)이 가난한 사람을 행복하게 하지만, 부자에게는 그렇지 않다는 것이다. 재산이 증가하면 단기적으로 행복을 느낄 수 있어도 오래가지 않는다고 한다. 극심한 경제적 불평등이 사회를 불행하게 한다. 따라서 모든 사람을 위한 이타적 형태 즉 기부와 봉사활동 등의 지속가능한 행복을 추구해야 한다는 것이다.

지속가능한 행복을 추구하기 위한 활동은 무엇인가? 우리가 실제로 매일 하는 활동으로 행복수준을 바꿔놓는 것으로 보고 있다. 그렇다면 어떤 활동을 선택하고 그 활동을 어떤 식으로 수행해야 하는 것일까? 그래서 행복한 사람들이 자신이 매일 하는 활동을 어떻게 구성하는지를 배우는 것이 중요하다고 본다.

첫째, 잘하는 일보다 좋아하는 일을 한다. 애플의 스티브잡스는 위대한 성취를 이루기 위한 유일한 방법은 그 일을 사랑하는 것이라고 했다. 이것은 어떤 일을 잘하는지 여부가 행복에 중요하지 않다는 것이 아니라 좋아하는 일을 한다고 느끼는 것이 상대적으로 더 중요하다는 점을 보여주고 있다.

둘째, 되어야 하는 나보다 되고 싶은 나를 찾아야 한다. 우리들은 꿈같은 인생을 살고 싶어 하는데 어찌 보면 다른 사람에게 자기 인생이 행복하다고 보여주기 위해서 살아가는 것 같다. 그러나 내가 바라는 인생의 청사진과 사회에서 인정받는 삶과의 거리는 너무나 멀다. 바로 이 때문에 진정한 마음의 평화와 행복이 더 멀어진다. 그러므로 이런 사람은 삶에서 진정으로 자신이 원하는 것이 무엇인지 배우지 못하고 있는 것이다. 이들은 진짜 내가 되는 법을 잊고 사는 것이다. 따라서 행복해지고 싶다면 변화를 받아들이고 피부에 와닿는 긍정적인 동기를 찾아야 한다. 무언가 배우고 싶은 것이 있는 사람은 늘 새로운 것을 시도하고 지루한 일상에 안착하지 않는다. 변화를 도전으로 보는 이런 태도가 인생을 풍요롭고 건강하게 만들어 주는 것이다. 이러한 태도가 진짜 내가 되고 싶은 나를 찾게 되는 것이다.

셋째, 비교하지 않아야 한다. 흔히 자신을 남과 비교하는 것은 안녕감을 해치고 성장에 방해가 된다고 한다. 그러나 반대로 비교를 통해 더 행복해질 수도 있다. 자신의 관점에서 비교하는 법을 배우면 된다. 남을 보고 부러워하되 자신도 그 모습을 본받아 조금 더 잘해보자 다짐하는 것이다.

하지만 대부분 타인이 이룬 성과 자체, 많은 수입, 화려한 겉모습 등을 부러워하고 그것을 행복이라 착각한다. 그러다 보면 그 사람이 성공에 이르기까지의 노력은 쏙 빼고 결과에 대한 부러움만 남아 심기가 불편해진다. 야망은 의욕을 갖게 하고 의욕은 행복을 부르지만 질투나 부러움은 불행을 이끈다. 남들과 비교하던 버릇을 그만두어야 한다. 그 대신 내 가정, 내 친구, 내 일에만 집중해서 하루하루를 살다보면 어느 순간 몰입하고 있는 스스로를 발견할 수 있을 것이다. 그리고 돌아보면 어느새 발전한 자기 모습에 행복을 느낄 것이다.

넷째, 행복은 관계에서 온다. 최근까지 긍정심리학에서 발견한 사실이나 이론은 모두 인간의 행복과 건강에 타인의 존재가 중요하다는 사실을 증명한다. 만족스러운 삶이란 곧 관계가 풍부한 삶이다. 자기 안에서만 행복을 찾지 말고 다른 사람 안에서, 관계 안에서 찾아야 한다. 친구, 이웃, 동료, 가족, 배우자와 관계를 유지하면 멋진 인생, 행복한 삶이 저절로 따라온다고 한다. 누구에게나 사람이 중요하고 사람이 필요하다. 그리고 중요한 것은 당신 역시 누군가에게 중요한 사람이 된다는 것이다.

다섯째, 행복은 경험이다. 경험에는 관계가 들어가기 때문에 더 행복하다는 사실도 찾아냈다. 그리고 사랑하는 사람과 함께 떠난 여행, 동료와 함께 본 공연, 어려운 친구에게 보낸 선물, 누군가를 돕는 기부 같은 경험 행위에는 반드시 '관계'가 들어있다. 그리고 이 관계가 우리를 더 행복하게 한다. 행복은 인류가 추구해 온 영원한 삶의 목표점이다. 인간은 누구나 행복하기를 원하고, 이를 위해 많은 노력을 한다. 일하는 것, 공부하는 것, 돈 버는 것, 살아가는 것 모두가 행복을 위해 한다.

알베르게 침상

4. 용서의 언덕을 걷다

팜플로나에서 푸엔테 라 레이나까지

도시의 혼잡함에서 빨리 벗어나고자 새벽길을 나선다. 걸을 때는 항상 동틀 무렵에 길을 떠나야 한다. 뜨는 해와 동행하기 위해서다. 얼마 있으면 태양이 뜨고, 모든 것이 시작될 것이다. 아침에 걷는다는 것, 그것은 곧 자연에서 하루를 시작하는 것이 얼마나 큰 힘을 갖고 있는지를 이해하는 것이다. '월든'의 저자 소로(Henry David Thoreau)는 '건강은 아침을 얼마나 사랑하느냐에 따라 달라진다.'고 했다. 도시를 빠져나오는데 일본인 젊은이를 만나 간단히 인사만 하고 걸었다. 상진이와 청소년 상담에 관한 많은 이야기를 하면서 걸었다. 이와 같이 상담을 하면서 재미있었던 일, 그리고 힘들었던 일들에 대해서 이야기를 한 것은 이번이 처음이다. 너무나 많은 것을 모르고 살았다는 생각이 들었다. 숙소에서 같이 지냈던 순례자들이 우리들을 앞서 간다. 마을 어귀를 나와 보니 멀리 보이는 페르돈 언덕까지 밀이 누렇게 익어 황금물결이 광활하게 펼쳐졌다. 저 멀리 언덕 위로 풍차도 보인다. 저곳이 바로 오늘 지나갈 곳이다. 낮은 구릉이 아름답게 펼쳐진 길을 걸었다. 구릉은 밀밭으로 덮여 있는데 밀밭 사이사이로 꽃무리 같은 게 샛노랬고 밀밭 물결 위로 점점이 흩뿌려진 새빨간 야생 양귀비도 귀여웠다. 그 밀밭 사이 좁은 길을 따라 우리 순례자들은 조용히 풍경에 젖어 들어간다. 조금 또 걷자니 구릉 위 한편에 순례자의 무덤이 있었다. 벨기에 사람이다. 앞으로 용서의 고개를 넘어가야 한다. 790m 고지 위에 있는 순례자 조형물이 새롭게 기억된다. 한참 오르막을 가는데 처음으로 한국사람을 만났다. 독일에서 간호사로 정년을 맞아 혼자서 순례길을 왔다는 중년 부인이었다. 6월 10일자로 정년퇴직을 하고 바로 이 순례길에 왔단다. 얼마나 갈지 모르나 최선을 다해서 간다고 하며 우리를 앞서 간다. 완주하길 기원해 본다.

용서의 언덕의 순례자 조형물

출발한 지 3시간을 지난 후에 알토 델 페르돈(Alto del Perdón) 언덕에 도착했다. 정상에 오르니 아름다운 순례자 일행의 철 조각품이 서 있었다. 중세시대 모습을 재현한 구조물인 듯했다. 깃발도 들고 봇짐도 메고 말과 노새를 타고 걸어가는 순례자들을 천천히 쉬면서 감상하고 즐겨야 하는데 거센 바람 때문에 사진만 몇 장 찍고 서둘러 내려와야 했다. 올라가는 길과 달리 내려오는 길은 험하고 가파르다. 오를 때보다 더 조심하면서 천천히 내려왔다. 일부러 자갈을 뿌려 놓은 것처럼 여기저기에 발을 헛디딜 수 있는 장애물이 많아 무척 힘들었고 경사가 있는 길이었기에 모두들 지팡이에 기대면서 조심조심 내려갔다. 지금 이 순간에도 한걸음 한걸음 옮길 때마다 풍경은 끊임없이 바뀐다. 발이 땅을 디딜 때마다 발바닥 밑으로 느껴지는 자갈과 돌들의 감촉도 끊임없이 다르다. 단 한 번도 같은 장소를 밟지 않을 뿐더러 땅을 밟는 느낌도 순간순간 언제나 다르다. 땅을 밟을 때 느끼는 단단함, 부드러움, 날카로움의 느낌은 한 순간도 똑같지 않다. 하늘을 흘러가는 구름 모양도 언제나 새롭다. 주위에 보이는 경치 하나하나가 모두 이 세상에 하나밖에 없는 장면들이다. 다른 장소로 빠르게 발을 옮기며 이동하는 가운데서도 어떤 창조의 감각과 그것의 끝없는 변화를 느낄 수 있다. 자연은 정말 무한하다! 이 사실을 너무도 뚜렷하게 온몸으로 느낀다. 오늘 또 다시 나를 둘러싸고 있는 현실이 신이 창조한 것임을 분명히 깨닫는다. 거기에는 의심의 여지가 없다.

끊임없이 변화하는 자연의 아름다움이 바로 자연의 특성이다. 인간들이 그 창조물에 손을 대거나 영향을 미친 곳이 어딘지, 그것이 잘한 행동인지 잘못한 행동인지는 금방 드러난다.

조금 더 걸어서 오바노스(Obanos)에 도착해 교회 앞 광장에서 아름다운 조각 앞에 멈췄다. 청동 조각품, 십자가에 가시관을 쓰고 못 박혀 있는 예수님, 그 조각상과 교회와의 조화가 처절하도록 아름답다. 야고보 사도가 이곳을 지나서 땅 끝까지 전도 여행을 떠났고, 그 후로 수많은 사람들이 이 길을 걸었으며 오늘 이 자리에는 우리도 있다. 오바노스는 철제 발코니가 달린 예쁜 돌집들이 늘어서 있는 작은 마을이다. 보기와는 달리 이곳에는 비극적인 남매의 이야기가 전해지고 있는데, 프랑스의 공작 기예르모와 그의 누이인 펠리시아의 이야기다. 펠레시아는 산티아고로 향하는 순례자들의 삶에 감명 받아 북부 나바라 지역에서 수행자로 살아가기로 결심한다. 화려하나 공허한 프랑스 궁정 생활 대신 빈곤하지만 충만한 은둔자의 삶을 살기로 한것이다. 그녀를 귀족 생활로 돌아오게 하는 데 실패한 오빠는 격노한 나머지 동생을 살해하고 후회와 자책으로 괴로워하던 기예르모는 결국 산티아고로 순례를 떠나게 된다. 순례를 마치고 돌아온 그는 더 이상 예전의 기예르모가 아니었다. 그는 누이를 추모하며 남은 생을 경건하게 보낸다. 그가 죽은 후 남매는 모두 가톨릭 교회로부터 '복자(福者)'라는 칭호를 얻음과 동시에 모든

십자가에 가시관을 쓰신 예수 그리스도

교회가 공경하는 시복(諡福)의 반열에 오른다. 아직까지도 오바노스 마을의 교회에는 은으로 싸인 기에르모의 유골이 전해 내려온다. 재미있는 일은 기에르모의 해골이 그 후로도 오랫동안, 신성한 와인을 만드는데 사용되었다는 사실이다. 즉, 유골에 부어서 신성해진 와인을 성 금요일마다 마을 주민들에게 제공했다는 것이다. 프엔테 라 레이나(Puente la Reina)에 도착하여 아내와 함께 숙박했던 자퀘(Jakue) 알베르게에 도착하였다.

페르돈 고개, 용서의 고개를 걸으면서 용서에 대한 생각을 하게 되는 날이다. 대학교에서 부총장을 하면서 교직원과의 갈등을 해소하는 데 참 힘들었었다. 직원노동조합과 교수회의 모두가 학교를 위해서 노력하지만 서로의 이해관계가 상충되면서 갈등이 심해졌다. 평소에는 그렇게 친절하게 지내면서 어떤 문제에 직면하면 완전히 다른 사람이 되어버린다. 인간적인 모멸감을 감수하면서까지 노력하였으나 쉽게 해결되지 않았다. 지금 생각하면 아무 문제도 아닌데 말이다. 나는 이 모든 것을 성년퇴임 하면서 나로 인해 상처 받은 모든 분에게 용서를 구했다. 용서란 무엇일까 생각이 계속 든다. 용서는 신적 행위 즉 용서는 하나님다운 행위라고 말한 어느 신학자의 말이 생각난다. 그만큼 용서하기가 어렵다는 이야기일 것이다. 사람이 사람을 용서할 수 있을까? 불완전한 존재인 우리는 살면서 자신은 물론 타인에게 잘못을 저지르거나 상처를 주는 동시에 스스로에게 그리고 타인에게 상처받고 피해를 입기도 한다. 이러한 의미에서 보면 용서란 피할 수 없을 뿐 아니라 인간의 삶에서 반드시 필요한 삶의 구성요소라 할 수 있다.

용서를 할 수 있을까? 실제로 용서하는 것은 쉽지 않다. 왜냐하면 '용서하라'라는 단위를 설명하는 것과 '용서하는 삶'의 실천은 전혀 다른 차원이기 때문이다. 영어로 '용서'를 나타내는 'forgive'는 포기하다 'give up'의 'give'라는 말에서 비롯되었다. 그렇다면 용서하기 위해서 무엇을 포기해야 하는가. 포기라는 뜻을 포함한 영어의 용서는 용서에 대한 통상적 이해를 잘 드러낸다. 용서하기 위해서는 분노나 복수심 또는 보상받으려는 감정을 포기해야 한다는 의미를 내포하는 것이다. 이러한 의미에서 볼 때 용서란 포기, 잘못의 사면, 빚의 면제를 뜻하며 상처와 잘못, 책무에 대해서도 유사한 행위를 의미한다고 할 수 있다. 또한 한자로 용서는 '얼굴 용(容)'과 '용서할 서(恕)'를 사용한다. 여기서 얼굴 용(容)은 받아들인다는 뜻이다. 용서는 얼굴과 연관이 있으며 상대방을 용서하지 않을 경우에 얼굴조차 안 본다는 뜻을 담고 있다.

찰스 스탠리는 용서를 당신에게 그릇되게 행한 누군가를 당신에 대한 의무감이나 부담감에서 자유롭게 해주는 행위라고 정의한다. 또한 용서를 관계 측면에서 보면, 가해자와 피해자 사이에 새로운 관계를 정립해 가는 과정이라고 할 수 있다. 따라서 일반적으로 용서는 가해자와 피해자가 개입된 두 사람 간의 관계이자 피해자가 자신과 가해자의 위치를 바꿀 수 있는 방식으로 이해된다.

지금 우리 사회와 교회는 너무 각박해지고 있다. 용서나 관용을 찾아보기가 어려워지고 있다. 그리스도인은 용서의 능력을 개발하고 유지해야 한다. 그렇지 않으면 부정적 감정의 찌꺼기가 고통과 상처 속에, 과거의 아픈 경험 속에 계속 머물게 된다. 용서하지 않는 삶은 불행하다. 또 용서받지 못한 삶은 고통스럽다. 따라서 우리는 일상에서 용서를 시작하며 동시에 용서를 경험해야 한다. 인간은 잘못을 하는 존재다. 이 사실은 누군가 다른 누군가에게 잘못하는 일이 날마다 벌어진다는 것을 의미한다. 따라서 용서할 것인가, 하지 말 것인가, 또는 어떻게 용서할 것인가 하는 물음이 날마다 지속적으로 찾아온다고 할 수 있다. 이처럼 도처에서 사용되고 논의되는 용서는 구체적 삶의 정황에서 무엇을 의미할까? 이는 개인의 성품과 성향에 따라서, 용서에 대한 이해에 따라서, 또는 용서가 요구되는 구체적 정황에 따라서 각기 다른 의미를 지닌다. 그러기에 용서에 대한 세심하고 폭넓은 이해는 용서를 실천하는 데 매우 중요하다. 우리의 현실이 용서를 요구하기 때문이다.

나 자신이 타인에게 잘못하거나 타인이나 집단이 나에게 잘못하는 일들이 항시 벌어지는 인간의 현실에서, 이 잘못함의 일상성을 최소한의 다음과 같은 여섯 가지 질문에 계속 생각하고 답하면서 살아가야 한다고 생각된다.

- 누가, 누구를 용서할 수 있는가?
- 왜 용서해야 하는가?
- 무엇을 용서해야 하는가?
- 어떻게 하는 것이 용서인가?
- 언제 용서해야 하는가?
- 용서에 전제조건이 있는가?

이러한 문제의식은 용서의 행위를 다음과 같은 다섯가지 측면에서 진지하게 성찰하고 올바른 판단을 내려야 한다. 용서할 때 생각하고 판단할 점은 용서의 적절한 대상, 용서의 적절한 정도, 용서의 적절한 시기, 용서의 적절한 동기, 그리고 용서의 적절한 방식을 고려해야 한다.

성 아우구스티누스의 '죄는 미워하되, 죄를 지은 사람은 사랑하라.'라는 말을 용서에 적용할 때 '인간은 누구인가' 하는 매우 중요한 물음을 숙고하게 된다. 용서가 인간의 삶에서 중요한 것은 불완전한 존재인 인간의 실존적 조건 때문이다. 이 불완전한 존재로서의 인간은 자신은 물론 상대에게 상처를 주기도 하고 받기도 한다. 동시에 이러한 불완전함은 인간이 끊임없는 형성 중에 있는 존재라는 것을 보여준다. 절대로 변하지 않는 고정된 존재로서의 인간은 한 명도 없다.

예수님이 가르쳐주신 주기도문에 '우리가 우리에게 잘못한 사람을 용서하여 준 것 같이 우리 죄를 용서하여 주시고'라는 구절이 있지만 우리에게 잘못한 사람들을 무한정 용서하라는 말이 정말 가능한 일일까? 그것은 아마도 불가능할 것이다. 그러므로 예수님은 '너희가 남을 용서할 수는 없다.'는 진리를 가르치기 위해서 그렇게 말씀하신 것 같다.

유명한 프엔테 라 레이나 다리

사실 내가 남을 용서한다는 것은 사랑의 행위인 것 같지만 실은 교만이라 생각된다. 내가 어떻게 남을 용서할 수 있겠는가? 내가 남을 단죄할 수 없듯이 내가 남을 용서할 수도 없는 것이다. 결국 인간의 용서는 행위가 아니라 인간이 하나님으로부터 이미 용서받은 존재이자 사랑받는 존재라는 사실을 깨닫는 발견이라 생각된다. 우리가 하나님으로부터 용서받은 존재임을 인식하는 것. 그것이 바로 우리들 인간이 할 수 있는 용서의 시작이 아닌가 생각된다. 따라서 우리의 용서는 내가 너를 용서하는 것이 아니라 하나님으로부터 이미 용서받은 너를 인정하는 것이 아닌가 한다.

5. 별이 내리는 마을

프엔테 라 레이나에서 에스테야까지

오늘의 목적지는 에스테야(Estella)로 별이 내리는 마을이라는 의미를 가진 도시이다. 11세기 초에 양치기들이 비가 오는 것처럼 쏟아지는 별에 이끌려서 파묻혀 있던 성모상을 발견했다는 전설에서 유래하고 있다고 한다.

오늘은 완만하고 메마르고 황량한 길과 들판과 밀밭 길이 계속되다가, 마지막에 가서야 한적한 나무 숲길이 나온다. 날씨가 더우니 새벽 일찍 출발하는 순례자들이 여기저기 알베르게에서 배낭을 메고 나타난다. 우리 모두는 서로 깊은 말을 하지 않지만, 각자 나름대로 추구하는 목적이 있다. 모든 순례자의 공통분모는 내면의 소리를 듣고자 하는 것이고, 이것은 침묵으로 서로에게 전해진다. 우리는 침묵 속에서 걷는다. 모든 것이 다 조용하고 주의 깊다. 모든 것이 휴식을 취한다. 사람들의 수다와 소문, 풍문과는 이제 작별한다. 이제는 걷는다. 걷다보면 꼭 귀가 숨을 들이마시는 것처럼 침묵이 엄습한다. 걷는 사람은 마치 차가운 바람이 거칠게 불어 구름을 내쫓듯 침묵을 받아들인다. 길을 걸으며 만

그림 같은 전원 마을과 포도밭

나는 순례자마다 '올라(Hola) 올라!' 하며 인사를 건넨다. 영어로 하이(Hi) 정도의 말로, 안녕이라는 의미다. 그러면 부엔 카미노(Buen Camino)란 말로 헤어짐의 인사말을 전한다. 그러면 '그라시아스(Gracias)', 즉 감사하다, 고맙다는 인사말을 남기며 길을 간다. 그런데 간단한 인사말을 계속 주고받는 가운데 힘을 얻는다. 이 인사말에는 상큼함과 밝음, 지친 몸에 힘을 주는 악센트가 포함되어 있으며 밝은 미소가 늘 함께한다. 고독하고 지친 순례자들, 메마른 들판 길을 걷는 순례자들에게 힘을 주는 인사말이다.

출발한 지 얼마 지나지 않아 처음으로 포도밭에서 가지치기를 하는 농부를 보았다. 시골에서 농사를 짓는 사람들의 고생이란 이루 말할 수 없다. 그 모습을 보고 있자니 내 유년시절이 떠올랐다. 아버님이 일찍 돌아가셔서 어머님께서는 무척 많은 고생을 하시며 우리를 기르셨다. 그 많은 논과 밭, 그리고 종갓집 며느리로서 집안일 등에 언제나 바쁘게 사셨다. 특히 내가 방학 중에 시골에 가 농사일을 도우려고 하면 못하게 하셨다. 한 번은 벼를 베다가 낫으로 왼쪽 손가락을 크게 베어 상처가 난 일이 있었는데 그 일 이후 일절 농사일이라면 못하게 하셨다. 하지만 자식으로서 언제나 그것이 마음에 걸렸다. 시골에 있다가 돌아올 때가 가장 가슴이 아팠다. 어머님은 꼭 동네 뒤 언덕까지 나오셔서 내가 가는 것을 보고 계셨는데 그곳에서 멀리 가는 자식의 모습을 오래도록 볼 수 있어서 그러셨을 것이다. 가면서 되돌아보면 언제까지나 그곳에 서 계신다. 그리고 손짓을 하신다. 그 모습을 다시 보고 싶은데? 어머니는 안 계신다. 가지치기하는 농부를 보면서 왠지 모르게 마음속에서 어머니의 풍경이 오래도록 지워지지가 않았다. 외모도 배경도 모든 것이 다르고 생소한 이곳이지만 우리네 고향의 아득한 옛 향수와 함께 겹쳐지고 있었던 그 순간은 아마 내게 있어서 다시는 잊지 못할 가슴 속 사진으로 남아있을 것이다. 그런데 나는 지금 농부로서 농촌에서 일을 하고 있다. 작은어머니께서는 나보고 어릴 적엔 농사일을 전혀 하지 않았던 사람이 어떻게 농사일을 잘 하는지 모르겠다고 칭찬을 하신다. 농부로서 자질이 있는가 보다.

인생은 건강, 아름다움, 기쁨, 사랑하는 사람들을 거름으로 하여 꽃을 피운다. 우리 모두 살아가는 동안 힘을 낼 수 있게 도와주는 든든한 버팀목들이다. 인간이 가진 힘의 일부는 정신적 감정적 기능에 영향을 주는 유전자 안에 숨어 있다. 살면서 얻은 경험에서 힘을 얻거나 교육을 통해 단련하기도 한다. 자연은 언제나 아름답다. 맑은 공기, 푸른 초목, 시원하고 깨끗한 산천 등… 그리고 온갖 새들의 소리가 합창이 되어 더욱더 아름다워 보인다. 사람을 포함한 모든 살아 있는 것들이 의지해 살아가는 원초적인 터전이다. 생명의 원천인 이런 자연을 가까이 하지 않으면 점점 인간성이 고갈되고 인간의 감성이 녹슨다.

자연의 모든 아름다움에 눈과 귀를 열고 적극 찾아야 한다. 새가 지저귀는 소리를 듣고 날갯짓을 보고, 나무와 꽃과 풀, 강물과 구름, 아침 해와 석양을 지그시 바라보기만 해도 순수한 행복이 차오른다. 물소리, 빗소리, 바람소리, 천둥소리를 듣고 자연의 침묵에도 귀를 기울여 보라. 그리고 조심스레 만져보고, 맛보고, 냄새 맡으며, 이 모든 즐거움을 경험하는 것이다.

우리 마음속에는 고향에 대한 향수가 있다. "동네"라는 이름에는 왠지 모르게 고향을 찾는 사람들의 마음을 따뜻하게 받아 준다. 정이 오가고 가슴이 다독거려지는 동네는 우리들의 마음의 고향이다.

요즈음 내가 태어난 시골 마을에 자주 찾아간다. 어머니께서 물려준 나의 텃밭이 있기 때문이다. 시골마을에 도착하여 동네에 들어서면 가슴이 답답해진다. 겉보기로는 옛 모습 그냥 그대로 간직하고 있는 듯 보일지 모르지만 실상은 그렇지 않다. 식솔이 모두 도시로 떠난 시골에는 빈집이 적지 않다. 오래 비워두고 돌보지 않았으니 시골집들은 흉물로 내버려진 채 허물어져 가고 있다. 지붕은 힘없이 무너져 내리고, 장지문이 바람에 뜯겨 나간 벽은 볼품없이 내려앉고 있다. 어머니 품과도 같은 바로 그곳이 폐허로 바뀌고 있다. 우리들 마음에서 우리들 고향이 시들어 가고 있는 것이다. 누구나 자신이 오랫동안 몸담아 살던 주거 공간에 대해서는 관심을 두게 마련이다. 그 집의 둘레가 예전이나 다름없이 잘 보전되어 있으면 고맙게 여기고 그렇지 못해 방치된 채 황폐해 간다면 마음에 상처를 입을 것이다. 다행히 우리 집 생가는 잘 보존되고 있다. 작은아버지께서 구입해서 작은어머니께서 살고 계신다. 그 옛날의 부엌과 대청 등이 특히 많이 변했다. 아궁이식 부엌은 현대식 싱크대로 변했고 대청은 작은방으로 만들어 쓰고 있다. 사랑채는 없어지고 곳간과 대문만이 그대로 존재하고 있다. 많은 추억이 물들어 있는 곳이다. 집은 가족, 집안 식구들의 몸 냄새, 온기며 훈김, 심지어 그들의 말소리며 웃음소리까지도 집에 물들어 있었다. 그래서 집은 우리들의 또 다른 가슴이며 정이 서려있다.

꽃과 인형으로 장식한 시골 마을 창가

어릴 적에 마당에서 많은 놀이를 했다. 요즈음이야 많은 종류의 스포츠에 열광하고 컴퓨터 게임 등으로 시간을 보내지만 그 시절에는 마당에서 어른들은 윷놀이를 하고 아이들은 그곳에서 술래잡기를 하고 자치기 놀이를 했다. 자치기는 짧은 작대기를 긴 막대기로 쳐서 날려 보내되, 멀리 날아가는 것만큼 이기게 되는 놀이이다. 그리고 딱지치기를 하다가 어른들한테 혼나기도 하였다. 종이도 귀한 때라 옛날 고문헌이나 형님 책을 찢어서 딱지를 만들었기 때문이다. 혼날 때는 바지를 걷어 올려 종아리를 내놓게 하고 회초리로 종아리를 때렸다. 그래서 싸릿대나 나뭇가지로 된 회초리와 매를 특별히 종아리채라고 부르기도 했다.

나는 어릴 적에 특히 할머니의 사랑을 많이 받았다. 유복자로 태어났으니 얼마나 사랑스럽고 귀여워했는가? 나는 내가 고집 부려서 이루지 못한 것이 없었던 같다. 필요한 것은 모두 구해주셨다. 할머니의 말씀으로 모든 것이 해결되었다. 할머니에 대한 특별한 기억은 할머니 담뱃대이다. 할머니는 담배 태우기를 즐기셨다. 몇 모금 담배 연기를 깊게 들이켜고 내뱉으면 코와 입으로 뿌연 담배연기가 토해지곤 했다. 토닥토닥 담뱃대 터는 소리가 울려 퍼지곤 했다. 할머니의 담뱃대는 별스럽게 길었다. 거의 어른 팔뚝만한 길이였다. 담뱃대 길이가 길어서 할머니가 담뱃대에 불을 붙일 때 내가 붙여드릴 때도 있었다. 연거푸 몇 모금을 빠시고 담배연기는 한숨과 이내 얽히고 그러다가 담뱃불이 다 식으면 담뱃대를 터신다. 이젠 까마득한 옛날의 소리일 뿐이다. "토닥 토닥" 내시던 그 소리는?

시골에서 겨울에 참새를 많이 잡았던 기억이 있다. 초가집 처마 속에 깊숙이 지은 참새둥지에 손전등을 비추면 참새가 자다가 웬 빛이냐 하고 놀라 꼼짝을 못한다. 그때 손을 쑥 집어넣어서 한 마리, 두 마리, 행복하게 자고 있는 참새를 잡는다. 또 다른 방법이 있다. 낮에 마당에 삼태기나 바지게를 막대기로 세워 놓고, 거기에 끈을 매서 안방까지 끌고 가 문구멍으로 지켜보고, 그 밑에 쌀이나 보리 같은 모이를 놓고 참새를 유혹한다. 처음에는 참새가 한두 마리 날아오다가 조금 있으면 웬 떡이냐 하면서 더 많은 참새가 모이를 먹기 시작한다. 밖에는 유인하기 위해서 모이를 조금만 두고 바지게 안에는 많이 넣어 둔다. 참새가 정신없이 모이를 먹고 있을 때 방 안에서 끈을 잡아당기면 참새를 잡을 수 있었다.

뒤뜰에 있는 장독대를 보면 어머니께서 새벽에 정화수를 떠 놓고 고개를 숙이고 손을 비벼 가면서 정성을 다하여 기도하는 모습이 눈에 선하다. 어찌보면 장독대는 어머니들의 신전이라 할까? 힘들 때마다 기도하시는 어머니의 목소리는 간절했다. 지금도 어머니를 떠올리면 기도하는 어머니의 음성이 들린다. 어머니를 생각하면 아무리 힘든 일이 있어도 힘 솟는다. 어머니는 어려움을 극복하게 하는 힘이 있다.

등산화와 산티아고 이정표

6. 노인의 삶, 행복한 노년

에스테야에서 로스아르코스까지

오늘은 카미노 7일째로 처음으로 31.7km의 먼 거리를 걸어야 하는 날이다. 그래서 새벽 4시에 일어나 준비를 했고 처음으로 랜턴을 사용하면서 새벽에 출발했다. 어두운 새벽길이고 낯선 곳이라 무섭기도 했다. 혼자 가는 길이라면 더욱 조심해야 할 것 같다. 하지만 어두운 새벽길 속에서 멀리 보이는 커다란 개밥바라기별이 우리를 인도하여 주었고 새 소리와 새벽바람이 마음을 상쾌하게 해 주었다. 새벽길을 걸어본 사람은 알 것이다. 달빛에 비친 그 길의 평온함을 가슴으로 느끼면서 한 걸음 한 걸음에 달빛이 물러나고 다가오는 순간을. 비록, 주변은 어두웠지만 새벽 그 자체를 벗 삼아 걷고 있자니 긴장했던 마음 한 구석이 한결 나아졌고, 이내 걸음도 한층 가벼워졌다.

에스테야를 벗어날 즈음 새로 지은 알베르게가 하나 나타났고 작은 마을(Ayegui)을 지나자 이라체 수도원이 나왔다. 이라체(Irache) 수도원에서 순례자를 위한 와인과 물을 마실 수 있도록 꼭지를 달아놓았다. 왼쪽 것을 틀면 붉은 와인이 나오고, 오른쪽 것을 틀면 물이 나온다. 오랜 시간 론세스바예스, 카미노와 인연을 맺어 온 고대 베네딕트 수도회의 이라체 수도원, 그리고 이 수도회의 정신을 지금까지 이어받아 이라체 양조장에서 순례자들에게 무료로 와인을 제공한다. 한잔씩 제공되는 포도주를 부엔 카미노를 외치며 즐겁게 마셨다. 걸음걸이에 지친 순례자들에게 새로운 활력이 생기는 곳이다. 어느 곳에서 마신 포도주보다도 가장 달콤했던 힘은 바로 배려의 정신이었다. 산티아고 순례길은 이렇게 말없이 사람들을 배려하는 길이다. 그런데 웬일일까? 순례자들이 서로 보면서 웃고 있다. 와인이 떨어진 듯했다. 아마 와인을 한 컵씩 마셔야 하는데 순례자들이 페트병으로 받아 간 듯하다. 그래서 오늘 주어진 와인이 떨어진 것 같다. 세월이 이렇게 야박하게 변하고 있다. 다음 사람을 위한 배려심이 없어진 것이다. 자기 욕심만 챙기는 모양이다. 8년 전에는 이러지 않았는데 씁쓸한 마음이 든다. 조금 걷다보니, 숲을 벗어나자 끝없이 펼쳐진 밀밭과 포도밭이 우리를 반겼고 걸어도 걸어

이라체수도원에서 제공하는 와인과 물

도 끝나지 않는 밀밭과 포도밭이 황홀할 정도였다. 정말로 축복받은 나라인 것 같다.

아름다움은 언제나 내 둘레에 있는 모든 곳에서 향기롭게 다가온다. 한 걸음 한 걸음 옮길 때마다 지나치는 공간들이 서로 연속적으로 이어져 있음을 분명하게 느낄 수 있다. 보이는 것 하나하나를 다시 한 번 확인한다. 장소마다 서려있는 고유한 모습을 무수한 다른 장소들로 합쳐지는 것 같다. 이렇게 서로 다른 공간들을 이동하면서 그 공간이 지닌 독특한 모습들을 실제로 본다. 사방으로 끝없이 펼쳐진 각 공간의 고유한 모습을 느낀다. 때때로 그 결과는 매우 극적으로 나타나기도 한다. 눈을 들어 앞을 보니 바로 정면에 산이 보인다. 산은 내가 알지 못했던 한 쪽, '끝'이 분명히 있다. 걷다보니 방향이 바뀐 것을 모르고 걷고 있다. 다시 되돌아갔다. 이렇게 대지와 가까이 하면서 그 위를 활보할 수 있다는 것은 얼마나 멋진 일인가.

몇 시간이 지나자 어제처럼 통증과 피로가 몰려오기 시작한다. 그러나 어제와 똑같지는 않다. 두려움이 강하게 밀려오기도 했지만 반면에 어떤 새로운 힘이 내면에서 솟아나면서 온 몸을 가득 채운다. 뭔가 불안하지만 분명히 내 안으로 스며드는 것이 있다. 그것을 느낀다. 점점 더 내면으로 깊숙이 들어오고 있음이 느껴진다… 전율을 느낀다. 조용히 기쁨이 밀려온다. 평생 처음으로 세상을 보는 것처럼 신선함을 느낀다.

어제도 오늘도 아름다운 자연의 풍경은 나를 둘러싸고 있다. 그 속으로 들어가서 새로운 아름다움, 보다 엄밀하게 말하면 자연계의 경이로움을 느끼며 다시 카미노 길에 들어선다. 초라한 모습을 한 성인들과 경외심으로 떠나는 순례자들이 고되게 걸었을 이 천년 왕국의 길은 아직도 내 앞에 수백 킬로미터나 뻗어있다. 나 또한 앞서 이 길을 걸었던 옛 선인들과 함께 이 위대한 다수의 일부가 되고 있는 것이다.

알베르게에 잠자리를 정하고 점심을 먹으러 레스토랑에 갔다. 그리고 오후에는 알베르게에 와서 한없이 낮잠을 잤다. 눈을 뜨니 7시다. 저녁식사 시간에 주방에 가보니 설거지를 하던 키가 크지 않은 할아버지가 크게 웃으면서 계속 말을 건네는데 도저히 어떤 의미인지 이해할 수 없었지만 너무 천진난만한 아이처럼 이야기를 하셨다. 내가 영어를 할 수 있느냐고 질문하자 모른다고 하시며 알아들을 수 없는 이야기를 거리낌 없이 계속 해주셨다. 정말로 세상을 즐겁게 행복하게 살고 계신, 아기 같은 할아버지라고 생각을 했다. 어떻게 하면 이탈리아 할아버지처럼 행복한 노년을 보낼 수 있을까 생각해본다.

우리는 노인을 나이가 들어 늙은 사람으로 정의를 하고 있다. 국제 노년 학회에서 노인이란 노화과정에서 나타나는 생리적·심리적·환경적 행동의 변화가 상호작용하는 형태의 과정으로 정의하고 있다. 보건 위생과 의학기술의 발달로 평균수명이 늘어나고 동시에 출산율은 감소하는 상황이 이어지면서 전 세계적으로 노인 인구가 증가하고 있다. 노인들에게 그들의 삶에서 가장 중요한 것이 무엇인지 물으면 대개 건강, 가족, 경제, 이웃, 여가활동이라는 다섯 가지 요소를 꼽는다. 이 중에서도 가장 큰 만족을 느끼게 하는 것은 가족과의 관계, 사회적 인맥, 주거환경이다.

신체적 건강은 의사들이 도와주는 것이기 때문에 나 같은 사람은 많은 도움을 받고 있다. 건강에 너무 많은 관심을 쏟는 것도 좋지는 않으나 너무 관심을 갖지 않는 것도 옳지 않다고 생각한다. 건강 자체가 인생의 목적은 아니기 때문이다. 건강을 위해서 매일 아침 일어나면 스트레칭을, 3kg 아령과 유연성을 키우기 위해서 훌라후프를 이용하여 1시간 정도를 한다. 골프도 하지만 매일 하는 운동은 걷는 일이다. 하루에 1시간 이상 걷는다. 전에는 아침 시간에 산책을 했으나 요즘엔 오후에 걷는다. 읽고 있는 책이나 쓰고 있는 원고 내용을 사색하기도 하고 다음 날 농장에서 할 일을 계획하기도 한다. 나이든 사람에게는 운동이라는 생각보다 생활 자체가 운동을 동반하는 습관이 되어야 한다. 운동이 건강을 위해 필요하다면 건강은 무엇을 위해 있는가? 나에게는 일을 하기 위해서다. 일은 목적이고 건강은 수단이다. 나에게 있어서는 일이 건강의 비결이다. 나는 일이 내 건강을 유지해주었다고 믿고 있다. 지금도 하루하루를 풀과 전쟁을 하지만 자라나는 블루베리의 모습을 보면 입가에 미소가 저절로 나온다. 이렇게 자라나고 있구나 하며 감탄을 한다. 그렇게 살고 있다.

이러한 이야기가 있다. 젊었을 때는 용기가 있어야 하고 장년기에는 신념이 있어야 하나 늙어서는 지혜가 필요하다는 것이다. 노년기에 필요한 지혜란 어떤 것인가. 가장 중요한 것은 책을 읽거나 공부를 해서 지식을 넓혀가는 일이다. 과거에 갖고 있던 지식을 접거나 축소하지 말고 필요한 지식을 유지하거나 넓혀가는 일이다. 아는 것이 뒤지게 되면 후배나 동료들 사이에서 처지게 된다. 그리고 지식을 넓혀가는 노력은 어려운 일이 아니다. 책을 읽는 즐거움을 더해 갈 수도 있고 기회가 주어지는 대로 강의나 강연회에 참석하는 일도 필요하다. 후배들과 자리를 많이 하면서 지식을 나누어주기도 하고 받아들이는 것도 즐거운 일이다.

노년기의 지혜는 가능만 하다면 늙으면 이렇게 사는 것이 좋겠다는 모범을 보여주는 책임이다. 나이든 사람들은 젊은이들에 대한 불만이 적지 않다. 버릇이 없다든지 예절을 모른다는 말을 한다. 그러나 다시 생각해보면 젊은이들의 잘못보다는 우리가 그들에게 선한 모범을 보여주지 못했기 때문일 것이다. 아무 일도 없이 노년기를 보내는 사람은 불행하다. 남들이 사는 대로 나도 지내면 된다는 생각은 스스로의 인생을 책임지지 못하게 한다.

물론 한 가지 일에 70대까지 계속 하는 사람은 행복하다. 그런 의미에서 학자나 예술가들은 축복받은 사람들이다. 학문이나 예술에는 정년이 없지 않는가. 건강만 허락한다면 계속 할 수 있는 일이기 때문이다.

오직 내가 얘기하고 싶은 것은 일을 사랑하고 열심히 일하는 동안은 그 일 때문에, 또 그 일을 성취해나가는 기간에 어떤 인간적 에너지 같은 것이 작용해 건강을 돕지 않았는가 하는 좁은 경험에서 얻은 지혜이다.

요즈음 정년퇴직을 한 사람들은 보면 아직도 일들을 하고 있다. 이전만은 못하지만 아직은 사회의 폐물이 아니라는 것을 보여주고 있는 것이다. 또 다른 사람들이 일하는 것을 보면 부러워지는 것이 노인들의 솔직한 심정이다. 장년기에는 이성과 감정이 균형을 갖춘다. 그래서 지혜로운 사람들은 먼저 생각하고 감정을 노출하며 행동을 한다. 그런데 늙으면 이성 기능이 약해지고 감정은 그대로 남아있으니까, 감정조절을 잘하지 못한다. 아무것도 아닌 것을 가지고 화를 내기도 하고 충격을 받기도 한다. 사람이 나이 들수록 나무가 높이 자라듯이 지혜롭게 살아야겠다는 생각이 든다. 그래서 다른 사람들과 세상 사물을 대할 때 좀 더 여유로운 자세로 볼 수 있다면 좋겠다는 생각이 든다. 그리고 더 중요한 것은 후배나 제자들을 진심으로 위하여 사랑하는 마음을 갖고 대해야겠다는 생각을 하게 된다. 나이 들었다는 것은 손아래 사람들을 위해주라는 뜻이다. 사랑하고 위해주는 마음이 있으면 실수와 부족한 점이 있더라도 존경과 감사의 대상이 되는 것이다. 나이 들수록 더 많은 사람들

아름다운 밀밭과 순례자

을 위하고 사랑하는 마음을 갖고 대할 수 있다면 그것이 존경받는 노년기 인생이 되는 길이라고 믿는다.

노년기의 행복한 삶은 오래오래 사는 것이 아니라 곱게 잘 늙고 편하게 죽음을 맞이하는 것이다.

행복하고 건강한 삶은 뜻밖에 찾아오는 행운이 아니다. 스스로 선택하고 노력해야 하는 것이다. 성공한 사람이라고 해서 늘 성공하고, 지금 행복하다고 해서 평생 행복한 것은 아니다. 또 지금 실패한다고 해서 그것이 인생의 끝은 아니다. 노년의 삶에서 얻은 교훈이 있다. 그것은 과거와의 이별이다. 지나온 삶이 편안했든 죽을 만큼 힘들었든 간에 과거에서 벗어나야 행복한 내일을 열 수 있다. 미래의 가보지 않은 길에 대한 동경보다 더 무서운 것이 과거에 대한 집착과 미련이다. 청·장년 시절엔 가족을 위해 성공을 위해 쉼 없이 달려왔다면 노년의 삶은 속도가 아니라 나 자신을 위해 성취감을 맛볼 때이다. 남에게 보여주기 위한 삶을 사는 것이 아니라 스스로 만족하는 내면의 성숙을 이루는 것이다. 이제는 가끔 뒤도 돌아보며 자신을 살피고 옆에 아픈 사람은 없는지 살피며 살아가야 한다. 따라서 행복한 삶을 살기 위한 첫 번째 할 일은 마음속에 관심의 대상을 담는 것이다. 행복은 마음속에 관심의 대상이 존재할 때 비로소 느낄 수 있는 감정이며, 또한 관심의 대상을 오랫동안 유지하는 상태라고 정의한다.

두 번째는 땀 흘리며 운동하는 것이다. 운동은 우리 몸과 마음을 건강하게 함으로서 행복감과 자기절제능력까지 키워주는 탁월한 활동이 된다.

세 번째는 여행이다. 왜 여행에서 행복을 느낄까? 이것은 일상과 다른 경험을 하기 때문이다. 또한 여행을 가면 신체활동이 많아지고 또한 맛있는 음식을 먹는 행위도 추가된다. 경험을 소비할 때 행복이 크고 오래 지속되는 이유는 이야깃거리를 만들어내기 때문일 것이다.

행복한 삶을 위한 네 번째는 좋은 사람들과 시간을 보내는 것이다. 옆에 누가 있느냐에 따라 우리의 인생은 크게 달라진다. 그러므로 지금 내가 하는 일을 즐기며 내 옆에 사람들을 사랑하며 사는 것이 노년의 행복한 삶이라고 생각한다.

7. 결혼이란

로스아르코스에서 로그로뇨까지

신기하게도 잠에서 깨어 일어나니 몸이 아주 상쾌하다. 지난밤과는 너무도 달라진 심신의 변화는 너무 커서 거의 믿을 수 없을 정도다. 잠이 인간의 몸과 마음을 이렇게 놀랍게 복원시켜 준다. 나는 대개 10시쯤 자서 5시쯤 일어난다. 잠자리에 들면 곧바로 곯아떨어지는 체질이다. 맑은 아침 공기를 마시며 밖으로 나오니 너무 기분이 좋고 기운이 난다. 다시 걷는다. 이젠 일수일 정도를 걷다 보니 자연히 몸에 반응이 온다. 힘차게 걸어진다. 햇살이 온 사방에 환하게 비치고 어젯밤에 내린 빗방울이 나뭇잎마다 대롱대롱 매달려 있다. 길 따라 물기를 머금은 덤불을 스치며 지나치다보니 옷이 흠뻑 젖는다. 이러다 보니 카미노는 군데군데 도랑처럼 된 곳이 많다. 길 한쪽은 비탈이고 다른 한쪽은 오래된 돌담이다. 비가 많이 내린 뒤에는 도랑 밑으로 물이 흐른다. 길을 걷다 보면 끊임없이 돌이나 단단한 진흙들을 밟게 된다. 물에 빠져 신발이 젖지 않도록 하기 위해 한쪽 방향으로만 가려고 애를 쓴다. 지금까지는 발 상태가 양호하다. 물집이 생기지 않아 다행이다.

비안나(Viana)에 도착하여 바(Bar)에서 카페콘레체 그란데와 샌드위치를 먹었다. 이곳 비안나는 교황 알렉산데르 6세의 아들이요, 마키아벨리의 '군주론'의 주인공인 케사레 보르기아(Cesare Borgia)의 짧은 인생이 묻혀있는 곳이란다. 아버지 교황이 죽은 후 실권하여 에스파니아로 유배되어 갇혀 있다가 탈출하여 처남인 나바라 왕의 곁에 의탁해 있던 중 1507년 비안나 외곽에서 나바라 반역자들과의 전투에서 전사하여 비안나의 산타마리아 성당에 묻혔다고 한다.

오늘은 길들이 오르막 내리막이 있고 마을들을 끼고 있어서 그런지 그렇게 피곤하지 않게 12시 40분경에 로그로뇨(Logroño)에 도착을 했다. 알베르게 도장을 찍고 잠자리를 배정받았다. 너무 시장했던 탓에 목욕도 하지 않고 구시가의 메르카도 광장 앞에서 점심식사를 했다. 메르카도 광장에는 두 개의 종주가 인상적인 산타마리아 데 라 레돈다 대성당(Concatedral Santa maria de la Redonda)이 있는데, 그 성당은 15세기에

산타마리아 델 라 레돈다 대성당

지었으며 18세기에 증개축 되었다고 한다. 우연찮게 이날 그곳에서 결혼식이 있었는데 신랑과 신부가 성당 문에서 나올 때 밖에서 기다리던 화객들이 축포와 쌀 주머니 등을 던지며 축하하는 모습을 보게 되었다.

우리 부부가 결혼한 지 42년이란 세월이 흘렀다. 결혼식 날은 1980년 1월 20일로 많은 눈이 내려 우리를 축복하였으나 신혼여행은 힘들게 갔다. 자동차로 전주에서 도고온천에 가는 데 5시간이나 걸렸고 그 다음날 서울을 거쳐 설악산에서 나머지 시간을 보냈는데 지금 돌이켜 보면 꿈같은 시절이었다. 주례선생님은 나의 은사이셨던, 내 인생의 멘토(Mentor) 강오전 교수님이셨다. 교수님은 대학원 진학을 권유해 주셨고 어려운 일이 있을 때마다 격려의 말씀을 해주셨다. 특히 내 결혼식 때 주례 말씀은, 내가 주례 때 그 말씀을 인용하여 제자들에게 해 줄 만큼 무척이나 값진 말씀이셨다. 간단하게 요약하면 이렇다.

오늘은 기념일로 생각하고 오늘의 기쁨을 기억하고 살 것, 신부는 이 가정의 태양이 되어서 집 안 모든 곳을 빛으로 밝게 해서 형제간에 우애하고 부모님에게 효도하는 삶을 살도록 노력해야 할 것, 신랑과 신부는 경제력으로 자립할 수 있도록 노력해야 할 것, 그리고 신부와 신랑은 서로 배려와 관심을 가져야 하며, 서로 인정을 하면서 행복한 결혼생활을 할 것이라는 말씀이다.

이곳 성당에서의 결혼식은 우리 문화와 달라 내게 무척 신선하게 보였다. 우리는 아버지가 딸을 신랑에게 인도하는 데 반하여 이곳에서는 아버지가 딸을 주례자인 신부님에게 인도하고 신부님은 다시 신랑에게 인도해 주었다. 아버지가 딸을 신부님에게 인도하는 것은 하나님의 종이 이 혼인의 증인이라는 느낌을 주어 더욱 경건하고 의미있는 예식이

성당에서의 결혼식

되게 해주는 것 같아 신선한 충격을 받았다.

우리 삶에서 가장 중요한 것 중에 하나는 결혼일 것이다. 우리 부부는 김창순 교수 부부와 함께 젊은이들이 가장 좋아하는 신혼여행 장소인 그리스 산토리니섬을 여행하였다. 2014년 6월 26일 그리스 아테네의 피레우스항구에서 7시 40분 유람선을 타고 두 섬을 경유하여 산토리니 아티니오스에 15시에 도착하였다. 렌터카를 빌려 숙소를 찾아갔는데 너무나 아름답고 아담한 숙소가 마음에 들었다. 우리 자녀들이 이곳으로 신혼여행 왔으면 좋겠다는 생각이 들었다. 누구든지 결혼을 소중하게 생각하고 가족과의 관계를 아름답게 가꿔야 한다. 부부는 하나님을 증인으로 삼아 상대방과 언약을 맺으며 시작된 소중한 관계이다. 그래서 남편은 아내를 사랑하고 아내는 남편을 존중해야 한다. 가정은 하나님의 창조 질서 속에서 가장 먼저 만들어진 기관이며 하나님이 결혼제도를 만드신 것은 언약백성의 결혼을 통해 경건한 자손을 얻으시기 위함이다. 우리는 삶의 모든 영역, 특히 가정 안에서 거짓을 행하지 말아야 한다. 우리 부부는 아주 오랫동안 결혼 생활을 하고 있다. 우리는 오래 지속된 부부 관계가 노년에 가장 큰 위안이 된다는 점에 동감한다. 부부 관계가 오래 지속될수록 부부가 공유하는 추억이 늘어나기 때문일 것이다.

행복한 결혼은 삶의 새로운 시작이며 행복과 충만함을 위한 출발점이다. 모든 어리석음과 허물과 실수는 영원히 먼 과거에 묻고, 새로운 희망과 용기와 힘을 가지고 우리 앞에 열린 미래로 나아갈 수 있는 소중한 기회라는 것을 기억하고 살아야 한다. 또한 행복한 결혼 생활로 새로운 인생길을 도전하면서 우리 가족 모두가 항상 기쁘고 행복하도록 건강하고 거룩한 삶을 살았으면 한다고 전해주고 싶다.

언젠가는 시집갈 딸에게 편지를 쓰고 싶었다. 얼마나 소중하고 사랑했던 아이였던가. 함께 하지 못한 날들이 얼마나 많았는지 지금 생각하면 아쉽고 미안하고 미안했다. 눈물이 나는구나. 하지만 인생이란 이렇게 흘러간단다. 세상의 이치인 걸 어찌하랴. 조금이라도 부모의 마음을 이해하여 주길 바라면서 몇 자 적는다.

사랑하는 딸 주희야!

네가 결혼한다고 하니 반갑기도 하고 서운하기도 하구나. 지금까지 같이 한 세월이 삼십년이 넘었구나. 태어난 날을 생각하면 웃음부터 나오는구나. 그날은 할아버님 추도식 날이었다. 엄마가 산기가 있어 예수병원에 입원시켜놓고 큰아버지 집에서 추도식을 마치고 병원에 가본다고 하였더니 큰아버지께서 애 낳는데 뭐 하러 남자가 가느냐는 말씀에 말문이 막혔다. 하지만, 병원에 도착하고 보니 너는 이미 태어났었다. 간호사가 너를 보이면서 일등 아빠가 되셨다고 하더구나. 이유는 첫째는 아들이고 둘째가 딸이라고 해서 그렇단다. 이렇게 네가 이 세상에 태어났단다. 나는 네가 이 세상에 태어나 우리와 함께 살게 된 것이 무척 기쁘고, 고맙고, 행복하단다. 그런데 그렇게 완고하시던 큰아버지께서 네가 우리 집안의 기둥이 되도록 주희(주:柱, 희:希)라는 이름을 지어주셔서 고맙고 감사했었다. 그리고 네가 네 살쯤에 지금도 생각해보면 아찔하고 정신이 없을 정도로 놀란 일이 일어났다. 외할머니댁에서 놀다가 턱이 책상에 부딪치어 혀가 이에 물리어 혀를 크게 다쳤던 일도 있었단다. 얼마나 놀랐던지 모른단다. 눈앞이 깜깜할 정도였으니까. 급히 친구 의사에게 부탁하여 봉합 수술을 했었지. 그래서 요즈음 여섯살인 손녀 리아가 집에서 뛰어 놀 때 언제나 긴장을 하고 보고 있단다. 그리고 고등학교 때는 H.O.T를 너무 좋아해서 우리에게 연락도 하지 않은 채 광주 공연에 다녀와 집에 소동이 난 일도 있었지. 지금 생각해보면 한 시절 좋아했던 그 유행이라고나 할까. 또한 그 옛날에 수집했던 H.O.T 모든 소품을 보면서 네가 이 정도로 좋아했었구나 하면서 헛웃음을 친 일도 있었단다. 대학에 가면서 우리와 떨어져 살았다. 귀엽고 애교가 많았던 네가 없는 집은 너무나 조용하고 허전하더구나. 한 사람의 자리가 이렇게도 컸구나 생각이 들었다. 멀리 떨어져 있는 딸이 보고 싶어서 자주 전화통화를 했지만 함께 있지 못한 것이 몹시나 아쉽고 아쉬웠단다. 정말 보고 싶고 그리웠지. 철이 들어서 그런지 대학 다니면서는 별다른 일이 없었지. 취직해서 다니던 때도 마찬가지였다. 언제나 바쁘고 바쁜 직장일 때문에 함께 한 시간이 많지 않아서 모든 것이 아쉽고 아쉬웠단다. 하지만, 만나면 얼마나 다정하게 나를 챙겨주고 엄마가 아들을 챙겨주듯이 나를 생각하여 주는 마음이 언제나 고마웠다. 내가 얼마나 귀여운지 모르겠다고 하면서 나를 깨물기도 하고 장난도 많이 했었다. 나는 언제나 너를 믿어왔고 앞으로도 잘해나갈 것이라 믿는다. 네가 실수를 할 때도 있을 것이고 나의 마음에 안 들 때도 있겠지만 나는 이제 걱정하지 않는다. 오히려 실수나 시행착오가 너를 더욱 성숙하게 만들어주는 계기가 될 것이다.

사랑하는 딸 주희야!

2015년은 엄마 환갑이 되는 해가 되어서 S은행 동경지점에 파견 근무 중일 때 함께 일본 규슈 여행을 한 것이 기억에 남는다. 아쉽게 아들만 함께 못 간 것이 아쉬웠다. 11일 동안 함께 한 시간이 너무나 행복했단다. 다시 한 번 너에게 고맙고 감사하게 생각한다. 이렇게 잘 자라주어서 우리 모두에게 기쁨을 주고 행복을 주었지. 그리고 자랑스럽다. 이런 딸이 결혼하면 어떻게 신랑에게 보낼까 걱정이 되기도 했다. 아마, 눈물이 나서 어떻게 주체할 수가 없을 것 같았다. 이런 딸이 며칠 휴가가 남았으니 우리 집에 가서 쉬고 갔으면 좋겠다고 했더니 아빠 집은 내 집이 아니어서 싫다고 했다. 내 집이 아니라고? 깜짝 놀라 그게 무슨 뜻이냐고 물었지. 그동안 멀리 떨어져 산 딸 입장에선 그런 생각을 했었던 것 같았다. 남의 집처럼 느껴졌다고 했다. 나는 너무 서운해서 눈물이 났었다. 딸은 이런 생각을 하면서 살았구나! 나는 언제나 함께 사는 것으로 생각하면서 살았는데! 아! 이제는 정을 떼는 무심한 아빠가 되어야겠다고 생각했다. 얼마나 아쉽고 서운한지 말로 표현할 수가 없었다. 하지만, 현실은 현실이더구나. 이제는 잊고 사는 연습도 필요하겠다는 생각이 들었지. 얼마나 사랑하고 사랑했던 딸인데 이제는 내 마음에서 내려놓아야 한다고 생각하니 얼마나 답답한지 말할 수가 없었다. 그러던 어느 날 결혼을 해야겠다고 전화를 해서 함께 인사하러 집에 오겠다고 했지. 아! 이제는 우리 딸도 결혼을 하는구나! 결혼하도록 그렇게도 걱정을 하고 기도를 했는데 막상 결혼을 한다고 하니 기쁘기도 하고 아쉽기도 하였단다. 정말로 이제는 남의 식구가 되는구나 하는 생각이 들었다.

이제 내 걱정은 하지 마라. 나는 이 세상에서 가장 소중한 것이 무엇인지 알고 실천하는 농부가 되어서 행복하게 살고 있다. 농부란 말 그대로 농사지으며 사는 사람이다. 농사란 하늘과 땅과 사람과 모든 생명들이 어울려 즐겁게 노래 부르며 일하는 것이다. 농부로 사는 일은 외로움을 견디는 일이다. 견디는 만큼 가치가 있으리라 믿고 살고 있단다.

사랑하는 주희야!

이제, 결혼은 새로운 인생의 출발이라는 것을 잊지 말아야 한다. 독립된 인격체가 서로 만나서 새로운 가족을 탄생시키는 축복받은 이 세상에서 가장 기쁜 날임을 기억해야 한다.

결혼을 준비하는 딸에게 편지를 쓰면서 지금까지 가졌던 마음을 딸에게 전하고 싶었다.

진실로 진실로 아빠는 딸을 사랑한다고! 정말 사랑한다. 그리고 이제는 사랑하는 손녀 리아를 낳아서 우리 부부를 행복하게 해 주어서 고맙고 고맙다고 전하고 싶다.

8. 걷기와 생각 사이를 묻다

로그로뇨에서 나헤라까지

도시 속의 알베르게는 언제나 소란스럽다. 새벽 4시경 깨어서 좀처럼 잠이 오지 않아 한참을 뒤척이다 잠이 들었다. 5시경 일어나 준비를 하고 6시에 출발했다. 오늘도 날씨가 좋다. 아주 상큼한 새벽이다. 새벽이야 언제나 상쾌하지만 더운 지역일수록 그 맛은 더하게 마련이다. 지는 달과 함께, 떠오르는 태양과 함께, 그리고 온갖 새소리 바람소리와 함께 조용하게 걷는 아침시간이 좋아서 많은 순례자들은 우리처럼 아침 일찍 출발을 한다.

오늘은 간선도로를 따라 몇 킬로미터를 걸어야 한다. 카미노는 12세기에 에메릭 비코(Aymeric Picaud)가 지도에 그린 길을 그대로 따르려고 하지만, 오늘날 그 길은 언제나 경치 좋은 산모퉁이 산길이나 울창한 숲을 통과하는 꾸불꾸불한 길로만 되어 있지 않다. 길은 아스팔트로 포장되어 있고 2차선이다. 길 양쪽 끝으로 1m 폭으로 '갓길'이 있다. 아스팔트 위를 걷는 것은 흙 위를 걷는 것과 완전히 다르다. 간선도로에서는 모든 발걸음이 똑같다. 발걸음을 옮길 때마다 발바닥으로 전달되어오는 감촉은 오직 포장도로의 탄력성 없는 단단한 느낌뿐이다. 어디를 걷든지 특별히 다른 감촉은 느껴지지 않는다. 똑같이 지루하고 단조로운 느낌만이 발바닥으로 전해온다. 마치 한 자리에만 있는 것 같은, 또 다른 곳에서 와서 다시 그곳을 향해 가는 듯한 착각에 빠지게 만든다. 포장도로를 벗어나면 작은 실개천을 가로지르는 통나무 다리, 길모퉁이를 돌아서면 새롭게 나타나는 야생화 풀밭, 거리를 두고 차례로 나타나는 서로 다른 풍경의 시골 마을들. 발걸음을 옮길 때마다 무한한 가능성을 품은 흙 위에는 서로 다른 모양의 발자국이 새로 만들어진다. 이렇게 여러 가지를 명상하며 걷다 보면 벌써 몇 킬로미터를 지났는지 모른다. 시간이 흐르는 것도 느끼지 못하고 말이다.

그림 같은 나바레테 마을

로그로뇨(Logroño) 시가지를 벗어나는 데 한 시간 정도 걸렸다. 도시가 잘 정리되고 깨끗했다. 프란타노(Plantano)를 지나면 거대한 호수가 나오는데 그곳에서 사람들이 캠핑과 낚시를 즐기고 있었다. 자연의 선물을 충분히 즐기는 이들이 부럽기만 했다. 한참을 가다보니 어제, 그제와 같은 풍경이다. 밀밭 아니면 포도밭이 계속된다. 처음에는 인상 깊은 풍경이었지만 시간이 갈수록 피곤함을 더욱 느낀다. 멀리 나바레테(Navarette)가 보였다. 나바레테 마을로 들어가는데 멀리 검은 황소동상이 보인다. 목공소가 있어서 잘 보이지 않지만 한참 나와서 되돌아보면 확실히 잘 보인다. 정말 지금이라도 뛰쳐나올 것만 같다. 순례자의 길은 도로를 따라 조금 언덕진 길이었다. 왼쪽에 나무가공 공장이 있고 오른쪽은 도로를 따라서 철조망이 드리워져 있었다. 많은 십자가가 철조망에 달려 있다. 순례자들이 그렇게 달아 놓은 듯하다. 어떤 의미일까? "내 멍에를 메고 내게 배우라 그리하면 너희 마음이 쉼을 얻으리니"(마태복음 11:29)라는 예수님 말씀처럼 남의 짐을 함께 지고 가겠다는 다짐으로 십자가를 매달아 놓았을까? 아니면 지고 온 자신의 십자가를 여기이 순례길에서 주님께 내려놓을 수 있는 마음의 변화가 있어서일까? 십자가를 주님께 내려놓는 것은 쉽게 할 수 있을 것 같다. 나도 여기에 내가 지고 왔던 십자가를 주님께 내려놓자고 다짐해 본다.

산업단지들이 주변을 둘러싸고 있는 길게 뻗은 높은 담장을 쳐다보니 누군가가 담장에 한 절씩 이어서 시를 써놓았다고 한다. 각 절은 실문을 하고 대답을 암시하는 형식으로 되어 있다.

'콤포스텔라에는 왜 가지요?
자연을 찬양하기 위해서?
확트인 대기의 자유를 만끽하기 위해서?
맹세를 지키기 위해서?
하나님의 특별한 은총을 찾아서?
속죄를 위해서?

……

열 개정도의 질문들이 이어진다. 마지막 절은 이렇게 끝난다.

> 아니요. 그런 이유들 때문이 아니에요.
>
> 오직 '저 위에 계신 한 분'만이 당신을 콤포스텔라로 이끄는 이유입니다.

이 시는 아마도 카미노를 걸으면서 누군가 쓴 잘 알려진 문학작품이 아닐까 추측한다. 그러나 걷는 것에 집중하는 것이 지금까지 내가 바랄 수 있는 어떤 곳보다 더 경이로운 곳으로 나를 인도한다. 어쩌면 그것은 나를 정말 지금까지와는 전혀 다른 사람으로 만들지도 모른다.

알베르게 등록을 하고 시가지로 가서 점심을 먹으려고 레스토랑에 갔으나 시간이 지났다고 한다. 할 수 없이 바(Bar)에서 빵, 고등어조림, 감자 등으로 점심을 대신했다. 알베르게는 기부제로 운영되고 있기에 자기가 내고 싶은 만큼 돈을 내면 되었다. 한 방에 많은 침대가 가득 찼다. 오늘 밤이 걱정이다. 어떻게 견디어 낼까? 가장 좋은 방법은 다른 사람보다 먼저 잠이 들면 된다. 저녁 식사 때 와인을 몇 잔 해야겠다. 몹시 피곤했다. 늦게나마 저녁을 하기 위해 광장에 나왔다. 식당 안에 들어서니 놀랍게도 손님이 나와 아들밖에 없다. 음식을 주문하기에 앞서 작은 접시에 맛있어 보이는 잘 익은 올리브를 담아 식탁 위에 놓는다. '오늘의 특별요리'를 주문한다. 대개 빵과 포도주, 두 가지 요리와 후식으로 구성된 식사다. 곧 첫 번째 요리가 나온다. 마늘과 허브로 양념을 하고 볶은 콩으로 만든 진한 수프다. 매운 녹색 칠리고추가 곁들여 나왔는데 정말 맛이 좋다. 내 입맛에 딱 맞는 음식이다. 두 번째 요리는 자그마한 스테이크 한 덩어리와 감자튀김이다. 스페인에서는 보통 감자를 튀겨서 요리한다고 들었다. 후식으로는 쌀가루로 만든 푸딩이 나왔는데 이곳 사람들이 즐기는 음식이라고 한다. 또한 겉을 단단하게 만든 맛있는 빵과 집에서 담근 포도주 한 병도 나왔다. 와인 몇 잔에 취기가 돈다. 빵이 너무 많아서 좀 남기고 나머지는 깨끗이 다 먹었다. 음식 맛도 좋았고 종업원의 서비스도 훌륭해서 양적으로나 질적으로 오늘 식사는 지불한 돈 이상의 가치가 있었다. 알베르게로 돌아오는 길에 내일 아침 식사를 위해 길가에 있는 작은 슈퍼마켓에 들러 과일과 치즈를 좀 사고 빵집에서 빵도 산다. 여기 빵집들은 날마다 갓 구운 빵을 내다 판다. 그러나 빵 종류는 한 가지만 있는 것 같다. 겉이 딱딱하게 구워진 하얀 속살의 기다란 모양을 한 빵을 한 덩어리씩 판다. 한국에서 먹었던 다양한 종류의 빵이 갑자기 먹고 싶다.

우리는 '걷는 존재들'이다. 걷기는 말과 생각만큼이나 인간을 규정할 수 있다. 모든 생명체 가운데 인간만이 이런 식으로 이동한다. 걷는 존재, 말하는 존재, 이성을 가진 존재라는 규정들 말이다. 인간은 걷기 시작하면서 말하고 생각하기 시작했다. 걷기와 생각 사이에는 어떤 관계가 존재할까? 인과 관계 같은 즉각적인 관계, 직접적인 연관은 없는 것 같다. 하지만 걷기와 생각 사이의 관계를 고대 철학자로부터 현대 철학자들까지 어떻게 사유했는지 살펴보는 것도 의미가 있을 것이다.

고대 그리스 철학자들은 확실히 걷기에 대한 취미가 있었다. 하지만 왜, 소크라테스가 아테네의 거리를 거닌 반면 플라톤과 아리스토텔레스는 그들의 철학학교인 아카데메이아와 리케이온 안에 틀어박혀 산책로를 걷는 데 만족했을까? 우선 가능한 하나의 설명은 소크라테스가 아무것도 강의하지 않았던 것에 비해 플라톤과 아리스토텔레스는 구체적인 교리를 설파했다는 것이다. 소크라테스가 오는 사람을 누구나 상대했던 반면에 플라톤과 아리스토텔레스는 제자를 선발했다는 점을 지적한다. 철학은 더 이상 모두의 관심사가 아니라 도시에서 떨어져 나와 명성 있는 학교의 교육과정을 밟는 선별된 엘리트의 전유물이 된 것이다. 이렇게 해서 그들은 더 이상 특정한 장소에서 자신들끼리 외에는 걷지 않게 되었다.

다른 설명으로는 아테네인들에게 사형을 선고 받은 소크라테스의 전례가 그 후계자들에게 경각심을 불러일으켰다는 점을 강조할 수 있다. 철학활동은 위험한 것이며 그러니 철학이라는 이름 아래 만들어지는 것의 본질이 무엇인지 정확히 이해하기엔 준비가 덜 된, 혹은 심지어 그럴 능력이 없는 경박한 시선들을 피해서 이 활동을 펼치는 것이 낫다는 것이다. 학교 안에서 걷고 사유하는 것은 철학을 탐탁찮게 여기는 일부 사람들의 선입견과 적의를 피하는 것이기도 하다. 그리하여 플라톤과 아리스토텔레스는 걸었지만 그들에게 공통으로 영감을 준 소크라테스가 보다 유쾌하고 예측하기 어렵게 걸었던 것보다는 학구적이고 확신한 걸음을 걸었다. 아리스토텔레스(Aristoteles)는 아침 일찍, 때로는 몇 시간 동안이나 걸으면서 성찰하고 말하는 습관 때문에 '산책하는 사람' '산보하는 사람'이라는 뜻의 별명을 갖게 되었다. 아리스토텔레스와 그의 제자들은 매우 일찍 체육관에 와서 몸을 단련하기 전에 철학을 단련하여 회랑을, 산책장을, 주랑을 성큼성큼 걸었다는 이야기다. 그들은 몸의 단련과 이성의 단련이 이어져 있다고 믿었으므로 생각하며 걷고, 걸으며 생각했다. 아리스토텔레스는 걷기의 메커니즘과 생각의 메커니즘을 분석하는 데 그치지 않고, 정치가 어떻게 작동하고, 천체가 어떻게 작동하며, 기후가 어떻게 작동하는지, 살아있는 유기체들이 어떻게 작동하고 감정이 어떻게 작동하며, 영혼이 어떻게 작동하고, 문학과 시 작품들이 어떻게 작동하는지, 연극과 스펙터클이 어떻게 작동하는지 알기 위해서 열중했다. 그는 언제나 균형의 교란과 불균형의 보완을 통한 전진이 어떻게 이루어지는지 탐구했다. 또한, 그는 걸으면서 지식을 돌아보고, 생각을 돌아보고, 현실을 돌아본다는 걸 볼 수 있다.

고대 로마 후기 스토아철학을 대표하는 세네카(Lucius Annaeus Seneca)는 삶이 일종의 걷기라는 생각을 출발점으로 삼고 '루킬리우스에게 보내는 편지'에서 '너는 태어난 날부터 죽음을 향해 걷고 있다.'라고 강조했다. 산다는 건 사람들과 시간 속에서, 자연과 관계를 맺으며, 다시 말해 '선(善)'과 관계를 맺으며 자신만의 고유한 리듬으로 걷는 일이다. 세네카는 이것을 항상 같은 길을 따르는 삶의 평온하고 중단 없는 걸음이라고 표현했다. 모든 인간의 삶이 그 자체로 하나의 걷기이지만, 지혜를 추구하는 철학자의 걸음은 잘못된 길로 가지 않도록 조심해야 하고,

홀로 걷는 순례자

가짜 스승들에게 걸리지 않도록 조심해야 한다. 영혼의 평화에 도달하기 원하는 사람은 어떻게 걸어야 할까? 세네카는 말한다. 군중과 웅성거림과 분주함에 섞이지 말고 동떨어져 걸어야 한다. 동떨어져 걷는다는 건 무리에서 떨어져서 홀로 산만하지 않고 집중한 상태에서 생각한다는 의미이다. 자신만의 고유한 움직임을 따른다. 제 걸음에 따라 걷지 타인의 걸음에 맞추지 않는다. 그는 자기 안에서 혹은 자기 밖에서 오롯이 자신의 의사대로 자신이 다가가거나 다가가지 않기로 선택한 생각들을 만난다.

프랑스 철학자인 몽테뉴(Montaigne, Michel de)는 몸으로 사유한다. '수상록'을 보면 그의 사색 중 상당부분은 몸이 겪은 사고에서 영감을 얻었다는 것을 확인할 수 있다. 그는 자신의 건강상태와 아팠던 경험 등을 반복적으로 언급하며 이를 통해 병, 늙음, 죽음을 피할 수 없는 육체를 가진 존재라는 존재조건의 진실을 추적한다. 몽테뉴는 '세 가지 사귐에 대하여'라는 에세이에서 '은거할 곳에는 꼭 산책장이 있어야 한다. 앉아있으면 사유는 잠들어버린다. 다리가 흔들어 놓지 않으면 정신은 움직이지 않는다.'고 분명히 한다. 몽테뉴에게 몸과 정신의 일치는 의심의 여지가 없는 사실이다. 이는 경험적 근거에 의해 매우 간단하게 확인된다. 갑작스럽고 예상치 못한 관념, 직관 등이 발현 및 분출하는 것과 신경, 근육, 장기 등은 서로 공모관계를 맺고 있다고 생각해야 한다. 사유는 뒤얽힌 혈관, 섬유, 정맥, 힘줄을 타고 의식까지 전진한다. 이 통로들은 전적으로 생리적인 논리에 따라 사유를 다듬고 형상화한다. 사유는 문장과 담화이기에 앞서 고유한 신경체계라 독특한 물리적 구성물로서 존재한다. 몸이 걸으면 정신 또한 따라 걷는다. 한 번의 걸음으로 그들은 함께 움직인다. 우리는 각자 자기 자신의 삶을 산다. 마치 몽테뉴의 에세이들이 우리 여정을 그대로 그려주기라도 하듯이 그의 발자국을 그대로 따라 밟는 것은 이 교훈을 제대로 이해하지 못한 것이다.

그보다는 투명하게 사유하려는, 다시 말해 몸에서부터 사유하려는 모두의 욕구와 능력이 더 좋은 결과를 가져다준다. 우리는 각자의 걸음을 걸으라는 것이다.

프랑스 철학자인 루소(Jean-Jacques Rousseau)는 '걷기에는 내 생각을 활기차고 생기 넘치게 만드는 무엇이 있다. 나는 제자리에 멈춰 서서는 거의 생각을 할 수가 없다. 내 몸이 움직여야만 정신이 깃든다.'라고 말한다. 그는 걸으며 생각하는 사람, 발에 정신이 깃든 사람, 자연 속을 거닐며 생각을 걷는 사람에 속한다. 루소의 '고백' 제4권에서 "나는 평안하게 걷다가 마음 내킬 때 멈춰서는 것을 좋아한다. 내게 필요한 것은 떠돌이 생활이다. 날씨가 좋을 때 서두르지 않고 아름다운 고장을 걷는 것, 그리고 다 걷고 나서 유쾌한 세상을 만나는 것, 바로 이것이야말로 내 취향에 가장 잘 맞는 삶을 사는 모든 방식이다"라고 했다.

루소는 또한 '고백'에서 여행에 대해서 말한다. '감히 말하자면 내가 혼자 두 발로 걸었을 때만큼 깊이 생각하고 깊이 존재하고 깊이 살고, 깊이 나 자신이었던 적이 없었다.' 루소에게 걷기와 고독 그리고 생각은 하나일 뿐이다. 루소는 여행에서 산책을 분리해 고유한 즐거움과 개별적인 미학을 지닌, 그 자체로 완결되는 활동으로 새롭게 부각시킨 것이다. 동일한 걸음으로 풍경과 자신을, 자연과 우연을, 길의 굴곡과 정신의 굴곡을 발견하기 위해, 이 요소들은 더 이상 구분되지 않는다. 훗날 시인 베를렌은 '당신의 영혼은 선택된 풍경이다.'라고 했다. 풍경은 나의 생각이다. 풍경을 발견하면서 그는 자신을 발견한다. 산책은 생각과 세상, 몸과 말이 만나는 합류점이 있으며, 동일한 움직임과 동일한 행보에서 둘은 연결하고 알아본다.

독일의 철학자인 니체(Friedrich Wilhelm Nietzsche)는 평생 걸었다. 쓰

러졌다가 살아났으나 움직이지 못하고 휠체어 신세를 지게 된 마지막 십여 년 전까지는 그랬다. 그는 생각하고, 글을 쓰고, 제대로 사는 동안은 걸었다. 길고 다양한 산책, 높은 곳, 기복 많은 곳, 전망 좋은 곳을 걷는 산책을 좋아했다. 니체는 몸-영혼, 걷기-생각이 하나라는 진리를 끝까지 밀어 붙인다. 그는 '오직 발로써' 글을 쓴다. 그는 사상가와 춤꾼, 귀와 발가락 사이에 더없이 완벽한 등가관계가 있다고 주장한다. 모든 것은 흘러가고, 생성되고, 변하고, 죽고, 다시 태어난다. 세계는 흐름, 움직임, 이행뿐이다. 이것이 걷기가 가장 먼저 연상시키는 것이다. 걷듯이 생각한다는 건 끊임없이 움직이고 머릿속과 몸, 판단과 문장 속에서 쉬지 않고 나아가는 것이다. 움직이지 않는 건 비현실적이다. 걷기만이 세계와 부합한다고 주장한다. 니체에게 걷는다는 것은 곧 높아진다는 것, 기어오른다는 것, 올라간다는 것이다. 니체의 걷기에서 상승의 움직임을 포착한다.

아름다운 전원 마을인 나헤라

위 책의 차라투스트라는 "나 나그네요 산을 오르는 자다. 나 평지를 좋아하지 않고, 오랫동안 한 곳에 조용히 앉아 있지도 못하는 것 같다. 내 어떤 숙명을 맞이하게 되든, 내 무엇을 체험하게 되든, 그 속에는 방랑이 있고 산 오르기가 있으리라."라고 말하였다.

덴마크 철학자인 쇠렌 키르케고르(Søren Kierkegaard)는 1847년 코펜하겐에서 다음 글을 썼을 때가 34세이었다. '걷고 싶은 욕구를 절대 잃지 마세요. 걷기는 내게 매일 일상적인 행복을 안겨주고 질병으로부터 멀어지게 해줍니다. 내가 해낸 최고의 생각은 걸으면서 떠올랐고, 성큼성큼 걸어서 떨치지 못할 어떤 무거운 생각도 나는 알지 못합니다.' 걷기는 건강이다. 따라서 걷는 것을 잊지 말자. 건강을 유지하기 위해 매일 충분한 운동을 하자 등등 내가 걸을 때 모든 것이 작동하고, 세상이 작동한다. 오직 중요한 건 움직임이고, 여행이고 머물러 있지 않는다는 사실 자체다. 무기력하게, 정지 상태로, 나른하게 앉아 있지 않는 것이다. 걷기에 대한 욕구를 잃으면, 움직임이 더 이상 이어지지 않으면 모든 것이 무너지고 아무것도 돌아가지 않는다. 쇠렌 키르케고르의 걷기는 관찰과 반추의 원천이자 영감의 원천이기도 하다. 그는 걸으면서 자신이 밤에 펜을 들고 쓸 것을 축적하고 명상한다.

9. 우리는 행복합니다

나헤라에서 그라뇽까지

지금까지 날마다 나는 하나님이 창조한 자연 속을 걸었다. 자연 속에 잠긴다는 것은 나무들과 꽃들, 길의 색깔 등 모든 것들이 나에게 말을 걸고 인사를 하고 관심을 가져달라고 요구하는 것 같다. 바람의 숨소리, 곤충들이 윙윙거리는 소리, 시냇물이 흐르는 소리, 발을 땅에 내딛는 소리, 이 온갖 살랑거림이 나에게 응답하는 것 같다. 순례길에서 만나는 아름다운 풍광들은 몸의 피곤함을 잊게 할 뿐 아니라 새로움을 향해 나아갈 수 있는 힘을 제공한다. 다양한 길을 보면서 이렇게 아름다울 수 있는가 생각한다. 가도 가도 새로운 모습과 풍경과 환경이 나를 기다린다.

오늘도 어김없이 가도 가도 밀밭과 포도밭뿐이다. 간혹 밀밭 사이에 작은 배추가 심어져 있는 것이 보였다. 왠지 한국의 배추밭이 연상되어 신기하기도 하였다. 아조프라(Azofra)에서 커피와 빵, 그리고 사과로 아침을 대신하고 약간의 오르막을 10km 정도를 가다보니 키루에냐(Cirueña)에 도착했다. 높은 지역인데 골프장이 있었고 넓은 골프장에

한 팀이 운동하고 있는 모습이 보인다. 부부인 것 같다. 우리 부부도 가끔씩 골프를 하지만 나의 아내는 골프 하는 것을 많이 양보를 한다. 우리 형편에 자기까지 골프를 자주 하면 경제적으로 부담이 된다고 한다. 정말 미안한 마음이다. 그래서인지 골프방송을 보는 것으로 대리만족을 하는 것인지 모르겠다. TV에서 라이브로 방송하는 모든 골프 중계방송을 보고 나에게 주요 선수의 결과를 알려준다.

우리는 하나의 몸과 하나의 정신을 갖고 있지만 플라톤은 이 몸과 정신이 복합적 존재라는 점에 우리가 주목하도록 했다. 교육에 관한 사유 속에서 플라톤은 체육과 음악이 중요한 역할을 지닌다고 했다. 체육활동과 음악활동을 한다는 것은 어린이의 몸과 정신을 조화롭게 만드는 것이다. 운동의 궁극적 목적은 개인 행복의 조건인 이 조화가 이루어지는 것을 돕는 것이다. 골프라는 운동은 이 조화로운 운동이 절대적으로 필요하다. 리듬감이 있어야 하기 때문이다. 조화로운 정신은 리듬감이 있는 정신이다. 이것이 없을 때 정신은 감정에 휘들리고 흥분하며 안정과 기쁨 대신 원한과 좌절만을 갖게 될 것이다. 이 리듬감은 골프를 하는 동안 사유를 용이하게 할 뿐 아니라 활발하게 한다. 나는 골프를 지금부터 33년 전인 1989년부터 시작했다. 추석에 처가댁에 갔다가 손아래 동서가 테니스를 그만하고 골프를 시작하라고 권유하면서, 며칠 후에 초원 연습장에 한 달 회비와 레슨비를 냈다고 하든 말든 알아서 결정하라고 한 것이다. 시간이 있어 골프연습장에 가서 가장 기본적인 기술을 설명을 듣고 실제로 스윙을 해보았다. 그런데 정지되어 있는 골프공을 맞추지 못하고 헛스윙을 하였다. 기가 막혀 다시 시도하였지만 똑같았다. 속으로 오기가 작동했다. 날아오는 테니스공을 힘껏 치던 내가 이렇게 정지되어 있는 공을 치지 못하다니 하면서 도전해야겠다고 결심을 하였다. 그 다음 날부터 코치 선생에게 레슨을 받으면서 연습을 하였다. 손에 물집이 생기고 허리가 아플 정도였다. 다행히 연습장에는 친구들이 몇 사람이 있어서 말벗도 되어 주고 격려도 많이 해 주었다. 그동안 열심히 하였던 테니스를 그만두고 골프에만 전념해서 연습을 하였다. 나는 어떤 일이든 시작하게 되면 그 일에 빠져서 어떤 성과가 나올 때가지 집중해서 한다. 사실 골프란 운동은 하루아침에 되는 운동은 아니다. 정말 힘들고 힘든 운동이었다. 이것을 얼마나 잘 극복하느냐에 따라 골프를 계속할지 그만두게 될지 6개월 정도 지나면 대게 결정된다고 한다. 그 과정을 지나면 골프란 것을 조금 알게 된다. 이때가 골퍼로서는 비기너(초보)의 시대가 된다.

사람들은 수많은 스포츠 중에서 왜 골프를 좋아할까? 골프는 자기 스스로의 집중력과 자제심 그리고 자신감을 요구하는 운동이기 때문이라 생각된다. 실제로 운동을 하다보면 거듭되는 실수에도 어떻게 자제력 있게 평정심을 잊지 않고 유지한다는 것은 정말로 힘들다. 그래서 골프에서의 정신 집중이 어느 것보다 매우 중요하다. 골프는 확률과 가능성의 게임이라고 한다. 프로들은 확률 높은 방법을 우선하며 절대로 무모한 행동을 피한다고 한다. 성공의 확률은 냉정한 판단을 전제로 항상 자기 기술의 수준에서 결정된다. 실수를 최소한으로 예방하는 방법이 기본이다. 골프는 18홀 4시간 정도를 운동하는 동안 샷과 퍼트 등에 소비하는 시간은 모두 합쳐 2분 정도 나머지 시간은 생각하고 반성하고 욕심을 불태우고 자신을 갖다가도 실망하고 의기소침 하는 등 많은 심리적 변화의 시간을 갖게 된다. 결론적으로 골프라는 운동은 욕심과 불안이 게임을 좌우하는 운동이라 할 수 있다. 정신집중이란 자기가 지금부터 실행하려는 행위에 모든 주의를 쏟아 넣는 것이다, 밖으로부터의 잡음, 마음속의 잡념 등을 모두 일소시킨 상태이다. 좋은 집중력이란 오랜 세월의 수련에 의하여 쌓아지지만 그것만으로 성공할 수는 없다. 성공하는 비결은 중압감이 따르는 상황에 이르렀을 때 생기는 긴장을 두려워하지 않고 결코 피하지도 않는 마음 자세가 중요하다. 긴장 속에 불안감을 갖지 않는 긴장감이다. 골프인생을 통하여 멋진 골프동료를 많이 가진 사람은 혜택 받은 사람이다. 함께 운동하는 좋은 동료란 꼭 "잘 치는 사람"일 수만은 없다. 좋은 동반자란 열심히 최선을 다하여 끝까지 노력하는 타입이어야 한다. 그런 사람과 함께 운동을 하면 골프하는 진짜 맛을 보게 되기 때문이다.

골퍼로서 나의 목포는 무엇일까? 행운을 가져다준다는 홀인원(hole in one)일까? 아니다. 나는 에이지슈터(age shooter)가 목표이다. 에이지슈터는 자기 나이보다 작게 점수를 내는 것을 의미한다. 즉 나이가 74세일 때 74 이하의 점수를 내면 에이지슈터가 되는 것이다. 골프의 가장 큰 매력은 나이 들어서도 능히 할 수 있는 스포츠라는 것이다. 그래서 나이든 사람들에게 가장 인기가 높다. 열이면 열 사람이 "골프를 하기 참 잘했다."고 말한다. 그들의 얼굴은 빛이 나고 생생하며 마음도 젊다. 골프란 사람의 마음과 육체를 젊게 하는 운동이다. 그리고 나이 들수록 더 많은 골프 동료를 만들면 서로 체력과 건강에서 우선 비교가 되어 자극도 되고 경쟁심도 높아진다.

한참을 가다보니 산토 도밍고 데 라 칼사다(Santo Domingo de la Calzada)에 도착했다. 11세기에 수도사 도미니쿠스(성 도밍고)가 순례자들을 위해 돌 바닥길(칼사다)을 만든 것에서 마을의 이름이 유래됐다고 한다. 지금도 그 자취가 남아 있는 길을 걸어 마을에 들어서면 거리 중간쯤에 작은 광장이 나오는데 정면에는 12세기에 건축된 카테드랄이 서 있고 성당 내부에는 성 도밍고의 묘가 있다. 그 묘 앞에 있는 새장에는 한 쌍의 닭이 있는데 다음과 같은 전설이 전해지고 있다.

14세기에 한 독일 청년이 부모를 모시고 하녀와 함께 산티아고로 순

성당 안 수탉

례를 가는 길이었다. 이 젊고 잘생긴 청년에게 반한 하녀가 마음을 고백하고 유혹을 해 왔지만 청년은 냉담했고 그 유혹에 전혀 응하지 않았다. 분노와 수치심으로 제 정신을 잃은 하녀는 몰래 금잔을 훔쳐서 청년의 짐 속에 넣었고, 청년은 도둑으로 몰려 교수형을 당하게 된다. 절망과 좌절에 빠진 부모, 그러나 깊은 신앙심으로 슬픔을 이겨내고 그 와중에도 순례를 계속해서 마치게 된다. 그리고 돌아오는 길, 하나님께서는 이 부모의 신앙심을 보시고 교수대에 그대로 매달려 있는 아들을 다시 살아나게 하는 기적을 베풀게 된다. 교수대에 매달린 아들이 살아난 것을 보게 된 부모는 이 마을의 통치자에게 찾아가 기적을 얘기하고 교수대에서 아들을 내려 달라고 부탁을 한다. 그런데 이 통치자는 비웃으며 만일 당신의 아들이 살아 있다면, 이 식탁에 있는 요리한 이 두 마리의 수탉도 살아 있겠구나 하면서 그 닭을 먹으려고 하는데, 갑자기 이 수탉

두 마리가 날개를 퍼덕이면서 식탁에서 뛰어내린다. 결국 이 청년은 다시 교수대에서 내려오고 부모와 함께 고향으로 돌아가 열심히 신앙생활을 하며 행복하게 살았다는 전설이다. 그 이후부터 이 마을의 성당은 매달 수탉 두 마리를 새로운 닭으로 교체해 성당에 가두어두는 의식을 몇 백 년 동안 이어왔다. 이 수탉의 울음소리를 듣는 순례자는 산티아고로 가는 동안 행운이 같이 한다고 한다.

드디어 그라뇽에 도착했다. 아내와 함께 빠에야 음식을 만들었던 기억이 새롭다. 이곳에서는 자원봉사를 하는 사람들이 다락방을 관리하고 있다. 이곳은 700년 된 성당의 다락방이 알베르게로 사용되고 있다. 뙤약볕에서 안에 들어가니 돌로 된 건물이라 아주 시원하고 기분이 오히려 상쾌하다. 3층에 있는 접수처에 각국의 언어로 간단한 이용규칙이 적혀 있었는데 한국어도 들어가 있었다. 숙소는 다락방에 매트리스를 다닥다닥 붙여서 자는 곳이다. 기부금을 내고 알베르게 숙소 도장은 바(Bar)에 가서 받으라고 한다.

이곳은 그 누구도 오는 대로 다 받아주고 성당 바닥에서라도 재워주고 모두에게 저녁과 아침을 제공하는 곳이다. 그 당시에 다락방 방명록에 기록했던 자료를 찾아보았으나 8년 전의 일이라 없어서 아쉽다는 생각이 들었다. 이번에는 아들과 함께 순례길을 할 수 있어서 행복감을 더욱 느끼게 되었다.

알베르게 다락방에서 봉사하는 사람들은 얼마나 행복할까. 봉사한다는 것은 그렇게 쉬운 일은 아니다. 말은 쉽지만 실천하기가 참으로 어렵기 때문이다. 행복한 사람들이 자원봉사처럼 시간을 남에게 할애하는 일을 많이 한다는 것을 알고 있다. 행복한 사람들은 자신을 비움으로 자신을 채우는 삶의 비결을, 시간을 내어줄수록 시간의 부자가 된다는 삶의 진실을 알고 있는 것이다. 행복한 사람들은 비움으로 채우는 삶의 기술을 돈에도 적용하며 산다. 행복한 사람들일수록, 행복한 국가일수록 기부를 많이 한다는 점이 이를 증명한다. 성경 마태복음 19:21에서 자신의 소유를 팔아 타인에게 베풀면 몇 배로 축복받는다는 가르침이 존재한다.

'예수께서 가라사대 네가 온전하고자 할진대 가서 네 소유를 팔아 가난한 자들을 주라 그리하면 하늘에서 보화가 네게 있으리라" 그리고 와서 나를 좇으라 하시니, 행복하지 않은 사람은 채움으로 채우려고 하지만, 행복한 사람은 비움으로 채우려고 한다. 시간과 돈의 여유가 없어서 나누어 줄 수 없다고 행복하지 않은 사람이 하소연할 때 행복한 사람은 나누지 않으면 시간과 돈의 여유는 갈수록 없어진다는 믿음으로 나눔을 실천한다. 경험의 삶이 곧 무소유의 삶이다. 소유하지 않는 삶이 행복할 수 있는 이유는 소유에 대한 욕망을 삶에 대한 경험과 관찰로 대체하기 때문이다. 경험이 무소유의 삶을 가능하게 하는 이유는 첫째, 소유물은 비교를 불러일으키지만 경험은 비교를 유발하지 않는다. 경험은 우리를 비교로부터 자유롭게 한다. 경험의 삶이 곧 무소유의 삶인 이유는 무소유의 본질이 소유가 유발하는 비교로부터의 자유이기 때문이다. 소유를 모두 버려야 한다는 두려움 때문에 무소유의 삶이 부담스러운 우리에게 경험의 삶은 아주 좋은 대안이다.

둘째, 경험은 우리의 정체성을 구축한다. 우리가 누구인지를 알기 위해서는 우리의 경험 목록을 보아야 한다. 경험은 우리의 의식과 철학과 가치를 구성한다. 진정한 행복이란 진정한 자기를 만나는 경험이며, 진정한 자기와의 조우는 경험을 통해 이루어진다. 무소유의 삶은 진정한 자기를 만나는 삶이다. 행복한 사람은 자신의 소유리스트를 늘리는 사람이 아니라 자신의 경험이력서를 빼곡하게 채워나가는 사람이다.

셋째, 경험은 이야깃거리를 제공한다. 돈으로 경험을 산다는 것은 결국 돈으로 이야깃거리를 산다는 것이다. 이야깃거리는 관계를 전제로 하기 때문에 경험이 제공하는 이야깃거리는 관계를 강화시킨다. 우리는 함께 경험하기를 원하는 것이다.

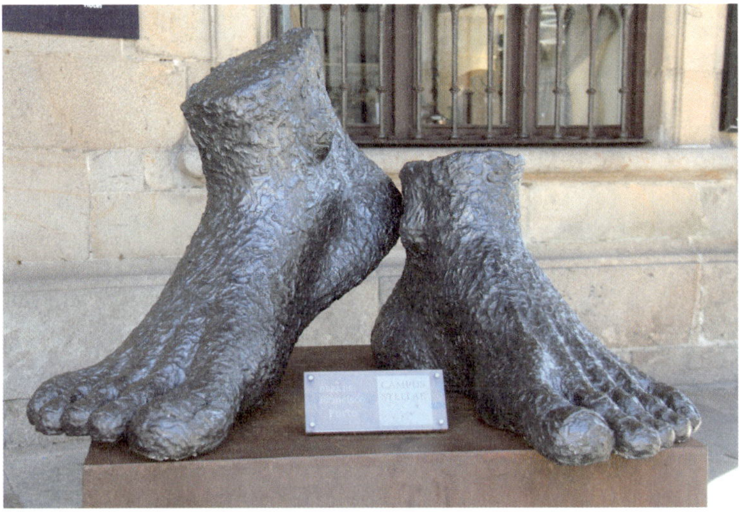

동으로 만든 발 모형

10. 아름답게 사는 것은

그라뇽에서 벨로라도까지

성당 알베르게의 규칙이 7시 전에 일어나지 말도록 되어 있었는데 이것은 무리한 순례를 하지 않도록 충분한 휴식을 취하게 하려는 순례자를 위한 배려인 것 같았다. 하지만 6시에 눈을 떠 보니 이미 많은 순례자들이 떠날 준비를 하고 있었다. 우리도 준비를 마치고 7시에 출발했다. 오늘은 다른 날에 비해 바람이 불지 않아 많이 더웠기 때문에 상진이도 지쳐있는 듯 말없이 걷고 있다. 지금이 가장 힘든 시간이 될 것이다. 처음에는 호기심과 새로운 경험에 대한 도전으로 잘 견디고 왔는데 모든 것이 매일 매일 반복되어 피곤이 누적되어 있을 것이다. 멀리 쳐다보면 주변의 포도밭과 밀밭, 그리고 채소밭이 넓게 펼쳐진 양탄자 같다. 끝이 없다.

한참 동안 숲속을 걷는다. 천천히 침묵 속에서 숲속의 나무들이 우리를 받아들이고 맞이하는 느낌이 든다. 나무들 사이로 하나의 피조물에서 또 다른 피조물 사이로 움직인다. 이 숲은 무엇을 의미할까? 우리 부부는 자주 제주도에 가서 올레길과 오름을 찾아 트래킹을 한다. 특히 화산지형의 특징을 잘 나타내는 큰녹고메와 족은녹고메는 삼나무가 가로수가 되어 올라가는 길이 울창한 자연림으로 숲을 이룬 것이 너무나 아름다웠다. 힘이 들어도 정상에 가면 올라온 보람이 있을 것이라고 생각했는데 기대에 어긋나지 않았다. 어찌 보면 이 자연의 경이로움과 웅장함 속에 나 자신은 한낱 작은 미물임을 고백하게 된다. 나 자신이 다 인 줄 알고 잘난 척해 왔는데, 대자연 앞에 나는 그저 순응하며 걸어가고 있을 뿐이다. 자연은 또한 겸손해야 함을 가르쳐 주고 있다.

마을들을 지나면 으레 고양이가 있었는데 이번 마을에는 유난히 몇 마리의 고양이가 벤치에서 한가하게 놀고 있었다. 갑자기 집에 있는 강아지 딸기(요크셔테리어)가 보고 싶어졌다. 딸기의 식성을 보면 잘못된 식습관 때문인지 혼자 있을 때는 잠만 자고, 아침에 준 음식도 그대로 남아있다. 그리고 우리 부부가 집에 오면 그때서야 먹기 시작한다. 먹을 때도 그냥 먹지를 않고 소파에 앉아있는 나를 거실 바닥에 앉도록 계속 짖다가 내가 바닥에 앉으면 그때서야 내 밑에 붙어 앉아 허벅지 아니면 배 위에 앉아서 먹이를 먹는다. 때론 엉덩이를 나의 얼굴 내지는 목에 대고 먹는다. 별난 놈이다. 습관이 잘못돼서 그런 것 같다. 고치고 싶어도 똑바로 나를 쳐다보면 안쓰럽다. 강아지 요크셔테리어인 딸기의 죽음이 생각난다. 너무나 허무하게 우리 곁을 떠나서 우리 가족에게는 커다란 상실감을 주었다. 딸기의 죽음으로 충격을 받은 마음은 쉽게 가라앉지를 않는다. "함께 있으면 좋은 사람들 모임"에서 뉴질랜드와 호주여행을 떠나기 위하며 버스를 타고 천안 정도를 가고 있는데 아들한테 연락을 받았다. 딸기의 몸 상태가 이상하다고 하면서 불안한 마음을 전한다. 조금 지나 죽었다고 연락이 왔다. 할아버지 묘소가 있는 시골에 묻어주라고 했다. 지난 11년간 생각하면 그렇게 예쁠 수가 없다. 처음에는 개를 키우는 것을 싫어했지만 어느 시간이 지나자 그렇게 예쁠 수가 없었다. 출근할 때나 퇴근해서 집에 오면 문 앞까지 나와서 반가워 해주던 딸기였다. 죽기 전 딸기 모습이 좋지 않아 보여 동물병원에 가서 진찰하였으나 원인을 알 수 없다고 해서 대학병원에 입원을 시켰다. 그 때 불안해하는 모습이 지금도 눈에 선하다. 딸기는 자동차를 타면 불안해서 떨곤 했다. 자동차를 타고 동물병원에 가서 털을 깎곤 했기 때문이다. 그러던 딸기가 대학병원에서 퇴원할 때의 모습은 참으로 상상할 수가 없었다. 풀이 죽어서 우리 부부와 눈을 마주치지도 않는다. 얼마나 2~3일 동안 대학병원에서 힘들었으면 하는 생각이 든다. 마른 다리에 주삿바늘 흔적이 너무나 안타까워 보였다. 한숨이 났다. 말 못 하는 짐승이 얼마나 고통스러웠을까 생각하면 원망스럽기도 했다. 어느 정도 마음을 정리하고 김포공항에 도착해서 외국여행에서 돌아온 딸을 만나서 딸기 이야기를 했더니 그 많은 사람들이 있는데 대성통곡을 하지 않는가. 얼마나 마음이 아팠으면 이렇게 할 수 있을까? 부모가 죽어도 이

이쁜 요크셔테리어 딸기 모습

럴까? 생각했다. 새삼스럽게 인간이 얼마나 무능한지가 느껴지는 것 같았다. 작은 강아지 한 마리의 생명을 어떻게 하지 못하는 인간이 학문을 논하고 예술을 말하며 과학의 위대성을 떠들고 있다.

우리에게는 죽음에의 가능성은 어디에나 있다. 순간마다 있으며 삶의 한복판에 언제나 자리 잡고 있는 것이 아닌가?

이제라도 찾아오기만 하면 죽을 수밖에 없는 삶이, 죽음의 바로 앞에서 모든 기대와 욕망을 가지고 살아가고 있다는 것이 우리들의 인생이 아니고 무엇인가?

오늘 걷는 구간은 지나치는 곳마다 다른 날들에 비해 때이른 야생화들의 물결로 훨씬 화려하고 확트인 경치다. 오늘 새로 핀 듯한 개양귀비가 아름다움을 뽐내고 있다. 이 얼마나 경쾌하고 즐거운 동행들이 길을 따라 함께 하는가. 오늘은 통증도 덜 하고 다른 날보다 훨씬 더 빨리 걸을 수 있을 것처럼 기분이 좋다.

카미노는 점점 나를 강인하게 만들고 있다. 11시 30분에 벨로라도(Belorado)광장에 도착하니 먼저 출발했던 스페인 순례자들이 광장에서 차를 마시면서 큰소리로 웃으면서 재미있게 이야기를 한다. 뭐가 그렇게 좋을까? 그곳에는 젊은 여자가 둘, 중년 부인이 둘, 남자가 셋이 있었다. 남녀가 같이 있으니 재미있을 수밖에 없지 않은가. 조금 뒤에 순례길에 만났던 신부님이 힘겹게 오고 있었고 그는 도착하자마자 문방구에 들어가서 수첩을 사들고 나왔다. 어제 그라뇽의 성당에서 혼자 앉아서 수첩에 많은 것을 기록하는 것을 보았었다. 카미노는 오늘 또 다시 나를 새롭고 신기한 곳, 벨로라도로 데리고 갔다. 알베르게를 정하고 조금 뒤에 방에 와보니 순례길에 힘들게 걸어오던 할머니가 쉬고 있다. 일정은 모르겠다고 한다. 쉬엄쉬엄 가겠다고 한다. 내 아내도 10년 후에 이렇게 걸을 수 있을까? 용기, 체력, 믿음 이 모든 것이 갖추어져야만

아름다운 저녁 노을

할 수 있는 순례길이다. 건강하게 순례를 마치기를 기원해본다.

할머니는 아직도 귀여운 소녀 같은 표정을 많이 짓는다. 몸짓, 말씨 하나하나가 귀엽다. 함께 모여 저녁 식사할 때 각각의 나라의 말로 건배를 하자고 했다. 먼저 우리나라 말로 건배를 하고 와인 한 모금을 마셨다. 그런 다음은 스페인, 호주의 순으로 했다. 할머니가 건배를 할 때는 서로 눈을 보면서 하는 것이라고 훈수를 둔다. 우유에 파인애플을 넣은 후식을 먹으면서 하루를 마감했다. 할머니를 보면서 아름답게 산다는 것이 무엇일까 생각해본다.

플라톤의 철학은 현실 극복과 바람직한 사회구현의 목적으로 초점이 맞춰졌다.

그런데, 플라톤은 어떤 삶을 추구했을까? 플라톤은 인간의 영혼 자체가 아름다움을 갈구하도록 되어 있어서 그렇게 살 수는 없다고 한다. 플라톤은 우리로 하여금 추한 현실 속에서도 아름다움을 추구하는 인간의 삶 그 자체가 아름답다는 사실을 깨닫게 해준다는 것이다.

예를 들면 플라톤의 작품에서 주인공으로 등장하는 소크라테스는 그 누구보다도 철저하게 아름다움을 추구한 사람으로 그려져 있다. 플라톤이 소크라테스에게 매료된 것은 그저 당장 아름답다고 느낀 것을 향유하려는 데에서 머무르지 않고 명료한 의식을 가지고 진정 아름다운 것이 무엇인지를 생각해 가면서 그것을 추구하려고 했던 점일 것이다.

소크라테스가 여러 사람들과 아름다움에 관한 문제를 놓고 이야기하려 든 것은 바로 그렇게 해서 아름다움을 좀 더 깊이 생각할 수 있었기 때문일 것이다. 그러나 소크라테스는 "참으로 아름다운 것은 어렵다." 라고 탄식을 했다고 한다. 플라톤의 '향연'은 비극 경연대회에서 우승한 아가톤을 축하하는 사람들—파이드로스, 파우사니아스, 에뤽시마코스, 아리스토파네스, 아가톤, 소크라테스—이 사랑 즉 에로스(Eros)를 찬미한 내용을 나중에 다른 사람들에게 들려주는 대화편이다. 소크라테스는 사랑은 아름다운 것이 아니라고 한다. 사랑은 아름다움을 갈망하는 것이기 때문에 그렇다는 것이 그의 생각이다. 누구든 자기 자신이 이미 확실하게 보유한 것을 갈망하지는 않고 아직 갖지 못한 것, 즉 자신에게 없는 것을 갈망하는 것이라는 것이다.

소크라테스는 '크리톤'에서 "그냥 사는 것이 훌륭하게 사는 것을 가장 중시해야 한다는 것이 여전히 우리에게 유효한지 아닌지를 고찰해 보게. 그리고 훌륭하게 사는 것과 아름답게 사는 것과 정의롭게 사는 것이 같다는 것 유효한가 아닌가."라고 말한다. 그는 인간이 참되고 덕스럽고 아름다운 삶을 살기 위해서는, 그래서 궁극적으로 행복하기 위해서는, 마땅히 이성적이어야 한다고 가르쳤다. 본능이나 충동에 따라 행동해서는 안 되고, 이성적 판단에 따라 사리를 분별하여 행동해야 한다. 언제나 진, 선, 미, 정의, 질서, 균형, 논리, 정확성을 추구해야 한다고 하였다.

아름다운 마을과 올라가야 할 산

11. 나는 무엇을 위해 여기 있는가

벨로라도에서 산 후안 데 오르테가까지

오늘도 아직은 발의 상태가 나쁘지 않다. 혹시나 물집이 생길까봐 바세린을 바르고 양말을 신는다. 어찌 보면 걷는 데 발이 가장 중요하다. 상진이도 힘들지만 특별하게 내색을 하지 않는다. 갑작스럽게 동행을 했기에 쉽지만은 않을 것이다. 10일이 지났으므로 어느 정도 순례길에 적응을 잘하고 있는 듯해서 마음이 편하다. 동틀 녘에 걸을 때는 절로 신경이 곤두선다. 정신이 서서히 밝아오는 여명에 향해 있기 때문이나. 서서히 이루어지는 이 같은 긍정보다 더 중요한 것은 없다. 아침에 걸을 때는 전혀 아무 기억도 갖고 있지 않다. 오직 믿음의 즐거움만 간직할 뿐이다. 햇빛이 밤의 잎사귀들을 꿰뚫은 것이다. 많은 언덕과 숲길을 걷는다. 내리막길을 내려가 보니 근처에 폐허가 있다. 지금까지 카미노를 걸으면서 본 수도원이나 수녀원들은 모두 여기처럼 폐허인 채로 비어있거나 그저 상징적인 존재로만 남아 있을 뿐이다. 순례를 하는 동안 조우하는 온갖 우연한 만남들의 기회는 우리를 근원적인 철학으로 초대한다. 순례자들은 끊임없이 근본적인 질문들에 대답하지 않으면 안 된다.

우리는 어디서 왔는가?

우리는 어디로 가는가?

우리는 누구인가?

이처럼 인간조건을 에워싼 질문들이 그것이다. 무엇이 인생에 인생을 걸게 하는가? 왜 무의미가 아닌 의미가 존재하는가? 내면 깊은 곳에서 우리는 보이는 사실이 전부가 아님을 알 수 있다. 그래서 궁극적인 설명, 할 수 있는 한 가장 멀리 거슬러 올라간 의미의 근원, 모든 질문을 멈추기 전의 결정적인 답을 찾아 나선다. 철학자 달라스 윌라드(Dallas wilard)는 "의미는 우리에게 사치품이 아니다. 그것은 우리의 영혼을 살아 있게 하는 영적 산소와 같은 것"이라고 말한다.

구름과 하늘과 밀밭

아브라함 헤셸(Abraham Heschel)은 "'나는 존재한다.'라고 말할 수 있는 것만으로는 내게 충분치 않다. 나는 내가 누구인지, 내가 누구와의 관계 가운데 살고 있는지 알기 원한다. 질문을 하는 것만으로는 내게 충분하지 않다. 나는 내가 직면한 모든 것을 포함하는 하나의 질문에 어떻게 대답해야 할지 알고 싶다. 그 질문은 바로 '나는 무엇을 위해 여기 있는가.'"라고 했다.

임마누엘 칸트는 우리를 둘러싼 인생의 커다란 질문들을 다음과 같이 네 가지로 요약했다.

1. 우리는 무엇을 알 수 있는가
2. 우리는 무엇을 해야 하는가
3. 우리는 무엇을 희망할 수 있는가
4. 인간이란 무엇인가

이러한 질문들을 다룰 수 있도록, 우리에게는 철학 또는 '세계관'이라는 삶의 시각이 있다. 세계관은 삶의 모든 경험들을 해석하는 줄거리나 안내서도, 혹은 렌즈라고 할 수 있다. 그것은 현실과 자신의 정체성을 이해하는 방식 그리고 도덕성의 문제를 해결하는 방식을 정하기도 한다. 세계관은 무의식 속에 있다. 그러나 우리가 세계관을 볼 수 없을지라도 우리는 세계관에 의해서 본다. 우리는 부모, 교육, 문화적 배경, 경험, 발견 등의 다양한 원천에서 세계관을 이끌어 낸다. 인생을 보는 방식이 우리 모두에게 근본적이고 필수적인 이유는 그것이 의미와 소속감을 주기 때문이다. 그것을 통해 우리는 삶을 이해하고 이 세상 속에서 안정감을 찾게 된다. 세계관은 세상 속에 있는 세상이다. 그리고 세계관은 세상을 보편화시킨다.

세계적인 철학자인 미셸 푸코(Michel Foucault)가 젊은 시절부터 탐구해 온 것은 니체 철학에서 말하는 '너 자신이 되는 것'이었다. 니체는 '나는 왜 살아 있는가? 나는 삶에서 어떤 교훈을 얻어야 하는가? 나는 어떻게 나 자신이 되었으며, 왜 나 자신이 되는 것으로 인해 고통을 받는가?'라고 하였다. 푸코는 '한계체험'(창조적 힘과 강렬한 기쁨을 발산하기 위해 극단적 상해를 경험하는 것)을 경험함으로써, 그리고 그의 인격 안에 있는 '디오니소스적 요소'(내면의 길들여지지 않은 야생적 에너지)를 재발견함으로써 자신의 탐구를 완성하려 했다. 또한 그는 자신의 최고의 과업이 아름다운 죽음을 자유롭게 용인하는 것이라고 믿었다. 세계관, 삶의 철학, 지배적 신념들을 갖는 것이 그처럼 중요하다면 왜 우리는 그것을 좀 더 자주 의식하지 못하는가? 왜 사람들은 그것에 더 많은 관심을 갖지 않는가? 왜 대부분의 사람들은 소크라테스가 살 가치가 없는 인생이라고 생각했던 '성찰 없는 인생'에 별로 신경 쓰지 않는 듯 보이는가? 한 가지 명백한 답은 신뢰할만한 세계관은 건강과 비슷하다는 것이다. 보통은 가장 건강할 때 건강에 대한 이야기를 가장 적게 한다. 마찬가지로, 제대로 실천되는 삶의 철학들은 우리가 거의 의식하지 못하는 것들이다. 마치 더러워지거나 긁히기 전까지는 의식하지 못하는 안경처럼 말이다. 우리는 세계관에 대해서가 아니라, 세계관으로 생각하는 것이다.

니체는 "살아가야 할 이유가 있는 사람은 어떤 삶의 방식도 견딜 수 있다." 또한, "생각이 결과를 낳고 신념이 행동에 영향을 미치며, 차이가 변화를 불러온다는 사실이다."라고 했으며 프로이트는 '문명속의 불만'에서 "인생은 견디기 힘든 것'이라 하면서 세 가지 방면의 고통으로부터 위협을 당한다고 한다. 즉

아름다운 동행

1. 죽을 운명에 처해있는 우리 자신의 신체적 허약감
2. 대항할 수 없는 자연의 힘을 우리에게 방출하는 외부 세계
3. 다른 인간 존재

또한, 버트런드 러셀은 "인간은 그들이 이루어 가고 있는 목적이 무엇인지 진히 예견하지 못했던 근거의 산물이다. 인간의 기원, 인간의 성장, 인간의 희망과 두려움, 인간의 사랑, 인간의 믿음은 원자들의 우연한 배치에 의한 결과물일 뿐이다. 그러므로 어떠한 열정도 어떠한 영웅적 행위도, 어떠한 사고와 감정의 강렬함도 무덤 너머까지 개인의 삶을 보존할 수 없다."고 했다.

니체가 "이 사람을 보라"에서 주장했던 것처럼 우리는 "그것은 그러했다."라는 말로 요약되는 수동적인 삶 대신 "그래서 나는 그것을 원했다."라고 말할 수 있는 삶을 살아야 한다고 주장하였다.

카뮈의 묘비에는 시지프의 신화에서 따온 "정상을 향한 투쟁, 이것만으로도 인간의 마음을 채우기에 충분하다"라는 말이 새겨져 있다고 한다. 하지만 처음부터 우리가 그 정상에 도달할 수 없음을 안다면, 도전을 존재에 대한 만족할 만한 근거라고 생각하는 사람들이 얼마나 될까? 시지프의 신화를 생각해 봤을 때, 우리가 결코 바위를 언덕 정상으로 까지 굴릴 수 없다는 것을 안다면, 최선의 노력과 최고의 노력조차 결국 궁극적 패배로 끝날 수밖에 없음을 안다면 말이다.

송림을 지나고 조금 있다가 나타나는 마을이 산 후안 데 오르테가(San Juan de Ortega)인데 산토 도밍고 데 라 칼사다 마을처럼 이곳도 한 성실한 수도사에 의해서 조성된 마을이다. 산토 도밍고의 제자였던 산 후안은 그의 스승처럼 평생의 삶을 순례자들을 위해 바쳤다고 한다. 그는 산티아고로 향하는 다리를 놓고, 길을 가꾸고, 교회와 숙박지를 지었는데 마을에 남아있는 '산 후안 데 오르테가 교회'가 바로 12세기에 산 후안이 직접 지은 교회라고 한다. 또한 산 후안은 스페인의 '삼신 할매'로 유명한데 산 후안의 무덤이 공개되었을 때 하얀 벌떼가 날아오르고 관 주변에 아름다운 향기가 감돌아 사람들은 그 하얀 벌떼가 아직 태어나지 않은 아이들의 영혼이라고 믿었다. 오랫동안 아이가 없던 카스티야 왕국의 이사벨 여왕이 이 이야기를 듣고 산 후안의 무덤에 찾아와 왕국의 후계자를 내려달라고 간절히 기도를 하고 아들을 낳았다. 여왕은 아이 이름을 후안이라고 지었는데 얼마 살지 못하고 말았는데 여왕은 다시 이곳을 찾아와 한 번 더 기적을 바라면서 기도를 했고, 이번에는 딸을 낳아 후아나라고 이름을 지었다고 한다. 감사한 마음에 여왕은 산 후안 무덤 주변에 거대한 캐노피(왕좌나 침대 등의 윗부분을 가리는 것)를 만들어 주었고 석고로 만들어진 산 후안의 무덤에는 아직도 벌떼 신화를 비롯한 그의 일생이 그려져 있다.

오르테가 마을은 교회와 무덤을 제외하면 정말 볼 것이 아무것도 없는 작은 마을이다. 교회와 알베르게 옆에 작지만 아주 깨끗한 바(Bar) 레스토랑이 하나 있을 뿐이다. 그래도 작은 마을에서 느껴지는 전원의 풋풋함, 삶의 여유로움이 느껴져 휴식하기에 더없이 좋은 장소이다.

12. 바람 부는 대로 살지 말라

산 후안 오르테가에서 부르고스까지

고산지대라서 쌀쌀하지만 걷기 좋은 날이다. 가도 가도 끝이 없는 길. 약간의 오르막이지만 숲이 있어 좋은 길. 모처럼 목장에 양이 많이 있는 광경을 볼 수 있었다. 여명 속 정상에 오르니 언덕 위에 우뚝 서 있는 나무 십자가는 지는 달과 어우러져 멋진 모습을 연출하고 있었다. 예수님께서 지셨을 때는 고통의 십자가였지만 우리에게는 은혜로 죄를 사하시고 생명으로 이끈 십자가, 언제나 감사와 사랑으로 바라보는 십자가다. 새벽의 신선한 공기와 아름다운 경치를 바라보고 있노라면 축복받는 느낌이다. 사람들은 나에게 왜 걷느냐고 질문한다. 그 답은 길(Road)에 있다고 생각한다. 오랜 시간 내 자신에게 집중할 수 있으며, 나와 내가 대화를 하며 주위의 모든 세계와 공감할 수 있는 공간을 가질 수가 있기 때문일 것이다. 걷다 보면 한 걸음 한 걸음 디딜 때마다 땅에 기대고 중력을 느끼고 땅 위에 자신을 올려놓기 때문에 꼭 계속해서 에너지를 흡수하는 것 같은 느낌이 든다. 걷는다는 것, 그것은 곧 하나의 운동이다. 심장은 더 강하게 뛰면서 활발하게 움직이며, 피는 휴식을 취할 때보다 더 빨리 더 강하게 돈다. 그러면 땅의 흐름도 거기에 반응한다. 그것들은 휩쓸고 가면서 서로 응답한다. 심장과 땅에 이어 에너지의 마지막 원천은 풍경이다. 풍경은 걷는 사람을 부르고 독촉한다. 걷는 사람은 그의 집에 있다. 야산과 색깔나무들이 그의 힘을 돋운다. 야산 한가운데로 구불구불 이어지는 길의 매혹, 포도밭의 아름다움, 스카프처럼 펼쳐지는 자줏빛과 황금빛, 여름의 하늘색을 배경으로 찬란하게 은빛으로 빛나는 올리브나무 잎사귀들, 이 모든 것이 가져가고, 실어가고, 양분을 제공한다.

길이란 인간들이 지나가든 말든 아무런 관심이 없는 식물과 광물의 세계 한복판에 남겨진 흙의 상처다. 너무나도 짧은 한순간 무수한 발자국들이 찍혀진 땅바닥은 인류의 징표다. 걷는 사람들의 길은 살아있다. 그 길은 언제나 여유를 가지고 우리를 어디론가 인도한다. 오솔길은 물론이지만 세상의 모든 길은 땅바닥에 새겨진 기억이며 오랜 세월을 두고 그 장소들을 드나들었던 무수한 보행자들이 땅 위에 남긴 흔적 같은 것, 여러 세대의 인간들이 풍경 속에 찍어 놓은 어떤 연대감의 자취 같은 것이다. 길은 헤아릴 수 없이 많다. 이는 세상이 끊임없이 말을 걸면서 우리를 끌어당기기 때문이다. 그런데 길 하면 제주도의 올레길이 떠오른다. 두 번씩이나 다녀왔던 스페인 산티아고 순례길, 안나푸르나 푼힐 전망대(3210m) 그리고 시골 농촌에서 살면서 친구들과 함께 생활했던 고샅길이 있다. 고샅길 하면 그 어린 시절의 추억들이 주마등처럼 지나간다.

집들이 옹기종기 모여 앉은 사이로 구부정하게 나있는 비좁은 골목길, 빗겨나 있듯이 굽이져서 돌아가는 골목길이 고샅이다. 집안에서 소곤대는 소리마저 들릴 것 같은 샛길, 그게 고샅이다. 담 너머에서 부르면 집 안에서 장지문이 열리고 울 너머에서 소리치면 부엌에서 일하다

끝이 보이지 않는 머나먼 순례길

말고 빤히 얼굴을 내미는 곳, 거기가 고샅이다. 이웃사촌들의 정이 농익어가는 곳, 그 길이 고샅길이다.

고샅은 언제나 공동체의 공간이었다. 서로 어우러져서 한 동아리, 한 패가 되는 공간이기도 했다.

인간은 호모 비아토(Homo Viator)라고 한다. 즉 떠도는 사람, 길 위의 사람이라는 뜻이다. 삶의 의미를 찾아 길을 떠나는 여행과, 한 곳에 정착하지 않고 방황하며 스스로 가치 있는 삶을 찾아나서는 존재를 가리킨다. 따라서 인간은 본질적으로 '길을 가는 사람'이다. 스스로에게 이 한 가지를 물어보자.

이 길에 마음이 담겨 있는가? 마음이 담겨 있다면 그 길은 좋은 길이고, 그렇지 않다면 그 길은 무의미한 길이다. 마음이 담긴 길을 걷는다면 그 길은 즐거운 여행길이 되어 그 결과 하나가 될 것이다. 마음이 담겨있지 않은 길을 걷는다면 그 길은 우리로 하여금 삶을 슬프게 만들 것이다. 한 길은 우리를 강하게 만들고, 다른 한 길은 우리를 약하게 만든다. 죽는 날까지 자신이 가야 할 길을 선택하는 것이 삶이다. 따라서 자신이 걸어가는 길에 확신을 가져야 한다. 그 길에 기쁨과 설렘이 있어야 한다. 그리고 세상 사람들과 자신의 다름을 담담히 받아들일 수 있어야 한다. '길'의 어원이 '길들이다'임을 기억하고 스스로 길을 들여 자신의 길을 만들어가야만 한다. 익숙한 것과 결별하고 내가 옳다고 느끼는 길을 정답으로 만들어 가는 것이 우리의 인생이다. 다수가 선택한 길을 벗어난다고 해서 낙오되는 것이 아니다. '보편적'이라는 기준이 오류를 면제해 주는 것은 아니다. 마음이 담긴 길을 걸으려면 편견의 반대편에 설 수 있어야 한다. 모두에게 사랑받고 모든 사람이 당신의 여행을 이해하리라 기대하지 말아야 한다. 당신의 길이지 그 사람들의 길이 아니기 때문이다. 남의 답이 아니라 자신의 답을 찾는 것이 호모 비아토이다. 어찌 보면 바람 부는 대로 살지 말라는 의미가 아닐까 생각된다. 마음이 담긴 길을 걷는 사람은 행복을 추구하는 것이 아니라 행복과 나란히 걷는 것이다. 행복은 목적지가 아니라 여정에서 발견되는 것이기 때문이다. 행복의 뒤를 좇는다는 것은 아직 마음이 담긴 길을 걷지 않고 있다는 것이다. 당신이 누구이든 어디에 있든 가고 싶은 길을 가라. 그것이 마음이 담긴 길이라면 마음이 담긴 길을 갈 때 자아가 빛난다는 것이다.

루소는 '인간 불평등 기원론'을 썼다. 그는 하루 종일 걸으면서 문화와 교육, 예술에 의해 왜곡되지 않은 자연인 즉 호모 비아토(걷는 인간)를 발견하겠다는 거창한 계획을 세운다. 루소의 걷기는 완전한 정체성을 되찾기 위해 걷는 것도 아니고, 얼굴에 다시 가면을 쓰기 위해 걷는 것도 아니다. 옛날의 인간을, 원초적 인간을 자신 속에서 발견하기 위해 오랫동안 걷는 것이다. 그의 걷기는 세상과 번뇌로부터 멀어지고, 고독으로써 자신을 정화하고, 하늘에서의 운명을 준비하고자 사막으로 가서 걷는 것이 아니라 자연의 숲에서 나온 인간을, 절대적인 원시인을 자기 속에서 다시 발견하기 위해서 걷는 것이다. 그리고 루소는 오랜 시간에 걸쳐 가장 먼 곳까지 가장 원시적인 곳까지 걸어 들어간다. 그러면서 자신에게 수많은 질문을 던진다. 내안의 무엇이 저항하는가? 내 안의 무엇이 저 근엄한 나무들과 동시대인이 될 것이며 가볍게 몸을 떨고 있는 게 느껴지는 저 짐승들의 형제가 될 것인가? 책 속에서 있지 않고 오직 혼자 걸어야만 발견할 수 있는 것들이 있는데, 이런 것들 중에서 내 안에서 발견할 수 있는 것은 무엇일까? 루소는 '고백' 제8권에서 나는 하루 중 나머지 시간에 숲 속 깊숙이 들어가 내가 자랑스럽게 그려냈던 시간 형상들의 역사적 근원들을 찾아 다녔다. 그리고 그것들을 결국 발견했다. 나는 인간들의 비열한 거짓말을 밝혀냈고, 그들의 본성을 적나라하게 드러냈으며, 그것들을 왜곡시킨 시간과 사물의 변화를 지켜보았다. 그리고 인간이 만들어낸 인간을 자연인과 비교함으로써 그들이 말하는 소위 완벽함이야말로 그들을 불행하게 만드는 진짜 원인이라는 사실을 보여주었다. 예나 지금이나 우리는 늘 길 위에서 우연처럼 인연을 만난다. 그래서 길이 인생이라고 한다. 인생은 홀로 가는 여행이다. 홀로 걷는 길은 외롭다. 사람은 고독한 존재이다. 하지만 때로는 혼자여서 좋을 때가 있다. 어쩌면 길 밖에 삶의 터전이 생기고부터 길은 낯설게 되었는지 모른다. 그저 지나가는 길이다. 예전엔 삶 자체가 길이었다. 길을 버리고 땅을 사고 땅이 재산이 되고부터 사람과 사람 사이에 벽이 생기고 틈이 생겼다. 친구였고 인생이었던 길도 옛 추억이 되어버린 것이다. 삶이 나에게 가르쳐주는 것이 많다고 생각하기에 난 늘 길

위에 서 있다. 길 위에 있을 때 나는 가장 평안하고 행복하다. 길 위에 있을 때 나는 자신을 잃어버리지 않기 위해 집중하고 또 몰입한다. 이제는 더 이상 욕심 부리지 않고 내게 꼭 필요한 것들만 내 안에 담기로 했다. 너무 많은 것을 담으면 나중에 비우기도 어렵고 버리기 싫은 것이기 때문이다. 나에게 필요한 것들로만 채울 생각이다. 사실 이거 자체가 사치는 아닌지 생각이 된다.

주위가 소란하고 자동차가 질주하는 걸 보니 부르고스(Burgos)에 거의 도착한 것 같았다. 큰 도시인 부르고스의 중심부로 들어서기 위해 거쳐야 하는 외곽지대가 너무나 길어 피곤하고 지치는 것 같다. 순례자들이 부르고스에서 관심을 가진 것은 성 아우구스티누스교단에 속한 성당과 수도원의 한 부속 예배당에 달려 있는 그리스도의 십자가 El Santo Cristo이다. 그 십자가는 신약성서에 나오는 니고데모가 만들었다는 이야기가 있다. 기원후 1세기에 한 상인이 바다에 떠다니는 상자 안에서 그 십자가를 발견하고는 그것을 이 수도원에 기증했다고 하기도 한다. 18세기에 프랑스인 순례자 기르모 마니에는 그리스도의 십자가를 본 뒤 수사들이 자신에게 한 말을 이렇게 기록한다. 성체에서 피가 스며 나오며, 자신들은 일주일에 한 번씩 성체의 수염을 깎아야 하고 때로는 손톱과 발톱을 깎기도 한다고. 그 순례자는 갈리시아에 있는 또 다른 유명한 십자가도 사정이 이것과 다르지 않다고 말한다. 진주와 보석으로 테두리를 두른 커튼과 피를 흘리는 성체를 비교하고, 한밤중에 사람의 눈을 피해 희미하게 불 밝힌 예배당으로 예수를 찾아온 니고데모의 행동과 "나는 세상의 빛입니다"(요한복음8:12)라고 한 예수의 말을 대비하는 것에서 호기심어린 눈으로 여러 가지 상상할 수 있을 것이다.

그러나 사람들이 이곳에 있는 십자가상과 그것에 대한 이야기들에서 깨달아야 하는 진리는 바로 성육신이 지금 우리에게 의미하는 것이 무엇인지 아는 것이 아닐까. 그들이 만일 하나님이 인간의 육신을 입었다는 것을 믿는다면 그들이 이곳에서 만난 성육신의 실체는 궁극적으로 그들이 하나님과 영원한 행복으로 가는, 말하자면 그들을 구원하여 인도하는 유일한 카미노 길이다 그리고 우리가 인간의 연약함과 게으른 천성, 어려운 일을 회피하려는 어리석은 모습들을 솔직하게 인정한다면 인간을 불쌍히 여기시는 하나님이 자신의 사랑을 그들에게 아주 특이하지만 확실히 느낄 수 있게 보여주시는 것보다 더 적절한 것이 무엇이 있겠는가.

부르고스 대성당

도심에 들어와서 먼저 카테드랄을 찾아갔다. 그곳은 1221년에 착공해 프랑스와 독일의 고딕 양식의 영향을 받아 16세기에 완성된 대성당으로 유네스코 지정 세계문화 유산 목록에 올라 있다. 이 성당은 어느 쪽에서 보아도 전체 윤곽이 눈에 다 들어오지 않는 거대한 규모도 인상적이지만, 성당내부의 조각과 구조도 감탄을 자아낸다. 정말 아름다운 성당이다. 특이한 것은 대성당 안에 영화에서나 봤던 엘시드와 그의 아내 히메나의 묘가 있는 것이다. 지금은 전설이 되다시피 한 엘시드에 대해, 역시 이들은 대영웅으로 생각하는 것 같다. 부르고스는 마드리드 북쪽 약 210km, 아틀란손강 유역의 해발고도 800m에 위치하여 천연요새를 이루고 있는 곳이다. 884년 아스투리아스 왕국의 동쪽 전초적 기지로서 건설되었으며, 1035년 카스티야 왕국의 수도가 되었다. 그 후 상업 중심지로 번성하였으나, 1560년 마드리드로 수도를 옮기고 나서부터는 잠시 쇠퇴, 18세기가 되어서 다시 발전을 하였다. 1936년 스페인 내란에서는 프랑코 총통의 본거지가 된 곳이며, 11세기 초 이슬람을 상대로 활약한 스페인 사람들의 자랑인 전설의 영웅 엘시드 장군의 출생지이고 활동한 장소로 유명한 곳이기도 하다. 햇볕이 따스하게 비치는 오후다. 오래된 석조 아치를 지나자 읍내 중심가까지 길게 뻗어나간 듯한 산책로가 나온다. 그 길은 여러 가지 모양으로 다듬어진 덤불과 나무, 꽃, 풀 들로 가득했고 폭도 꽤 넓었다. 부르고스 사람들은 도시를 관통하는 이런 아름다운 곳이 있음을 자랑스럽게 생각할 것이다.

13. 고독의 길에 들어가다

부르고스에서 그란하 데 삼볼까지

부르고스를 어렵지 않게 빠져 나온다. 얼마 안 있어 거대한 지평선이 둥그렇게 펴져있는 확 트인 시골의 전원풍경이 나타난다. 처음에는 날씨가 쌀쌀하고 맑더니 점점 검은 구름이 하늘을 덮기 시작한다. 시선이 땅에서 하늘로, 다시 하늘에서 땅으로 왔다 갔다 하기를 반복한다. '길'의 공간성은 언제나 지향해야 할 목적지가 있음을 뜻하는데, '길'은 바로 목적지로 향해 가는 과정이며, 목적지에 도달하기 위한 시련의 극복이라는 정신세계를 상징한다. 따라서 '길'은 자아 성찰과 수련을 통해 본질적 순수 자아를 회복하는 과정이라는 상징적 의미를 함축한다. 시인 윤동주의 길에서 내가 길을 걷는 이유와 사는 이유를 함축적으로 나타내고 있다.

풀 한 포기 없는 이 길을 걷는 것은
담 저쪽에 내가 남아 있는 까닭이고
내가 사는 것은, 다만,

잃은 것을 찾는 까닭입니다.

8시경 타르다호스(Tardajos)에서 어제 샀던 요구르트, 사과와 함께 바(Bar)에서 산 커피와 빵으로 아침을 했다. 많은 순례자들이 서로 인사를 하면서 식사를 한다. 지금 내가 걷는 곳은 카스티야 이 레온(Castilla y León)이라는 지방인데 밀밭이 끝없이 펼쳐진 곳으로 메세타(Meseta)라고 부른다. 메세타란 이곳에서부터 아스토르가(Astorga)까지 230km의 고원 평지(완만한 구릉)로 스페인 북부의 '빵 바구니'라는 별명을 얻을 정도로 눈에 보이는 것은 온통 밀밭뿐이다. 지금까지 본 마을은 대부분 성당을 중심으로 마을이 언덕위에 형성되어 멀리서부터 볼 수 있었으나 메세타 지역에서는 지평선 외에 아무것도 보이지 않다가 지형적 특성 때문에 벌판 속의 분지 안에서 불쑥 마을이 나타나곤 했다. 메세타 지역을 6시간이나 걷다 보니 짜증도 나고 무척이나 힘이 든다. 나무 그늘 하나 없이 엄청나게 넓은 지역을 지팡이 하나 의지하면서 계속 걸을 뿐이다. 조금 가면 마을이겠지 스스로를 위로하면서 힘을 내서 열심히 걸어 보지만 돌무덤들이 밀밭 경계표시를 나타내는 것뿐 인적을 찾을 수가 없다. 하지만 중간에 쉴 수 있는 곳이 없어 하는 수 없이 풀밭에 앉아 사과와 요구르트를 먹으면서 힘을 내자고 파이팅한 뒤 다시 걷는다. 우리는 생명이 있는 한 살고 있는 것이다. 이 길은 생명이 있다. 길이 있고 그 위에 사람이 걷는 것이다. 이 황량한 메세타 지역에서조차도 시인의 눈으로 세상을 보면 세상의 모든 것이 꽃과 나무와 사람이, 오래된 건물까지도 새롭게 보인다고 한다. 인간의 부를 결정하는 기준은 얼마나 많이 느끼고 감동하며 살았는가라는 것이다. 풀벌레 하나, 꽃 한 송이, 저녁노을, 사소한 기쁨과 성취에도 놀라워하는 사람이 진정한 부자라고 생각된다. 산다는 것은 그래서 살 맛 나는 것은 아닌지?

인간은 끊임없이 자신의 삶을 성찰하고 그 삶에 스토리를 부여하는 존재다. 과거를 회상하고 미래를 계획하며, 과거와 현재와 미래를 연결하는 소위 커넥팅 더 닷(Connecting the Dot, 현재 '점'에 불과한 사건들이 의미 있는 연결고리를 만나 미래에 생각지도 못한 결과를 낳게 된다는 의미)이라는 의미 창출 작업을 하는 것이 인간의 특징이다. 이 작업은 삶의 순간순간에 관한 것이 아니라 삶 전체에 관한 것이다. 삶이란 해석과 재해석의 연속이다. 과거의 즐거움이 지금 생각하니 어리석은 일이었다고 후회하고, 과거의 고통이 지금 생각하니 축복이었다고 감사하는 것이 인간이다. '인생은 가까이 보면 비극이지만, 멀리서 보면 희극이다'라는 찰리 채플린의 말처럼 순간의 경험들은 그 순간에 종료되는 것이 아니라

가족 순례자들

시간의 흐름 속에서 끊임없이 재해석되고 재평가된다. 따라서 순간의 기분만을 가지고 좋은 삶을 이해할 수는 없다.

삶의 의미란 무슨 의미일까? 의미란 중요성, 유용성, 이해성 그리고 정체성과 관련이 있다. 즉, 중요성은 개인적으로 중요하고 가치 있다고 느끼는 것이며 유용성은 자신의 행위가 쓸모 있다고 느낄 때 그 일은 의미를 갖게 되며 이해성은 세상을 이해하려는 욕구를 뜻한다. 그리고 정체성은 자신의 행위가 자신이 누구이며 어디로부터 와서 어디로 가고 있는지에 대한 대답과 연결되어 있을 때, 즉 자신의 정체성과 밀접하게 연결되어 있을 때 사람들은 의미를 경험하게 된다. 의미 있다는 것은 곧 자기다움을 뜻한다. 인간의 마음속에서 현재는 쾌락의 시간이고 미래는 의미의 시간이다. 어떤 경험이 짧게 지속될 경우 사람들은 쾌락적 경험을 선호하고 어떤 경험이 오래 지속될 경우에는 의미 있는 경험을 선호한다.

인간의 의식을 지배하는 가장 중요한 주제들은 어떤 것들이 있을까? 첫째는 일(work)이다. 일을 통해 의미있는 성취를 경험하려면 목표를 세우고 그 목표를 이루기 위해 전진하는 삶, 목표를 이루는 과정에서 맞닥뜨리는 수많은 도전 앞에서 실망하고 좌절하지만 결국에는 이겨내려는 용기와 기쁨 그리고 그 일이 자신만의 영달을 위한 것이 아니라 세상을 더 나은 곳으로 만든다는 소명을 발견하는 기쁨, 이런 목표가 우리를 좋은 삶으로 인도한다. 둘째는 사랑이다. 사랑은 단순히 이성간의 애정만을 의미하지 않는다. 주변 사람을 신뢰하고 그들과 친밀한 관계를 유지하는 삶, 타인에게 베푸는 삶, 타인에게 친절한 삶, 궁극적으로 인류 보편에 대한 자애심을 품으며 사는 삶까지를 포함한다. 사랑에 대한 이런 목표를 가지고 사는 삶이 좋은 삶이다. 셋째는 영혼이다. 영혼에 대한 관심은 단순히 종교를 갖는 것만을 의미하지 않는다. 신과 친밀히 관계하는 것, 초월적 존재를 의식하며 살아가는 것, 영적인 삶을 사는 사람들과 공동체를 이루며 사는 것, 그리고 우주의 기원과 질서에 대하여 경외감을 갖고 사는 것까지를 포함한다. 한마디로 성스러운 것 자체에 대한 예민한 의식을 가지고 사는 삶이다. 넷째는 초월이다. 초월에 대한 관심은 의식의 중심에서 자신을 끌어내리는 것이다. 의식의 중심에서 현재를 끌어내리는 것이다. 타인에 대한 관심, 공동체에 대한 관심, 미래 세대에 대한 관심, 그리고 궁극적으로 자신의 삶을 통해 후대에 어떤 유산(legacy)을 남길 것인가에 대한 관심을 의미한다. 오직 자신에만 집착하여 자기라는 우상을 섬기며 살지 않는 삶이 좋은 삶이다.

의미 있는 삶이란 삶의 네 가지 영역(일, 사랑, 영혼, 초월)을 의식하며 사는 삶이다. 일, 사랑, 영혼, 초월에 대한 목표를 갖고 살 때 의미는 자연스럽게 따라온다.

의미는 의미 자체를 강박적으로 추구할 때 경험되는 것이 아니라, 자기에게 중요한 목표들을 이루기 위해 노력하는 과정의 끝자락에서 자연스럽게 경험되는 것이다. 의미 있는 삶은 의미를 경험해야 한다는 결심을 되풀이하는 행위가 아니라 일, 사랑, 영혼, 초월의 목표를 달성하기 위해 오늘도 묵묵히 일상을 충실히 살아가는 것에서부터 시작한다. 소크라테스의 '성찰하지 않은 삶은 가치가 없다'(The unexamined life is not worth living)라는 경고는 인류가 얼마나 가치 없는 성공을 경계해 왔는지를 잘 보여준다. 의미 없는 성공의 대안으로 제시된 것이 '너 자신을 알라'는 가르침이었다. 자신의 내면에 귀를 기울이고 자신에게 충실한 삶을 사는 것을 최고의 행복으로 제시한 것이다. 자기가 하고 있는 일이 자기가 누구인지를 드러낸다고 느낄 때 인간은 의미를 경험한다. 우리가 성공, 성취, 효용, 효율 등 무엇을 이루는 것에만 집착하게 되면 순간적인 기분의 행복을 누릴지는 모르지만, 의미 있는 삶을 경험할 가능성은 줄어든다. 의미 있는 삶이란 자기다움의 삶이다. 나이가 들수록 쾌락과 의미 경험이 모두 증가하는 것으로 나타났다. 놀랍게도 나이효과는 의미에서 더 큰 것으로 나타났다. 즉 의미 경험이 나이와 함께 증가하는 폭이 더 컸다는 뜻이다. 사람들은 당장은 신나고 즐거운 일을 하고 싶어 하지만 나중에는 가치 있고 의미 있는 일을 하고 싶은 것으로 보인다. 현재를 즐기고 만끽하려는 바람과 나중에는 가치 있고 의미 있는 일을 하려는 바람이 절묘하게 공존하는 것이 우리의 마음이다.

행복한 삶이란 쾌락과 의미를 균형 있게 추구하는 삶이다. 나이가 들면 자신에게 충실한 것이 의미뿐 아니라 행복에도 중요하게 작동하기 시작한다. 나이가 들어갈수록 자신이 하는 일이 'Who am I'(나는 누구인가)와 긴밀하게 통합되어 있어야 행복(즐거움)과 의미 모두를 강하게 경험한다. 자기 정체성을 구축하고 그에 부합되는 삶을 사는 것이 나이가 들수록 더 중요해진다는 뜻이다. 반면 어떤 일을 잘하는 것이 행복에 미치는 힘은 소멸되지는 않지만 대폭 약화된다. 현재의 즐거움을 희생해서 장기적인 목표를 추구하는 것, 당장은 오해받더라도 옳은 일을 하고자 하는 것, 사소한 일에 목숨 걸지 않는 것은 모두 경험하는 자기의 행복을 추구하기 위한 노력이다. 좋은 삶이란 경험하는 자기가 아니라 기억하는 자기의 관점에서 핵심요소인 의미 있는 삶에 관하여 논한다. 또한 행복한 삶이란 직업의 종류와 상관없이 자신이 누구이며, 어디서 왔고, 어디로 향해 가고 있는지에 대한 해답을 제공해 주는 일이다. 자신의 일이 세상을 더 나은 곳으로 만들고 있다는 의미와 목적을 발견하는 삶 즉, 소명이 이끄는 삶이 좋은 삶이다. 품격 내지 덕스러움이 있는 삶은 어떤 삶일까 아리스토텔레스는 니코마코스(Nichomachean Ethics)에서 행복에 이르는 최고의 수단으로 덕스러움을 제안했다. 덕이 행복과 밀접한 관계를 맺고 있는 것을 넘어서서 행복을 유발하는 인과적 역할을 한다는 점을 밝혀냈다. 타인에게 도움주기, 자원봉사, 그리고 기부는 개인의 행복뿐 아니라 국가 수준의 행복에도 매우 중요한 역할을 하는 것으로 나타났다고 하였다.

메세다 지역의 돌 십자가

14. 사랑이란

그란하 데 삼볼에서 카스트로헤리스까지

아무리 힘들게 걸은 날이라도 다음날이면 희한하게 금방 회복된다. 아침이면 두 다리는 언제나 다시 걸을 준비가 되어 있다. 고통은 사람이 살아있다는 표시라는 말을 어디선가 읽은 적이 있다. 고통은 누구나 겪는 일이다. 사람들은 모두 언제고 어떤 형태로든 고통을 맛본다. 어쩌면 고통은 자기 육신의 실재, 자기 육신의 연약함을 깨닫게 하는 신호 역할을 하는지도 모른다. 따라서 자기 자신을 잘 보살피게 만든다. 카미노에서 자주 느끼는 고통은 좋은 것이다. 이것은 자기 육신의 문을 활짝 열고 육신의 선함에 대한 건강한 믿음을 얻기 위해서 고통이 필요하다는 뜻이다. 고통을 극복하기 위해서는 누구도 자신의 고통을 이해해주지 못한다는 사실을 받아들여야 한다. 기대할수록 상처는 더욱 더 커지는 것이다. 고통은 홀로 맞서야만 하는 주관적인 체험이다. 그렇더라도 고통에 빠진 사람 옆에서 함께 걸어주어야 한다. 그러면 내가 고통스러울 때 그 사람도 나와 함께 걸어줄 것이다. 이런 홀로서기와 함께 걷기를 통해서 우리는 고통을 넘어서는 희망을 찾을 수 있다고 생각된다.

아리스토텔레스는 이렇게 말했다고 한다. '희망은 잠자고 있지 않은 인간의 꿈이다. 인간의 꿈이 있는 한, 이 세상은 도전해 볼 만하다. 어떠한 일이 있더라도 꿈을 잃지 말자. 꿈은 희망을 버리지 않는 사람에겐 선물로 주어진다.' 희망이 사라진 인생은 더 이상 사는 게 사는 것이 아닌 인생일 것이다. 아무리 모든 상황이 절망적이라도 한줄기 희망이 있다면 우리는 버티고 다시 일어날 수 있는 것이다.

19세기의 영국화가 조지 프레데릭 와츠(Geoge Frederic Watts)의 대표작 '희망'은 거대한 지구가 비스듬하게 있는데, 어두운 빛으로 가득 차 있다. 그 위로 실명을 의미하는 붕대 감은 눈 먼 여인이 한 줄만 남고 모두 끊어진 비파를 부여잡고 무언가 연주를 하려고 고개 숙여 귀 기울이고 있는 모습을 그렸다. 그 남은 한 줄은 희망을 의미한다. 그러나 희망을 말하기에는 너무나 가혹한 조건에서도 희망의 끈을 놓지 않고 마지막까지 최선을 다하는 여인의 모습이 애처롭기까지 하다. 조심스럽게 드러나 있는 왼발을 떨어지지 않기 위해 오른쪽 종아리를 감아올리고 있다. 마치 절망을 얘기하고 있는 이 그림은 역설적이게도 가슴 저린 희망을 얘기하고 있다. 이 그림은 다음 세 명의 위인과 관련되면서 유명해졌다고 한다. 먼저 1959년 미국의 마틴 루터 킹(Martin Luther King) 목사는 자유의 행진에서 이 그림을 언급하며 '희망'이란 킹목사의 연설 주제가 되었다. 두 번째는 남아공의 넬슨 만델라(Nelson Mandela)가 26년간 옥살이를 하면서 칠칠한 감방 벽에 걸어 놓고 수없이 이 그림을 보면서 희망을 잃지 않았고 이후 출소하여 남아공 최고의 흑인 대통령이 되었다고 알려지면서 유명해졌다. 마지막 세 번째는 미국의 버락 오바마(Barack Obama)가 젊은 시절 자신이 출석하는 교회에서 이 그림을 보고 충격을 받았고 이를 바탕으로 2008년 민주당 전당대회 대통령 후보 수락 연설의 제목을 '희망'으로 정하면서 더욱 유명해졌다. 'Take

Hope' 희망을 가져라! 이 그림 한 장은 절망 속에서도 희망을 찾아 몸부림치는 이 세상의 대다수 민초들에게 세상을 향해 맞서 싸우게 한 그림이 되었다.

〈희망(Hope)〉 조지 프레데릭 와츠(Geoge Frederic Watts), 1886년, 캔버스에 유채, 142.2x111.8cm, 두번째 버전, 현재 영국 런던 테이트 브리튼(Tate Britain)에서 전시 중

산길이 계속 꼬불꼬불 이어졌다. 이번에는 정상이겠지 하고 모퉁이를 돌면 또 다른 모퉁이를 향해 계속해서 산이 상승곡선을 그린다. 더 지쳐 버릴까봐 쉬지도 못하고 꾸역꾸역 올라간다. 휴, 결국 올라오기는 했는데 그늘이라고는 내 손바닥 한 뼘 만큼도 없다. 그늘 아래 판초 우의라도 깔고 앉아 한숨 돌리고 싶은데 햇볕은 뜨겁고 몸은 힘들고 어떻게 쉬어야 하나? 내려가면 쉴 만한 곳이 있을까? 아래를 내려다보니 낮은 평야가 한눈에 들어온다. 그러나 그곳 역시 그늘은 없다. 아주 작은

덤불 같은 것들만 간간이 보이는데 거기에라도 한번 숨어봐야겠다 싶어 발걸음을 서두른다. 8년 전에 그 길을 걸으며 나는 아내와 함께 산티아고를 갈 때 아내에게 사랑이 무엇이냐고 질문해 보았다. 뜬금없는 질문 같겠지만 아내가 사랑에 대해 무슨 생각을 하고 있는지 갑자기 궁금해졌다. 아내는

없으면 보고 싶고 같이하고 싶은 마음

이라고 한다. 〈뷰티풀 마인드〉에서의 존 내쉬 교수가 1994년 노벨경제학상 수상식연설에서

내가 존재하는 이유는 당신이 있기 때문이다.

라고 한 것이 진정한 사랑의 표현이 아닐까? 하지만 지금은 어떠할까?

사랑이란

그저 바라보기만 해도 좋고 그저 함께 있으면 좋은 상태

라고 생각한다. 함께 있고 싶고, 함께 하면 그저 좋은 것이라 생각한다.

사랑이라는 말을 생각하면 나는 늘 어머니가 떠오른다. 어머니만 생각하면 나도 모르게 눈가에 눈물이 촉촉이 적셔진다. 그저 좋다. 아무리 힘들어도 어머니를 생각하면 힘이 난다. 이러한 감정이 사랑 같다. '어

머니'라는 단어 속에 담긴 이 말할 수 없는 감정을 어떻게 표현할 수 있을까. 사랑은 신비롭다. 우리 사회가 사랑의 행위를 신비화하는 것도 모두가 공유할 수 있는 사랑의 정의가 없기 때문이다. 사랑에 대한 사전적인 정의는 사랑의 낭만성을 강조하는 경향이 있다. 이에 따르면 사랑은 '다른 사람을 향한 대단히 부드러우면서도 동시에 뜨거운 애착이며, 무엇보다 성적인 매력에 기초하고 있다.' 물론 성적인 관계가 없어도 사랑의 감정은 얼마든지 일어날 수 있다. 그러나 어느 경우든 사랑을 깊은 애정과 동일시하는 것은 사랑에 대한 묘사로 적절치 않다고 본다. 정신의학자인 스캇 펙(Morgan Scott Peck)이 1978년에 출간한 '아직도 가야 할 길'에서 사랑이란 '자기 자신이나 타인의 영적 성장을 도울 목적으로 자신을 확대시켜 나가려는 의지'라고 정의했다. 나아가 그는 이렇게 덧붙인다. 사랑은 실제로 행할 때 존재한다. 사랑은 사랑하려는 의지가 발현될 때 존재할 수 있다는 말이다. 따라서 사랑은 의도와 행동을 모두 필요로 한다. 여기서 의지를 갖는다는 것은 선택한다는 뜻이다. 아무나 다 사랑을 하는 것은 아니다. 사랑하려는 의지를 갖고서 사랑을 선택하는 사람만이 사랑을 할 수 있다. 스캇 펙의 정의에 나오는 영적성장에서 영적의 의미는 우리의 정신과 육체, 영혼이 하나로 합쳐진 것, 즉 가장 깊은 차원에서의 인간의 본질을 가리킨다. 자기 안에 영적인 것이 있다는 사실을 받아들이기 위해서 종교인이 될 필요는 없다. 이 영적인 것은 모든 생명에 반드시 존재하는 하나의 힘 혹은 에너지이기 때문이다. 또한 이것은 생명을 가진 것들에게 자기를 온전히 실현하고 자신을 둘러싼 세계와 교류할 수 있는 힘을 준다. 스캇 펙의 정의대로 사랑이 느낌이나 감정이 아니라 행동이라는 사실을 인정하게 되면 사랑에는 책임이 따른다는 점도 자연히 받아들이게 된다. 감정은 우리 의지대로 통제할 수 없지만 행동은 우리가 자의적으로 선택할 수 있고 목적과 의지만

멀리 있는 도성을 향하여

있으면 어떠한 행동도 취할 수 있다.

따라서 진정한 사랑이란 솔직하고 열린 마음으로 상대를 보살피고 애정을 표현하고, 상대에 대해 책임을 지고 상대를 존중하고 상대에게 충실과 헌신을 다하고, 상대를 신뢰하는 것이다. 그렇다면, 사랑에 빠진다는 것은 무엇일까? 두 사람이 사랑에 빠지면 무슨 일이 일어나는가. 사랑을 하면 부드럽게 속삭인다. 두 가슴의 거리가 매우 가깝다고 느껴지기 때문이다. 그래서 서로에게 큰소리로 외칠 필요가 없는 것이다. 사랑이 깊어지면 두 가슴의 거리가 사라져서 아무 말이 필요 없는 순간이 찾아온다. 두 영혼이 완전히 하나가 되기 때문이다. 그때는 서로를 바라보는 것만으로도 충분하다. 말없이도 이해하는 것이다. 사랑에 대한 모든 오해 중에서 가장 강력하고 가장 많이 알려진 것은 사랑에 빠지는 것이 진정한 사랑이며, 또는 적어도 사랑의 표시 중 하나라는 신념이다. 그것이 강력한 오해인 까닭은 사랑에 빠지는 것이 사랑을 아주 강렬히 주관적으로 경험하는 것이기 때문이다. 여기에는 두 가지 문제가 두드러진다.

첫 번째, 사랑에 빠지는 경험은 특별히 성과 관련된 욕망의 경험이라는 것이다. 우리는 아이들을 아무리 깊이 사랑할지라도 아이들과 사랑에 빠지지는 않는다. 우리는 오직 의식적으로든 무의식적으로든 성적으로 자극되었을 때에만 사랑에 빠진다. 두 번째, 사랑에 빠지는 경험은 예외 없이 일시적이라는 것이다. 누구와 사랑을 하건 관계가 오래 지속되면 어느 순간 사랑의 감정에서 깨어난다. 이 말은 사랑에 빠졌던 대상을 반드시 더 이상 사랑하지 않게 된다는 뜻이 아니라 사랑에 빠지는 경험의 특징인 황홀한 사랑의 느낌은 항상 지나가기 마련이라는 것이다.

우리는 자신의 개인적 자아정체성과 경계 및 한계 때문에 다른 사람들에게서 고립된다. 이러한 경계 뒤에서 인간은 고독을 느낀다. 그러므로 우리는 고독 속에서 일종의 안전함을 찾는다. 고독이란 고통스러운 것이라고 여기므로 개인의 정체성이라는 성벽 뒤에서 탈출하여 우리 밖에 있는 세상과 더욱 화합할 수 있는 상태로 가기를 갈망한다. 사랑에 빠지는 경험은 바로 이러한 도피를 일시적으로 가능하게 해준다. 사랑에 빠지는 현상의 본질은 자아 경계의 일부를 과감하게 무너뜨리고 자신의 자아와 다른 사람의 자아가 하나가 되는 일체감을 느끼게끔 하는 것이다. 나와 내가 사랑하는 그 사람은 하나가 되는 것이다. 사랑하는 사람과 하나가 된다면 모든 장애를 극복할 수 있다고 느낀다. 또한 모든 문제가 극복될 것이라고 믿는다. 사랑에 빠지는 경험은 개인 정체성과 한계와 경계를 확장시키는 것이 아니라 그것은 부분적이고 일시적인 자아 경계의 붕괴라고 볼 수 있다. 그러나 일단 사랑에 빠지는 소중한 순간이 지나고 자아경계가 제자리로 돌아오면 사람들은 환상에서 깨어날 것이다. 사랑에 빠질 때 우리 마음속에 어떤 목적이 있다면 자신의 고독에 종지부를 찍고 결혼을 통해 이를 확실하게 해두자는 정도가 고작일 것이다. 사랑에 빠진 행위의 특징인 일시적인 자아 경계의 붕괴는 내부의 성적 충동과 외부의 성적 자극의 경합에 대한 인간의 전형적인 반응이다. 그런데 이런 반응은 종족보존을 위해 성적 결합의 가능성을 더 높이는 데 도움이 될 것이다. 내 또래의 사람이라면 중·고등학교 시절 한 사람을 아주 오랫동안 짝사랑해본 경험이 있을 것이다. 연애경험이 없었던 우리는 감히 상대를 마주볼 엄두조차 못내고 고작 시나 일기 따위를 쓰면서 자신의 감정을 표출하였다. 거기에 담겨 있던 섬세한 글들이 얼마나 절절하고 아름다웠는지, 오랜 시간 한 획 한 획에 사랑하는 마음을 아로새긴 그 글들은 그 자체로 시이고 노래였다. 이것을 불쾌감과 불만족스러움을 수반하는 욕망의 결여라고 할 수 있을까? 돌이켜보면 우리는 그때 자신과 연애에 빠져 있었는지도 모른다. 여러 사람의 경험을 빌리자면, 첫 번째 연애상대는 바로 자기 자신이다. 우리는 짝사랑을 하면서 자신의 좋은 면을 발전시킨다. 삶을 서서히 바꿔나가고, 완벽한 아름다움을 지닌 자아로 발전시키기를 욕망한다. 짝사랑에 빠진 사람은 아무런 이유도 없이 나무 그늘이나 온갖 꽃이 피어있는 곳에 한없이 넋을 놓고 서 있거나, 삶이란 무엇인가 하는 물음에 빠져들거나, 옷을 입고 치장을 하는 등 자신의 모습을 가꾸는 데 점점 신경을 쓰기 시작한다. 그리고 고작 사랑하는 그 사람 앞을 우연인 듯 지나쳐가면서 자신을 바라봐주기를 바란다.

우리는 흔히 완벽한 열정을 완벽한 사랑이라고 착각한다. 완벽한 열정은 자신이 바라보는 모든 것을 갖춘 것처럼 보이는 파트너를 만났을 때 생긴다. 내가 갖춘 것처럼 보이는 것이라고 한 것은 누군가와 강하게 연결되어 있다고 느끼면 눈에 콩깍지가 씌기 때문이다. 사람은 자기가 보고 싶은 것만을 보는 법이다. 완전한 열정이 고스란히 사랑으로 이행하기 위해서는 그 열정을 따라다녔던 덧없는 환상이 사라지고, 거기에

지평선 아래의 혼타나스 마을

쏟아부었던 강렬하고 압도적이며 에로틱한 에너지를 다시 자아를 발견하는 쪽으로 되돌릴 수 있어야 한다. 열정이 식고 난 뒤 현실을 용기있게 직시하면서 자신의 참 자아를 감싸 안을 때 완전한 열정은 완전한 사랑으로 전이된다. 이처럼 관계의 새로운 시작이 완전한 열정과 완전한 사랑을 이어주는 촉매가 된다는 사실을 알게 되면 우리는 더 큰 영감과 힘을 가지고 사랑을 선택할 수 있다. 또한 스스로의 의지와 의도를 통해 사랑을 선택하고 상대방에 대한 배려와 존중, 상대에 대한 지식과 책임감을 가지고 사랑을 하게 될 때 우리의 사랑은 만족스러운 것이 된다.

진정한 사랑의 핵심은 상대의 진정한 모습을 알아보는 것이다. 하지만 보통 사람들은 자신이 좋아하는 사람을 만나면 자신의 가장 좋은 모습만을 보여주려고 하고, 심지어는 상대의 눈길을 끌기 위해 상대가 좋아 할만한 거짓된 자아를 꾸며 내기도 한다. 그러나 시간이 흐르면서 더 이상 가짜 자기를 지목하기가 힘들어 가면을 벗으면 상대는 깊은 실망감에 빠진다. 그들은 상대의 진실된 모습이 아니라 자신들이 보고 싶은 것만 보아 왔던 것이다. 그러나 진정한 사랑은 다르다. 진정한 사랑을 하면 상대의 진짜 모습을 보게 된다. 그런 관계를 맺게 되면 처음에는 두렵고 불안하다. 왜냐하면 자신을 숨길 곳이 아무데도 없기 때문이다. 하지만 이런 사랑이 서로를 영적으로 성장시키고 서로를 더 나은 방향으로 성숙시키고 변화시키고 있다고 느끼게 되면서 기쁨과 환희에 젖게 된다.

에릭 버터워스(Eric Butterworth)는 이렇게 말한다. '진정한 사랑은 독특한 통찰력이라고 할 수 있다. 따라서 진정한 사랑을 하게 되면 이 통찰력을 통해 상대를 총체적으로 꿰뚫어보게 된다. 그것은 상대에 대해 어떤 환상도 가지 않은 채, 상대의 현재 모습을 온전히 받아들이는 동시에 잠재적인 모습까지 인지하게 된다는 뜻이다.' 진정한 사랑의 가장 공통된 특징은 '무조건적'이라는 점이다. 진정한 사랑을 하는 사람들은

알베르게의 지친 순례자의 모형물

상대에 대해 어떤 조건도 내걸지 않는다. 서로가 상대를 통해 자신을 변화시키려고 건설적으로 투쟁하고 노력하는 가운데 진정한 사랑이 꽃피는 것이다.

그런데 아무리 걷고 걸어도 오히려 마을이 멀어지는지 알 수가 없다. 쉴 곳도 마땅치 않은 길가에 한 순례자의 무덤이 있었는데 얼마나 힘들었으면 여기서 숨을 거두었을까 하는 생각이 들었다. 간신히 마을에 도착했다. 입구에 공립 알베르게가 열려있기는 한데 시설이 열악해 보였다. 조금 더 가니 외양간 같은데 알베르게란다. 들어가 보니 옛날 마구간을 개조해서 만든 커다란 알베르게다. 가운데 마당이 있고 빙 둘러서 숙소가 있었는데 예상했던 것보다는 잘 만들어져 있었다. 가운데 마당에는 조그만 풀장도 있었고 그 옆에는 지친 순례자의 모습을 한 철조각상도 있다. 많은 순례자들이 빨래를 널고 마당에서 쉬고 있었는데 너무나 여유로워 보여서 좋았다.

15. 당신은 무엇 때문에 걷습니까?

카스트로헤리스에서 프로스타까지

당신은 무엇 때문에 걷습니까? 수많은 사람들이 던진 질문이지만 난 한 번도 근사하게 대답하지 못했다. 사람들은 스스로 이렇게 결론을 내린다. '알 수 없는 호기심 때문이겠지.', '또는 타고난 운동선수야.', '건강을 위해 거르지 않은 산책자들' 글쎄 그럴지 모른다. 모두 맞는 얘기일 수도, 틀린 얘기일 수도 있다. 이러한 질문에 조금은 솔직하게 말해줄 수 있을 것 같다. '나는 호기심 많은 사람이다. 새로운 그것에 대한 도전정신이다. 그리고 새로운 삶에 대한 도전인 것이다.'

새벽부터 구름이 많이 있어 혹시나 비가 오지 않을까 걱정이다. 하나님께 기도하면서 제발 비가 내리지 않도록 해달라고 기원했다. 일찍 나와서 그런지 거리에는 아무도 없었지만 그 고요함에 빠져드는 것도 나쁘지 않았다. 벌판을 가로지르는 수로를 따라 걷는 길인데 수로가 완전히 일자로 쭉 뻗어 있었다. 오래전 로마시대부터 관개시설을 잘해 놓고 수로 관리를 잘해서 어디서나 로마시대의 수로를 볼 수가 있고 조그만 운하들이 동서로 가로지르면서 이 평원에 물을 대주고 있었다. 이런 목민관들의 선정을 보면서 과거 우리 한국은 왜 이런 시설을 만들지 못하고 그리 가뭄에 홍수에 고생을 하고 굶주리면서 살아왔는지 아쉬운 생각만 들었다. 카미노를 걸으면 걸을수록 감각들은 더욱 더 예민해지는 것 같다. 내 몸의, 감각들은 자연과 실제로 순간순간 직접 부딪치면서 진정으로 생명을 느낀다. 그러나 나는 블루베리 농장에 가서 일을 할 때면 때로는 일하기 버겁기도 하고 너무 많은 시간이 걸리기도 했지만 이런 육체적 노동을 여러 해 하면서 내 몸이 세련되고 건강해짐을 느낄 수가 있었다.

걷는다는 것은 대개 자신을 한 곳에 집중하기 위하여 에돌아가는 것을 뜻한다. 걷는 동안 순례자는 자신에 대하여, 자신과 자연과의 관계에 대하여, 혹은 자신과 타인들의 관계에 대하여 질문하게 되고 뜻하지 않은 수많은 질문에 대하여 깊이 생각해보게 된다. 인생을 살아가는 데 가장 중요한 것은 나를 믿는 것이고 나를 사랑하는 것이고 그리고 나에게 확신을 갖는 것일 것이다. 이 세 가지를 잊지 않으면 우리는 성공하는 인생을 살게 될 것이다. 우리의 환경은 변하고 있으므로 우리 역시 변할 수 있어야 하고 변화에 대응할 수 있어야 한다. 나는 우리 모두가 그러한 능력, 즉 인생에서 보다 큰 의미를 발견하고 자아실현의 길을 찾을 수 있는 능력을 타고났다고 믿는다. 따라서 우리는 내면 깊숙이 자리잡고 있는 소중한 가치를 발견하고, 그 가치에 어긋나지 않는 삶을 살아야 한다. 우리는 각기 독특한 소질, 능력, 강점, 약점, 꿈, 잠재적 가능성을 지닌 고유한 존재들이다. 자신이 누구인지 알려면 자신에게 고통스러울 정도로 솔직해야 한다. 수많은 선입견들을 물리쳐야 할 것이다. 또한 선의를 가지고 있지만 우리의 가치와 목표에 대해 우리에게 이러쿵

저러쿵 말할 권리가 없는 다른 사람들의 요구도 물리쳐야 할 것이다. 그 과정에서 우리는 오랫동안 숨겨져 있던 목적의식을 발견할 것이다. 또한 자신에 대한 깊은 신뢰를 발견하고, 자신의 내면과 종교적인 믿음에서 오는 힘도 찾을 수 있을 것이다. 무엇보다도 진실로 완전하게 자아를 실현할 용기를 발견할 수 있을 것이다.

나는 현재 내게 남아있는 인생, 즉 70세 이후 무엇을 할 것인가를 생각하고 있다. 분명히 나는 과거의 삶에서 반복하고 싶지 않은 어떤 것을 했으므로 앞으로의 남은 삶에서는 동일한 실수를 다시 범하지 않도록 노력을 해야 할 것이다. 조지 산타야나(George Santayana)는 '과거를 기억하지 못하는 사람들은 과거를 되풀이하게 되어 있다.'고 한다. 우리는 남은 삶의 시간을 고려하여 언제 시작할 것인지 생각해야 한다.

매일 아침 시계 알람이 울릴 때 우리는 원하는 것을 할 수 있는 완전히 새로운 기회를 맞는다. 우리는 앞으로 남은 인생동안 매일 새출발한다. 습관의 나이를 사는 것이다. 우리의 인생에는 '다시 시작할 일'이 많다.

나의 앞으로의 삶은 10년, 15년, 20년, 아니면 30년일 수도 있다. 손녀 리아가 대학 입학하는 것을 보는 것? 그러면 그 시간을 어떻게 활용해야 하는가? 즉 남은 인생을 어떻게 살 것인가 하는 것이다. 내가 정말 하고 싶은 일은 무엇일까? 아름다운 리아농장을 만드는 일? 아름다운 선산을 만드는 일?

나의 역할과 지배가치 그리고 개인적 사명을 분명하게 인식하면 자연스럽게 시너지와 힘을 얻게 될 것이다. 나는 어디로 가고 있는가? 왜 거기로 가고 있는가? 거기에 가기를 원하는가? 정말로 어디에 가고 싶은가?

그 목적지에 가기 위해 나는 어떤 희생이나 대가를 치를 각오가 되어 있는가를 반문해 본다. 지배가치는 나의 인생에서 가장 소중한 것으로서 삶의 의미와 보람을 제공하는 것이며 나의 존재 한가운데 있는 것이며, 내가 되고자 하는 것이다. 내가 누구인지 나에게 무엇이 소중한지 파악했을 때, 나는 앞으로 하고자 하는 일들을 더욱 쉽게 찾을 수 있을 것이다.

스티브잡스는 2005년 7월 12일 스탠포드 대학 졸업식 연설에서 '오늘이 내 인생의 마지막 날이라면, 지금 하려고 하는 일을 할 것인가'라는 질문에 '아니오!'라는 답이 계속 나온다면 다른 것을 해야 한다는 걸 깨달았다고 한다. 인생의 중요한 순간마다 '곧 죽을지도 모른다'는 사실을 명심하는 것이 나에게는 가장 중요한 도구가 된다고 생각했다. 매일 아침 일어나서 자신에게 내가 오늘 하려고 하는 일이 내가 하고 있는 것과 내게 진실로 소중한 것 간의 틈을 메우기 위한 것인가? 하고 물어보라는 것이다.

비얄카사르 데 시르가 마을

우리 자신의 인생에서 많은 역할들을 맡고 있음을 안다. 이 역할들은 자신이 선택한 것일 수도 있고 외부적 관계 혹은 외부환경에 의해 부여된 역할일 수도 있다. 그 동기야 어떻든지 이 역할들은 우리의 지배가치, 즉 우리의 행동을 지배하는 내면의 감정과 인식에 의해 영향을 받고 영향을 준다. 우리의 역할과 지배가치는 개인적 사명감, 즉 우리가 인생에서 무엇을 해야 하는지에 대한 생각에 의해 영향을 받고 영향을 미친다. 이러한 상호 작용 관계를 인식하면 진짜 나는 누구인지, 내게 소중한 것은 무엇인지 찾을 수 있다.

우리의 역할은 우리가 인생에서 가지고 있는 관계와 책임이다. 항상 우리가 상호작용하는 다른 사람들 가족, 친구, 친지들, 기타 다른 사람들이 있다. 이러한 상호작용 속에서 생성되는 관계와 책임이 바로 인생에서 우리의 역할이다. 사람들 속에 들어가고, 자신의 가치나 이해를 함께하는 사람들과 관계 맺기를 원하는 것은 자연스런 인간의 본능이다. 사람들이 여러 가지 조직이나 단체에 참가하려는 것은 이러한 욕구에서 비롯된 것이다. '무엇이 되길 원하는 그대의 역할을 다하라.'

나의 역할과 지배가치에 의해서 나의 인생에서 가장 중요하고 가장 우선순위가 높다고 믿는 것은 무엇일까? 첫째는 건강하게 85세까지 골프하는 것이며 둘째는 농부로서 블루베리 리아농장을 성장 발전시키는 일이며 셋째는 선산을 아름다운 꽃동산으로 조성하는 일이다. 나의 지배가치와 일치하는 행동을 했을 때 마음의 평화를 얻게 될 것이다. 마음의 평화는 우리가 그것을 바라고 행동을 통해 가져옴으로써 얻어지는 것이다. 나는 카미노를 걸으면서 새로운 눈으로 신앙을 바라볼 수 있는 마음이 생겼다. 많은 정통교회의 건축물들은 폐허 상태이거나 비어 있다. 이곳 프로미스타의 수도원처럼 이미 사라지고 없다. 하지만, 사람들은 지금도 여전히 카미노를 걷는다. 이러한 사실은 성지라고 하는 곳들을 역사적으로 이해할 필요가 있음을 말한다. 이런 관점으로 볼 때 사람들은 팔레스타인 땅에 있는 그리스도의 실재가 사실은 빈 무덤뿐이라는 사실을 새롭게 인식할 수 있다. 또한 성 야고보의 무덤은 결국 그곳을 찾아 걸어가는 사람들의 신앙 속에서 살아있는 것이다. 이러한 비어있음과 연약함과 어두움은 껍데기뿐인 종교에게 어떤 자리도 내주지 않는다. 순례자들이 이렇게 새로운 눈으로 성지를 바라볼 때 비로소 그곳이 바로 자신들이 간절히 바라던 곳임을 깨달을 수 있다. 카미노는 성 야고보에게 인도하는 길이 아니라 그리스도에게 이르는 길이다. 그 길을 걷는 방법을 깨달을 수 있다면 말이다. 홀로 길을 걸으며 음미하는 고독과 침묵은 오늘날 벌거벗음의 의미를 깨닫게 할 것이다. 이것이 바로 카미노가 숨기고 있는 진실의 실체다. 이러한 깨달음이 더 나아가면 갈수록 자기신앙에 감춰진 비밀, 즉 자기신앙의 비어있음과 연약함과 어두움은 더욱 더 명백하게 드러날 것이다.

그림자와 나

16. 나는 누구인가?

프로스타에서 카리온 데 콘데스까지

새벽하늘에는 아직도 별이 총총하다. 새벽이면 어김없이 만나는 빛나는 개밥바라기별을 왼쪽 어깨에 두고 간다. 한 시간쯤 걷자 포장도로가 끝나고 비포장 길이 나온다. 그늘도 없는 밀밭 사이로 길만 쭉 뻗어 있다. 지친다. 적당한 곳이 나타나면 앉아서 쉬고 싶은데, 좀처럼 마땅한 곳이 나타나지 않는다. 차 한 대 다니지 않으니 결국 앞에 놓여 있는 길을 내 발로 걸어가는 방법밖에 없다. 이렇다 보니 오히려 나 자신을 오랜 시간 내 자신에게 집중할 수 있어 좋다. 묵묵히 가다보면 결국은 목적지가 나오게 된다.

나는 걷는다. 나의 걷기는 완전한 정체성을 되찾기 위해 걷는 것도 아니지만, 옛날의 인간을, 원초적인 인간을 자신 속에서 발견하기 위해 오랫동안 걷는 것이다. 나의 걷기는 세상과 번뇌로부터 멀어지고 고독으로써 자신을 정화하고, 자연의 손에서 나온 인간을, 절대적인 원시인을 자기 속에서 다시 발견하기 위해 걷는 것이다. 그러면서 자신에게 수많은 질문을 던진다.

내 안의 무엇이 저항하는가? 나는 내 안에서 어떤 자연을 발견하는가? 책 속에 있지 않고 오직 혼자 걸어야만 발견할 수 있는 것들이 있는데, 이런 것들 중에서 내 안에서 발견할 수 있는 것은 무엇일까? 천천히 숲길을 걸으며 자신에게 덧씌워진 인간의 사회적 가면을 문질러 벗겨내야 한다. 책 속에는 없는 원시적인 인간의 초상화를 그려야 한다. 책은 자연에서 벗어나 문명화되었으며, 사회에 대한 애착으로 뒤덮인 인간에 대해서만 말하기 때문이다. 그러므로 세상으로부터 멀리 떨어져 오직 나무들과 동물들만을 벗삼아 혼자 외롭게 오랫동안 걸으며 내 안에서 원초적 인간(자연인)을 발견하고 또 발견해야 한다.

산티아고 노란 이정표

시인 박목월의 '나그네'에는 외줄기로 난 길을 구름에 달 가듯이 홀로 가는 외로움이 묻어있다. 나그네는 이제 막 나루를 건너 밀 밭길을 가고 있다. 구름에 달 가듯이 자연인으로 순수한 마음으로 걸음을 옮기고 있다. 느릿느릿, 아주 천천히 가고 있다. 홀로 외로운 길을 가야 한다.

강나루 건너서/밀 밭 길을/구름에 달 가듯이
가는 나그네/길은 외줄기/남도 삼백리
술 익는 마을마다/타는 저녁놀/구름에 달 가듯이
가는 나그네

우리는 간혹 나는 누구인가 하며 반문할 때가 있다. 정말로 나는 누구일까를 생각하지만 누구인지를 모르겠다. 하지만 "나는 누구인가" 스스로를 묻는 물음 속에서 근원적인 삶의 뿌리 같은 것을 확인할 수 있다. 항상 자신의 삶이 어디로 가고 있는가를 물을 수 있어야 하며 인간은 늘 근원적인 물음 앞에 마주서야 한다. 나는 어디서 왔는가. 나는 어디로 가는가. 그리고 나는 누구인가. 그런 물음과 대면하지 않는다면 진정한 인간의 삶이라고 할 수 없을 것이다. 그리스의 위대한 철학자 소크라테스는 철학의 궁극적 목적이 '너 자신을 알라'라는 것이라고 하였다. 어떻게 보면 인간이 무엇인지 알면 자신이 어떤 것이며 누구인지 알 것 같지만 반드시 그런 것은 아니다. 인간과 자신은 어느 정도 연관이 있지만 근본적으로 다른 차원에 있다. 어떤 의미에서 나는 인간보다 한 단계 더 깊은 곳에 위치해 있다고 할 수 있다.

옛날 사람들은 자신에 대해서 그렇게 많은 관심을 기울이지 않은 것 같다. 자신을 둘러싼 자연현상, 인간과 자연의 모든 것을 지배한다고 생각하는 신들에 대해서 주로 관심을 기울였다. 인간의 문제에 대해서 조금 관심을 보이기 시작한 건 기원전 5세기에 궤변론자들에 의해서라고 알려져 있다. 인간이 무엇이며 인간의 지식이 어떤 것인가도 매우 중요하지만, 한걸음 나아가서 '나'는 누구인가 하는 것은 한층 더 중요하다. 우리가 우주에 대해서 안다 하더라도 그것은 어디까지나 나를 통해서 의미를 가지는 것이다. 따라서 우리가 세상을 살아가면서 고민해야 할 가장 근본적인 질문은 '나는 누구인가'에 대한 성찰이라고 생각한다.

지금껏 생각하면 나는 걱정 없이 앞만 보면서 살아온 인생이다. 힘들고 어려운 일도 많았고 즐거운 일도 많았다. 하지만 궁극적으로는 무언가 허전한 느낌을 지울 수가 없었다. 실체는 있는데 손으로 잡히지 않은 어떤 것이 언제나 나의 마음과 머리에 남아 있었다. 몇 년 전부터 이러한 문제에 대한 인식이 시작되어서 이젠 대학교수 정년퇴임이란 시점에 정말 나는 누구이며 그리고 어떻게 살아야 할까와 마지막으로 어떻게 죽느냐는 문제가 현실적으로 다가오는 것을 느끼게 되었다. 인간이 인간 스스로 정체성에 대해 여러 가지 복잡한 생각을 할 수는 있겠지만, 일단 인간이 어떤 행위를 하며 살고 있는지 알아야 인간이 어떤 존재인지 알 수 있다는 사실 만큼은 부인할 수 없을 것이다. 나는 어떤 존재인지도 내가 어떤 삶을 사느냐에 의해 드러나는 것이다. 내가 살아온 삶, 내가 앞으로 살아갈 삶, 그 전체 스토리에서 내가 누구인지 알려질 것이다.

내가 다른 사람을 판단할 때도 마찬가지이다, 그가 어떤 삶을 살았건 앞으로 어떻게 살 작정인지 알면 그 사람을 좀 안다고 생각할 것이다. '나는 누구인가?'는 인간의 가치 탐구에 가장 기본적인 질문이자 가장 중요한 질문이라고 생각한다. 인간이 추구하는 기본가치는 무엇일까? 그것은 나 자신에게 진실된 삶, 이웃과 더불어 사는 도덕적인 삶, 그리고 아름다움을 추구하는 멋진 삶과 의미 있는 죽음을 위해 사는 것이다.

먼저 우리가 고민해야 할 질문은 '나는 누구인가?'에 대한 성찰이다. 이것은 진실된 참 자아를 찾아가는 여정이다. 두 번째로 우리가 고민해야 할 것은 이웃과 더불어 사는 도덕적인 삶이다. '어떻게 살아야 할까?'에 대한 고민과 성찰이다. 도덕적 판단은 이성에 기초해야 한다. 그리고 마지막으로 '어떻게 죽느냐' 즉 탁월함의 추구를 통해 얼마나 창조적인 삶을 살고, 그리고 얼마나 멋지게 죽느냐 하는 것이다. '의미 있는 죽음'을 맞이하기 위해서는 멋진 삶을 살아야 가능한 것이다. 멋진 삶은 창조적인 삶이다. 그래서 어떻게 죽느냐에 문제는 어떻게 창조적인 삶을 탁월하게 살아가느냐에 문제인 것이다.

우리는 먼저, 자기 자신이 누구인지를 알기 위해서 우리 자신을 사랑해야 한다. 자기 자신을 사랑하는 사람은 훌륭한 사람이라는 것이다. 어떤 부분에서 자신을 사랑해야 한다는 것일까? 그런데 자신을 사랑하는 것의 의미에 대해서 고민한 사람이 우선 그리스 철학자 아리스토텔레스(Aristoteles)이다. 그는 자신의 저서 '니코마 코스 윤리학('Ηθικὰ Νικομάχεια)'에서 이런 말을 한다.

자신을 먼저 사랑하는 것은 열등한 것이라고 한다. 훌륭한 사람이란 남을 위해서 일하고 자신의 것은 나중으로 미루는 사람이라는 것이다. 결국 훌륭한 사람이란 자기 자신을 사랑하는 사람이라는 것이다. 즉 올바른 일을 행하는 것에서 남들보다 앞서가는 것이며 절제하는 일에서 남들보다 앞서간 것이다. 이런 일을 행하는 사람이 바로 참된 인간이다. 진정으로 자기 자신을 사랑하는 사람은 우선 자신을 기쁘게 하며 또 다른 사람에게도 유익을 끼치게 된다는 것이다. 다시 말해 자신을 먼저 사랑하는 것이 우선 우리를 행복하게 하고, 우리를 인생의 주인으로 만들어줄 뿐 아니라, 다른 사람에게 유익을 끼친다는 것이다.

다음으로 탁월한 인간의 덕목이란 무엇일까? 다음 네 가지 덕목을 지키는 사람이 남을 이끌 수 있다는 것이며 어려운 위기상황 속에서 다른 사람을 위한 밝은 미래를 제시할 수 있다고 한다.

첫째, 무엇이 필요한지를 아는 식견이다. 둘째, 자신이 본 것과 생각하고 있는 것을 대중에게 설명할 수 있는 능력이다. 세 번째, 자신이 속한 공동체에 대한 사랑이다. 마지막 네 번째로 물질적 욕심으로부터 벗어나 있는 것이다. 탁월한 인간은 자신이 아는 것에 그치는 것이 아니라, 그것을 대중과 함께 나눌 수 있는 커뮤니케이션 능력을 가지고 있어야 한다는 것이다. 돈에 초연하다는 것은 물질이 인생의 목표가 아님을 뜻하는 것이다.

마지막으로 우리는 인간의 유한함을 깨달아야 한다.

우리에게 필요한 것은 바로 자기 자신을 성찰하는 일이다. 이것을 우리 삶 속에서 실천해 나가는 것이다. 무엇보다 먼저 나 자신을 아는 것이 중요하다. 그리고 내가 누구인지를 성찰한다는 것은 결국 내가 유한한 생명을 가진 인간이란 것을 깨닫는다는 것이다.

디트리히 본회퍼(Dietrich Bonhoeffer)는 독일의 신학자로 히틀러의 교회 공격에 대하여 1941년 히틀러 암살계획에 가담하여 1943년 체포되고 1945년 처형되기 전에 '나는 누구인가?'라는 시를 감옥에서 썼다.

이 시를 보면 고독한 물음이 나를 비웃는다고 되어있다. 이렇게 본회퍼도 '나는 누구인가'에 대한 대답을 회피하고 있다. 소크라테스의 '너 자신을 알라'라는 말은 '나는 누구인가'의 또 다른 표현이 아닌가 한다.

소크라테스도 명확한 답을 하지 않고 아름다움을 추구하는 인간다운 아름다운 삶이라는 추상적인 담론에 그치고 만다.

나는 누구인가는 어떻게 사느냐와 연결되며 그것은 바로 개인의 정체성이라 생각된다. 개인의 정체성은 올바르게 살아야 하고 이웃과 더불어 사는 도덕적인 삶이며 의미있고 우아하게 죽는 것까지를 표현할 수 있다고 본다.

나는 누구인가?
사람들은 종종 말하길

내가 감방에서 걸어 나올 때
마치 영주가 자기 섬에서 나오듯
침착하고, 활기차고, 당당하다고 한다.

나는 누구인가?
사람들은 종종 말하길
마치 내가 승리에 익숙한 사람인양
불행한 나날을 견디면서
평화롭고, 미소를 지으며, 자연스럽다고 한다.

나는 정말 다른 사람이 말하는
그런 사람인가?
아니면 나는 다만 나 자신이 알고 있는
그런 사람에 불과한가?

새장에 갇힌 새처럼
불안하게 뭔가를 갈망하다가 병들고
목이 졸린 사람처럼
숨가쁘게 몸부림치고

색깔과 꽃과 새소리를 그리워하고
친절한 말과 인간다운 친근감을 그리워하고
사소한 고독에도 분노에 떨며
큰 사건을 간절히 기대하고
멀리 떨어진 친구를 그리워하다

낙담하며 슬퍼하고
기도하고 생각하고
글쓰는 일에 지쳐 허탈에 빠지며
의기소침하여 모든 것과 작별하려는 그런 존재.

나는 누구인가?
전자인가 후자인가?

오늘은 이런 인간이고
내일은 다른 인간인가?
타인 앞에서는 위선자이고
자기 자신 앞에서는 경멸할 수밖에 없는
가련한 약자인가?

나는 누구인가?
이 고독한 물음들이 나를 비웃는다.

내가 누구인지
오, 하나님 당신께서는 알고 계십니다.

나는 당신의 것입니다.

비얄카사르 데 시르가 마을을 지나간다. 이 마을에 있는 성당은 성모 마리아상을 모시고 있는데 13세기에 명성이 매우 높았다고 한다. 콤포스텔라를 오가는 순례자들은 이 성당에 둘러서 성모 마리아에게 기도를 했다. 이곳은 이 세상 너머에 존재한다는 뜻의 마스 아야의 권능을 믿는 거대한 현실 공간이 있고 사람들의 마음에 영감을 주는 여러 가지 이야기와 기록, 전설, 노래 들이 발견됨으로써 마침내 자신을 세상에 드러냈다. 오후 2시경 카리온 강이 흐르는 카리온 데 로스 콘데스에 도착했다. 중세 초, 이 마을 이름은 본디 산타 마리아 데 카리온이었다. 그러나 백작이었던 이 지역 제후의 명성을 기리기 위해 마을 이름을 카리온 데 로스 콘데스로 바꿨다. 고메스 디아스 백작과 그의 아내 테레사는 11세기에 이곳에 세인트 존 침례교 수도원을 지었다. 그들의 아들 페르난도는 기독교 박해 시절 순교한 산 조일로(San Zoilo)의 시신을 수도원에 안치하고 수도원의 이름을 산 조일로 수도원으로 바꿨다. 산조일로 수도원은 여러 가지 이적을 일으킨 곳으로 유명해졌다고 한다.

17. 기도의 은혜가 있는 카미노 길

카리온 데 로스 콘데스에서 시아군까지

언제나처럼 아들과 두 손을 잡고 출발기도를 했다. 특별히 오늘은 시편 121편 말씀이 우리 부자에게 나갈 때나 들어올 때나 이제부터 영원까지 지켜주시겠다는 은혜로운 말씀이었다. "내가 눈을 들어 산을 본다. 내 도움이 어디에서 오는가 내 도움은 하늘과 땅을 만드신 주님에게서 온다. 주님께서는 네가 헛발을 디디지 않게 지켜주신다 너를 지키시느라 졸지도 않으신다 주님은 너를 지키시는 분, 주님은 네 오른쪽에 서서, 너를 보호하는 그늘이 되어 주시니 낮의 햇빛도 너를 해치 못하며, 밤의 달빛도 너를 해치지 못할 것이다. 주님께서 너를 모든 재난에서 지켜주시며, 네 생명을 지켜 주실 것이다. 주님께서는, 네가 나갈 때나 들어올 때나 이제부터 영원까지 지켜주실 것이다." 우리 부자에게는 이와 같이 든든한 후원자가 되시는 하나님이 계신다.

현대의 대표적인 영적스승인 토머스 머튼(Thomas Mertom 1915-1968)의 기도를 소개하면 다음과 같다.

"나의 주 하나님, 저는 지금 어디로 가고 있는지 모르겠습니다. 제 앞에 놓인 길이 보이지 않습니다. 이 길이 어디에서 끝나게 될지도 모르겠습니다. 저는 정말 나 자신에 대해서도 알지 못합니다. 제가 주님을 따른다고 믿는 것이 곧 실제로 그렇게 한다는 뜻이 아닙니다. 그러나 주님을 기쁘게 해드리고 싶은 저의 마음만은 기쁘게 받아주시리라 믿습니다. 제가 행하는 모든 일에서 그런 소망을 품게 해주십시오. 그런 열망과 무관한 일은 결코 행하지 않도록 이끌어 주십시오. 그렇게만 산다면 비록 제가 그것에 대해 아무것도 알지 못한다 할지라도 주님은 저를 바른 길로 인도해주실 것임을 압니다. 비록 길을 잃은 것처럼 보여도 죽음의 그늘 속에서도 저는 항상 주님을 믿겠습니다. 주님께서 함께 계시기에 저는 두렵지 않습니다. 또한 주님은 위험 앞에 홀로 서도록 저를 버리지 않을 것입니다."

우리는 지금 시대에 알맞은 신앙의 형태들을 찾아야 한다. 그리고 카미노와 관련해서 이런 신앙의 형태들은 저기 높은 산에서, 외롭게 텅 빈 들판에서, 이러한 웅장하지만 죽어있는 돌덩어리에 불과한 중세 건축물과는 거리가 먼 참된 고독 속에서나 발견될 수 있을 것이다. 좋은 신앙생활을 원하지 않는 사람은 없을 것이다. 어찌 보면 만족한 신앙생활을 갖는다는 것은 거의 불가능에 가까운 일인 것으로 생각한다.

나는 여러 가지로 부족하고 부족한 삶을 살고 있는 사람으로서 언제나 뭔가에 속박당한 느낌을 버리지 못하고 있다. 이것을 어찌 극복할 수 있을까? 신앙을 갖는다는 것은 비이성적 태도라고도 한다. 믿을만한 이유가 있어서가 아니라 믿을만한 이유가 없음에도 불구하고 믿는 것이 신앙이기 때문이다. 그런데 파스칼은 이성적으로도 신앙생활을 할 수 있다고 파스칼의 내기에서 주장한다.

'신이 있는가, 없는가를 말해보자. … 당신은 어느 쪽에 내기를 걸 생각인가? 이성적으로서는 어느 쪽에도 걸 수 없다. 그러나 도박을 전혀 안 할 수는 없다. 신이 있다는 앞면을 취하여 소득을 계산해 보자. 두 가지 경우를 생각해보자. 만일 당신이 이기게 된다면, 당신은 모든 것을 얻게 될 것이다. 진다고 해도 아무것도 잃지는 않는다. 주저 말고 신이 있다는 편에 걸어라.' 파스칼은 이성적으로는 신의 존재 여부를 판단할 수 없을지라도, 이성적 계산에 의해 신의 존재를 받아들일 수 있다고 말하고 있다.

철조망에 만든 나무 십자가

우리는 어떻든 신이 존재한다는 입장이나 존재하지 않는다는 입장 중 하나를 택해야 한다. 그런데 신이 존재한다는 입장을 취하고 성실하게 살 경우 실제로 신이 존재하면 모든 것을 얻고, 신이 존재하지 않는다고 해도 잃을 게 없다. 그런데 신이 존재하지 않는다는 입장을 취하여 아무렇게나 살 경우, 실제로 신이 존재하면 모든 것을 잃고, 신이 존재하지 않는다고 해서 얻을 것도 없다. 따라서 신이 존재한다는 편에 걸어서 성실하게 사는 것이 합리적 선택이라는 것이다. 이 파스칼의 논증이 신앙을 갖는 데 얼마나 도움이 될지는 의문이다. 신앙은 이성적으로는 접근 불가능한 초월적 존재에게 무조건적으로 올인하는 태도이기 때문이다.

그러나 비록 종교적 신념이 비이성적이라고 해도 진정한 종교인은 이성적이어야 한다. 그래서 자신의 종교적 신념이 증명 불가능한 형이상학적 신념이라는 사실을 인정할 수 있어야 한다. 믿는다는 것이 어떤 것인지에 대한 깊은 성찰을 통하여 자신의 믿음도 의심의 여지가 있다는 사실에 마음을 열어야 한다. 그렇지 않으면, 신앙은 독단으로 전략하기 때문이다.

종교는 궁극적으로 원초적 신을 지향해야 한다. 그래야 독단적 계율에서 자유로운 진짜 종교가 될 수 있다. 이 경우 신앙인의 삶은 비신앙인의 삶에 비해 바람직하다고 할 수 있을 것이다. 적어도 그들은 초월적 존재의 편에서 세상을 위해 중요한 일을 한다는 '의미의 충일감' 속에서 살 수 있고, 세속적 유혹, 회의주의, 허무주의에 굴하지 않는 '심리적 안정감' 속에서 삶의 애환을 잘 견디며 적극적이고 긍정적인 삶을 살 수 있을 것이기 때문이다.

누가 나에게 '당신의 일생을 통하여 가장 중대하면서도 근본적인 삶의 변화를 일으킨 사실이 무엇인가?' 하고 묻는다면, 나는 주저 없이 신을 믿게 되었다는 사실이라고 대답할 것이다. 나의 인생관, 가치관, 소유관을 뒤집어놓았을 뿐 아니라 오늘 이 시간의 생활을 이끌어가고 있는 근처에도 신의 계심이라는 뜻이 언제나 뒷받침을 하고 있기 때문이다. 그러나 이와는 반대로 얼마나 많은 사람들이 신과는 무관하게 살고 있는지 모른다. 신은 있으나 없으나 마찬가지라는 생각이다. 혹시 다른 사람에게는 몰라도 나에게는 별로 큰 문제가 아니라는 듯이 살고 있는 사람들이다. 나도 한 때는 그렇게 살아왔다. 신의 계심이 가장 근본적인 사실임에도 불구하고 마치 나 혼자 살고 있는 양 생각하고, 말하고, 행동하고 있다. 그러나 그것은 나의 부족과 약함에서 오는 문제이다. 언제나 신을 모시고 그 뜻대로 살아가고 싶다.

반 고흐의 인생에서 신앙생활을 한다는 것이 얼마나 중요한 삶인지를 보여주고 있다. 반 고흐의 소망은 목회자가 아닌 평신도 복음 전도자로서 그의 아버지의 발자취를 따라가는 것이었다. 그는 동생 테오에게 이런 편지를 보냈다.

"우리 가문에는 대대로 복음을 전하는 사람들이 언제나 있었지." 하지만 반 고흐의 노력들은 처참한 실패로 끝났다. 반 고흐로 하여금 선교활동을 그만두게 한 것은 그의 부족한 신앙심이 아닌 교회 위원회였다. 설교의 웅변술이 부족하다는 것이 그 이유였다. 사실 그들은 병상에 있는 사람들과 상처입은 사람들에게 그가 보여주었던 훌륭한 성품과 그가 지속적으로 보여준 자기희생적 헌신에 대해서는 높이 칭찬했다. 왜 그처럼 금욕적이고 희생적인 삶을 사느냐고 누군가가 물었을 때 "저는 예수님처럼 가난한 자들의 친구입니다."라고 대답했다.

반 고흐는 테오에게 보낸 편지에서 "네가 나를 광신도라고 여긴다 할지라도, 사랑하기 위해서는 하나님을 믿는 것이 절대적으로 필요하다는 것을 네게 말해 주고 싶구나. 나에게 하나님을 믿는다는 의미는 죽어 있거나 박제된 하나님이 아닌, 거부할 수 없는 힘으로 우리에게 끊임없는 사랑을 재촉하시는 하나님이 존재한다고 느끼는 것이다."라고 썼다.

또한 반 고흐의 설교 중에는 이런 내용이 있다. "우리는 순례자들이다. 우리의 인생은 이 땅에서 하늘로 가는 긴 걸음이자 여정이다." 여정

천성으로 가는 순례자(김지현 작)

의 모티브는 그의 인생이 마치는 순간까지 계속해서 나타난다. 그는 아를(Arles)에서 "나는 언제나 다른 곳, 다른 목적지를 향해 떠나는 나그네처럼 느껴진다. 그게 정확히 어떤 것인지는 잘 모르겠다. 그러나 모른다는 그 느낌 때문에 현재 우리의 삶을 편도로 가는 기차여행처럼 생각할 수 있다."고 했다. 이러한 부르심을 찾는다면, 우리의 신앙은 세상을 움직일 것이다. 그런 의미에서 부르심은 인간 여정의 진로를 전면적으로 재설정하고 그것에 심오한 동기를 부여한다고 할 수 있다. 부르심에 답하는 것은 집으로 가는 여정에서 핵심적이며, 기업가적 인생의 목적을 발견하고 실현하는 방법이다. 또한 빈센트 반 고흐는 한 편지에서 존버니언의 '천로 역정'을 묘사한 어떤 그림에 대해 설명한 적이 있다.

모래로 뒤덮인 길은 언덕을 지나, 꼭대기에 천성(Heavenly City)이 있는 산까지 이어진다. 길 위에는 그 도성으로 가기 원하는 순례자가 서 있다. 하지만 몹시 피곤했던 그는 길가에 서 있는 한 여성에게 가서 이렇게 묻는다.

'이 길을 따라가면 끝까지 올라갈 수 있나요?'
'네, 끝까지 갈 수 있어요.'
'하루 종일 걸릴까요?'
'아침부터 밤까지 걸리지요.'

반 고흐는 이렇게 결론을 내렸다. '이것은 그림이 아니라 하나의 영감이다.' 길은 종종 구부러져 있고, 그 길이 때로 무척 거칠지라도, 여정의 끝에는 집이 기다리고 있다. 이것이 지향이다. 쉼이 필요한 모든 영혼은 이 길로 초대받고 있다.

그리고, 아우구스티누스는 '하나님의 도성'에서 '그곳에서 우리는 쉼을 얻고 바라보며, 바라보고 사랑하며, 사랑하고 찬양할 것이다.'라고 썼나. 이것은 마침내 우리가 영원히 갖춰야 할 모습이다. 멸망이 없는 왕국에 도달하는 것 말고 과연 우리가 어떤 목적을 지향할 수 있겠는가? 그것은 목표이자 또한 추구에 대한 보상이다. 지금은 그 길을 발견하고 따라가야 할 때가 아닐까? 그래서 언젠가는 집으로 가는 긴 여정을 잘 마쳐야 하지 않을까?

언제나 만나는 길이지만 길은 끝이 없다. 그래서 계속 계속 걷는다. 기분 좋게 걸어서 사하군(Sahagún)에 도착했다. 높은 성당의 종탑에는 황새들이 집을 지어 살고 있다. 카미노를 걷는 동안 스페인의 성당 첨탑 위에 황새가 있는 것을 보리라고는 생각하지 못했다. 이 얼마나 경이롭고 즐거운 일인가. 그러나 한편으로 걱정이 된다. 성당은 종소리를 울리고 있는데 말이다. 여기 황새들은 거기다 둥지를 튼 걸로 봐서 그것을 받아들이는 것 같다. 우리 시골에서 초가집 처마 밑에 제비들이 둥지를 만들어 새끼를 낳고 키우는 모습과 흡사하다. 강남 갔던 제비가 어떤 박씨를 물고 와서 착한 흥부에게 갖다 주었던 행운을 우리도 기대하고 있는 것은 아닌지 생각된다. 유럽에서는 처녀가 봄에 처음 보는 황새의 모습이 어떠하냐에 따라 그해 자신이 어떤 종류의 사람이 될지를 정해진다는 전설이 있다고 한다. 만일 날고 있는 황새를 본다면 부지런한 사람이 될 것이고, 부리로 달가닥거리는 소리를 내는 모습을 본다면 접시를 여러 개 떨어뜨리거나 깨뜨릴 것이며, 아무 동작없이 가만히 있는 모습을 본다면 게으름뱅이가 될 것이라고 한다.

철탑 위의 황새

18. 삶의 의미는?

시아군에서 만시야 데 라스 물라스까지

오늘은 예상했던 대로 출발부터 끝이 보이지 않는 들녘 길을 걸어가야 한다. 고원 지대의 아침은 역시 매우 쌀쌀했다. 동쪽 땅 끝의 하늘이 붉게 물들기 시작한다. 먼 길 떠나는 이는 뒤를 돌아보지 않는다고 했던가? 그러나 나는 아름다운 일출이 보고 싶어 자꾸 뒤를 돌아보았다. 카미노에 들어선 뒤 거의 날마다 만나는 아침 노을이지만, 특히나 쌀쌀한 메세타의 새벽 일출은 더욱 장쾌하고 훨씬 풍요로워 보였다. 실로 힘을 가득 충전시켜주는 새벽의 붉은 기운이었다. 다시 등을 돌리니 서쪽으로 뻗은 길이 나를 맞고, 덕분에 기운차게 발길을 내딛었다. 해가 나오면서 우리를 비추는 그림자가 길게 늘어진다. 가도 가도 끝이 없는 이 길을 걸으며 순례자들은 어떤 생각을 할까? 진정으로 순례자는 누구일까? 그늘 하나 없는 이 길에서 이러한 고난을 경험하면서 삶의 의미를 다시 한 번 재조명할 수 있는 기회를 가질 수 있겠다 생각했다. 편한 것만 찾아서 살아왔다. 지난날의 일들이 머리에 스쳐갔다. 조금만 힘들어도 피해버리고 자신의 안락만을 위해서 살아왔다. 그 많은 세월을 새롭게 생각해 본다.

우리가 이 땅에 살고 있는 이유는 무엇일까? 삶의 목적에 대한 고민은 수천 년 동안 사람들을 혼란스럽게 했다. 이러한 문제(혼란의 문제)는 출발점을 우리 자신으로부터 시작하기 때문이다. 우리는 자주 이러한 질문을 한다.

'나는 무엇이 되기를 원하는가.'

'나는 무엇을 해야 하는가.'

'나의 목표, 나의 야망, 나의 미래를 위한 나의 꿈은 무엇인가.'

이 모든 질문은 자기 중심적인 질문이다. 자기중심적인 삶에서는 진정한 삶의 의미를 발견할 수 없다. 노스이스턴 일리노이 대학의 철학 교수인 휴 무어헤드 박사(Dr.Hugh Moorhead)는 세계의 저명한 철학자, 작가 그리고 학자 250명에게 이런 질문을 했다.

'삶의 의미는 무엇입니까'

그리고 그는 그 응답들을 모아서 책으로 출판했다. 몇몇 사람들은 가장 좋은 답을 제시했다고 자신했고, 일부는 확신하지는 않지만 삶의 목적을 자신의 생각에 따라 만들었다고 인정했으며, 또 몇몇은 삶의 목적에 대해서 아는 것이 아무것도 없다고 솔직하게 시인했다. 그뿐만 아니라 그 학자들 가운데 몇 명은 휴 무어헤드교수에게 그가 답을 발견하거든 자신들에게 알려달라고 부탁하기도 했다고 한다.

우리는 어떻게 삶의 신비를 풀어내고 이를 잘 설명할 수 있을까? 광활한 우주에서 회전하는 작고 푸른 지구 위에서 우리가 손님일 뿐임을 발견한다는 것은 무엇을 의미하는가? 우리 개인이 각각 고유한 존재임이 확실한가? 아니면 우리는 그저 바람에 흩날리는 먼지일 뿐인가? 왜 삶은 태어나면서 자동적으로 죽음의 운명에 놓이는가? 모두가 자신의 삶을 죽음에 빚지고 있다는 것, 자신을 구하기 위해 아무런 일도 할 수 없다는 것을 안다면, 우리는 어떻게 살아야 하는가? 세상이 지금과는 다른 것이었어야 한다고 결론을 내린다면 우리는 무엇을 의지해야 하는가?

여정은 실제로 길을 떠나는 노력으로 시작되어야 한다. 여행안내 책자를 읽거나 목적지에 대해 공상하는 것이 아니라 모든 고생과 위험을 수반하는 진짜 여행을 해야 한다는 것이다. 여정은 '단순히 무언가에 대한 사고'에 그쳐서는 안 된다. 구경하는 것만으로는 충분하지 않다. 이 여정에 필요한 것은 신중하면서도 역동적인 삶을 통해 앞으로 나아가는 것이다. 특히 가장 길고 가장 중요한 여정, 곧 우리의 머리에서 가슴으로, 우리의 마음에서 의지로 나아가는 여정에서는 더욱 그렇다. 만약 그 여정이 인생이라면 자칫 재미없는 진부한 것으로 끝날 수도 있는 진리는 오직 삶을 통해서만 그 힘을 발휘하게 될 것이다. 인생의 여정이란 보편적인 인류나 우리의 이웃에 대한 것은 아니기 때문이다. 그것은 당신과 나에 대한 것이다. 이 여정의 초점은 개개인의 인생이며 그것은 출생과 죽음이라는 액자에 끼워져 있는 그림이다.

니체는 '결국 책이나 여러 환경에서 자신이 이미 알고 있는 것보다 더 많은 것을 얻어 낼 수 있는 사람은 없다. 경험을 통해 접근할 수 없는 것은 이해할 수도 없다.'고 한다. 경영 컨설턴트 찰스 핸디(Charles Handy)는 아버지의 장례식에서 갑작스럽게 무언가를 깨달았다. 그것은 아버지의 겸손했던 삶이 상상하지 못했던 방식으로 수많은 사람들에게 영향을 주었다는 사실이었다. '나는 삶과 삶의 목적에 대해 믿음을 갖는 것이 중요하다는 사실을 깨달았다. 나는 그 때까지만 해도 성공, 돈, 그리고 가족 순으로 가치를 두었다. 그리고 순서가 거꾸로 되기는 했지만,

아직도 그러한 것들이 중요하다고 생각한다. 그러나 이제 나는 그것들을 끼워 넣을 수 있는 좀 더 큰 틀을 찾으려고 애쓰고 있다.'

여정으로서의 삶!
여정으로서의 인생!

단테의 '신곡'은 이렇게 시작된다. '인생 여정의 중간쯤에서 나는 어두운 숲 속에 들어와 있었다.' 인생은 여정, 항해, 원정, 순례, 모험의 여행이다. 우리는 모두 시작과 끝 사이의 어디쯤에서 미답의 지점을 지나는 중이다. 우리 인간의 운명이 그처럼 긴 시간을 여행해야 하는 것이라면 언젠가 우리는 이렇게 질문할 것이다. '이 모든 일의 결론은 무엇인가' '우리는 어디에서 왔으며 어디로 가는가?'라고 말이다.

먼 도성으로 가는 길

삶의 의미가 무엇일까, 이 의미를 알기 위해서 철학이란 학문이 있고 점성학이나 점 같은 모호한 방법들을 통해서라도 삶의 의미를 찾으려고 한다. 삶의 의미가 있다면 인간은 거의 모든 것을 견딜 수 있지만, 반대로 삶의 의미가 없다면 그 어떤 것도 찾을 수 없다. 소크라테스는 재판 중에 "성찰 없는 인생은 살 가치가 없다."는 말을 남겼다. 오늘날의 어려움이 있다면 성찰 없는 시대에 성찰하는 인생을 사는 것이다. 그 이유는 부분적으로 우리의 정신없는 분주함에 있다. 과연 우리는 잠시 멈춰 서서 인생이 무엇이며 우리가 어디로 달려가고 있는지 질문할 시간이 있을까? 우리가 성찰하는 인생을 어떻게 추구해야 할지 알지 못한다는 점이다. 우리가 보는 것은 우리가 듣는 것에 잘 부응하지 않는다. 우리는 모든 것을 듣지는 못하고 있는 것일까? 삶에 대한 우리의 관점이 우리의 삶을 만든다. 삶을 어떻게 정의하느냐에 따라 우리의 운명이 결정된다. 우리의 관점은 우리가 시간을 어떻게 투자하고, 돈을 어떻게 사용하며, 재능을 어떻게 활용하고, 관계에 어느 만큼의 가치를 두는지에 영향을 미친다. 다른 사람을 이해하는 가장 좋은 방법은 '당신의 삶을 어떻게 바라보십니까?' 하고 묻는 것이다. 우리는 질문을 받은 사람의 수만큼이나 다양한 대납이 나오는 것을 보게 될 것이다. 부모를 만족시키기 위해서 그리고 다른 사람이 자신에 대해 어떻게 생각하는지를 항상 걱정한다. 모든 사람을 만족시키려고 노력하는 것은 실패로 가는 길이라는 것이다. 목적 없이 사는 삶은 의미 없는 행동, 방향 없는 활동 그리고 이유 없는 행사들의 끊임없는 연속밖에는 될 수 없다. 목적 없이 사는 삶은 하찮은 삶이요, 무의미한 삶이다. 어떤 젊은이가 이런 말을 한다.

"나는 무엇이 되려고 발버둥치고 있지만 진정으로 무엇이 되려고 하는 줄 모르기 때문에 실패자임이 틀림없다. 오직 내가 할 줄 아는 것은 대충 살아가는 것뿐이다. 언젠가 내 삶의 목적을 발견할 때에야 비로소 나는 살기 시작한다고 느낄 것이다."

소망은 우리의 삶에 공기와 물만큼 중요하다. 삶의 역경을 극복해나가기 위해서 소망이 필요하다. 버니시걸(Bernie Siegel) 박사는 '100세까지 살고 싶습니까?'라는 질문을 그가 돌보고 있는 암환자에게 물어보면 누가 병마를 이기고 회복할 수 있을지 알 수 있다고 말한다. 삶의 목적에 대한 깊은 이해가 있는 사람들은 "네"라고 대답을 했고, 이들이 생존할 확률이 가장 높다. 소망은 목적을 갖는 것에서부터 온다. 목적을 가지고 삶에 임하기 시작하는 순간 당신의 삶에 멋진 변화들이 일어나기 시작할 것이다. 우리는 삶을 영위하고 일을 하며 목표를 달성하는 것이 삶의 목적인 것처럼 도취되어 버리지만 그것이 삶의 목적은 아닐 것이다. 삶에서 가장 중요한 것은 성공이나 성취가 아닌 관계에 있다고 본다. 그런데 우리는 왜 관계를 중요하게 생각하지 않는 것일까? 요즈음 일이 많아질수록 우리는 관계에 대해 생각하고 그 관계에 들이는 시간, 에너지 그리고 관심을 줄이려고 하고 있다. 이와 같이 깨어진 관계를 회복하기 위한 방법들을 고려하면 다음과 같다. 첫째는 항상 먼저 다가가라는 것이다. 가능한 한 빨리 얼굴을 맞대고 만날 계획을 잡아야 한다. 뒤로 미루면 분노만 깊어지고 문제가 더 심각해질 뿐이다. 갈등은 시간이 해결해주지 않으며 시간이 지나면 상처는 더욱 더 곪게 된다는 것을 생각해야 한다는 것이다. 둘째는 입보다는 귀를 더 많이 사용하는 것이다. 의견 차이를 좁히기 위해서는 어떤 시도를 하기 전에 사람들의 심정이 어떤지 먼저 들어보아야 한다는 것이다. 잠언에서 보면 '노하기를 더디하는 것이 사람의 슬기요 허물을 용서하는 것이 자기의 영광이니'라고 했다. 이것은 인내는 지혜에서 나오고 지혜는 다른 사람들의 의견을 듣는 데서 나온다는 것이다. 다른 사람의 말을 귀담아 듣는 것은 '나는 당신과의 관계를 소중히 생각하여 당신은 나에게 중요한 존재입니다.' 라고 말하는 것이다. 셋째는 나에게도 잘못이 있음을 고백하는 것이다. 우선 자신의 실수나 죄를 인정하는 것에서부터 시작해야 한다. 우리는 모두 자기 시각으로는 보지 못하는 부분이 있기 때문에 갈등이 있는 당사자와 만나기 전에 제 삼자에게 자신의 행동을 평가하는 데 도움을 달라고 부탁해야 한다. 넷째는 사람을 공격하지 말고 문제를 공격해야 하는 것이다. 갈등을 해결하려고 할 때 어떻게 말하느냐는 무슨 말을 하느냐만큼 중요한 일이다. 만일 공격적으로 말을 한다면 그 말을 듣는 사람도 방어적이 될 것이다. 다섯째는 해결이 아닌 화해를 강조하는 것이다. 모든 사람이 모든 것에 동의할 것을 기대하는 것은 비현실적이다. 해결은 문제에 초점을 맞추는 반면 화해는 관계에 초점을 맞추는 것이다. 우리가 화해에 초점을 맞출 때 문제는 그 중요성을 잃고 무의미하게 되어 버리기 때문이다.

우리 삶의 관계에서 보다 더 중요한 것은 사람을 사랑하는 것을 배우라는 것이다. 삶에서 사랑을 빼면 아무것도 남지 않는다. 사랑은 영원하다. 이 땅에 가장 오래 영향을 끼치는 것은 우리의 성과나 재산이 아니라, 우리가 다른 사람을 어떻게 내했느냐이다. 테레사 수녀(Mother Teresa)가 말했듯이, '우리가 무엇을 하느냐가 아니라, 그 일에 얼만큼 사랑을 쏟았는지가 중요하다.'고 한다. 사랑은 영원한 유산의 비밀 열쇠이다. 인생의 마지막 순간에 모든 사람들은 그들이 맺어왔던 관계들이 삶의 전부였다는 사실을 깨닫는다. 첫째는 사랑의 가장 좋은 표현은 시간이다. 어떤 것의 중요도는 우리가 그것에 얼마나 시간을 투자하느냐로 측정할 수 있다. 더 많은 시간을 투자할수록 그것이 그만큼 중요하고 소중하다는 것을 나타내는 것이기 때문에, 어떤 삶의 우선순위를 알고 싶다면 그가 시간을 어떻게 활용하는지를 보면 알 수 있다. 시간은 우리가 받은 가장 소중한 선물이다. 왜냐하면 시간은 한정되어 있기 때문이다. 돈을 더 많이 벌 수는 있지만 시간을 더 만들 수는 없다. 누군가에게 우리의 시간을 들인다면 우리는 그 사람에게 다시는 돌려받지 못할 삶의 일부를 주는 것이다. 우리의 시간은 우리의 삶이다. 그렇기 때문에 시간은 우리가 누군가에게 줄 수 있는 가장 좋은 선물이다. 사랑은 포기를 의미한다. 내가 선호하는 것들, 안락함, 목표, 안전, 돈, 에너지 또는 시간 등을 다른 사람의 유익을 위해 기꺼이 양보하는 것이다.

둘째는 사랑하기 가장 좋은 때는 바로 지금이다. 왜 지금이 사랑을 표현하기에 가장 좋은 순간인가? 그것은 우리가 그 기회를 얼마나 오래 가지고 있을지 모르기 때문이다. 상황은 변한다. 사람은 죽고 아기들은 자란다. 또한, 우리에게 내일이 있다고 아무도 장담할 수 없다. 만약 우리가 사랑을 표현하고 싶다면 바로 지금해야 한다.

천신만고 끝에 만시야 데 라스 물라스(Mansilla de las Mulas)에 도착했다. 정말 힘들게 왔다. 피곤도 피곤이지만 아침에 콧물이 나와 감기약을 복용해서 그런지 힘이 없고 또 힘이 더 들었다. 오다가 공사 관계로 5분 정도를 다른 길로 가다가 되돌아오는 실수도 하였는데 정신 차리고 잘 가라는 경고 메시지 같았다. 계속 같은 길이므로 방심을 했던 것이다. 도시 입구의 광장에서 조가비 모양의 조형물 앞에서 사진을 찍었다. 조금 뒤에 바로셀로나에서 온 우리나라 대학생 다섯 명이 인사를 하면서 먼저 간다. 알베르게에서 등록을 하고 6인용 2층 방에 배정을 받았다. 친절한 호스피딸레노와 함께 사진을 찍었다. 오늘 숙박하는 알베르게는 아주 특이한 곳이다. 우선 마당에 테이블과 의자들이 많이 있어 순례자들이 여기에서 음식을 먹거나 이야기를 나누는 장소로 아주 좋았다. 그리고 건물 벽에 수많은 화분이 걸려 있어 운치도 있고 분위기가 맘에 들었다.

19. 인생의 꽃을 피우다

만시야 데 라스 물라스에서 레온까지

어제 저녁에 감기약을 먹고 자서 그런지 조금 늦은 시간인 6시에 깼다. 중간에 한번 깨긴 했지만 모처럼 잘 잔 것 같다. 몸이 거뜬하다. 피곤한 몸이 풀린 것 같다. 콤포스텔라까지 절반이 넘는 길을 걸었는데 상진이도 그런대로 잘 따라오고 있다. 즐거운 기분으로 출발했다. 도시를 빠져나와 자동차 도로를 따라 레온(León)으로 가고 있다. 등 뒤에서 해가 떠오르고 있고 눈이 부시고 널따란 옥수수 밭이 눈에 들어왔다. 시간이 갈수록 '그림자'가 나와 가까이 가게 되어 기분이 좋다. "주님은 너를 지켜시는 분, 주님은 네 오른쪽에서 서서, 너를 보호하는 그늘이 되어 주시니"(시편 121:5)의 말씀이 나에게 큰 위로와 힘이 되어 주셨다. 매일 매일 나아가는 순례자인 우리들에게 하나님께서 내 오른쪽에서 그늘이 되어 주시지 않으면 우리의 몸은 쉽게 지치고 상하고 넘어질 수밖에 없었을 것이다. 또한 여기까지 오게 된 것도 모두 하나님의 지키심과 돌보심이 있었기 때문일 것이다.

레온 도시 입구에 들어가는데 역시 도시는 번잡하고 소란스럽다. 카미노 이정표를 따라 도시 중심부로 들어가고 있다. 레온(León)의 도시 이름은 라틴어 "Legio"에서 유래되었다. 레온은 대단한 상업 중심지로 성장했다. 다양한 민족들의 온갖 화폐들이 두루 통용되어 비잔틴의 직물과 보석들, 코르도반의 상아, 레온 메세타에서 생산된 곡물 등을 사고팔았다. 또한 국제적인 양모 시장이기도 해서 소매상인부터 온갖 것을 사고 파는 무역업자들과 환전상, 예술가, 장인들로 북적이는 도시였다. 그러나 14세기 중반 안달루시아가 이슬람으로부터 탈환되자 모든 경제의 중심이 카스티야레온에서 안달루시아로 옮겨졌고, 엎친 데 덮친 격으로 페스트로 인해 레온의 황금기는 홀연 끝이 나고 말았다. 대성당의 정식 명칭은 "산타마리아 데 라 레글라"이며 13세기 후반에 지어진 고딕 양식의 걸작으로, 조화로운 구조 때문에 "고딕 양식의 이상형"이라는 평가를 받고 있다. 정면과 남쪽의 입구는 모두 호화찬란한 조각으로 장식되어 있다. 특히 130장 스테인드글라스의 아름다움으로도 유명하다. 내부로 들어가면 스테인드글라스로 장식된 높은 원형 창으로부터 태양 광선이 스포트라이트를 비추듯이 쏟아져 들어온다. 그 화려함은 실로 빛이 자아내는 예술이라고 할 정도이다. 이와 같이 화려하고 웅장한 대성당과 볼만한 수도원을 돌아다니며 구경한다고 해서 과연 무엇을 볼 수 있을까 잘 모르겠다. 본다는 것은 그렇게 간단하지 않다. 밖에 나가 그 모든 흥미로운 건축물들 안에 들어가면 그것이 바로 보는 것일까? 오히려 그것은 단순히 하나의 거대한 소비행위에 불과한 것이 아닐까? 그것은 새로운 기계장치를 조작하고 새로운 요리를 먹는 것과 마찬가지로 바로 새로운 시각이라는 상품을 소비하는 것인지도 모른다.

많은 교회의 기념물들과 성당 건축물들은 모두 우리 인간들을 위해 있다. 하나님은 그것들을 요구하지 않는다. 그 건축물들은 하나님을 위해 아무것도 할 수 없다. 그렇다면 남은 것은 그것들은 우리 인간을 위

고딕 양식의 이상형인 레온 성당

해서 무엇을 할 수 있을까? 하는 질문뿐이다. 우리는 그 건물들을 짓고 관리하고 사용함으로써 하나님을 찬양할 수 있는 기회를 맞이하고 하나님께로 좀 더 가까이 다가갈 수 있다. 하지만 그 건물들은 또한 우리 인간의 교만함과 자만심을 부추기고 키울 수도 있다. 이 문제는 곰곰이 생각해 볼 필요가 있다.

인생은 건강, 아름다움, 기쁨, 사랑하는 사람들을 거름으로 하여 꽃을 피운다. 모두 살아가는 동안 힘을 낼 수 있게 도와주는 든든한 버팀목들이다. 정년퇴직 후 농촌에서의 삶, 즉 농부의 삶은 그냥 자연적이다.

행복이 함께 있다. 행복의 비결은 있는 그대로 느끼고 싶은대로 느끼면 되는 것이다. 주변의 모든 아름다움에 눈과 귀를 열고 적극적으로 찾아 나서야 한다. 새가 지저귀는 소리를 듣고 날갯짓을 보고, 나무와 꽃과 풀, 강물과 구름, 아침 해와 석양을 지그시 바라보기만 해도 순수한 행복이 타오른다. 물소리, 빗소리, 바람소리, 천둥소리를 듣고 자연의 침묵에도 귀를 기울여본다. 그리고 조심스레 만져보고, 맛보고, 냄새 맡으며 이 모든 즐거움을 경험한다. 음악을 듣고 노래를 부르지만 노래를 좀 못해도 된다. 우리는 자기가 누구든 무슨 일을 하든 자신의 진가를 인정하고 능력을 믿어야 한다. 건강은 스스로 챙겨야 한다. 책을 읽고 생각도 열심히 해야 한다. 그리고 가끔 가만히 앉아서 이 모든 것이 어떤 의미로 다가오는지 생각해야 한다.

가족, 친구, 때로는 낯선 사람들이 주는 도움에 마음을 열고 감사해야 한다. 그런데 이런 것들은 먼저 구하거나 찾지 않으면 오지 않을 수도 있다. 필요하다면 적극적으로 찾아 나서고 원하는 것을 얻을 때까지 계속 노력해야 한다. 그리고 다른 사람들에게 도움을 주는 것이다. 무엇을 어떻게 하든 다른 사람을 도우면 신기하게도 그것이 다시 자신의 힘으로 돌아온다. 물론 살다보면 나쁜 일이 생기는 것을 막을 수는 없는 것이 있다. 질병, 슬픔, 죽음 등이 찾아와 가정이 어려워지기도 하고 사회, 경제, 정치에 불안을 느끼기도 한다. 하지만 사람은 회복탄력성을 가진 존재이다. 나쁜 일에 부딪혀도 튕겨서 다시 일어나 원래 상태로 돌아간다. 그리고 더 높이 솟아올라 처음보다 더 좋아지기도 한다. 운명을 극복하면서 사람은 성숙하고 다가올 불행에 대비할 새로운 힘을 얻는 것이다. 이렇게 기른 힘을 참고 극복하며, 결국에는 인생의 꽃을 피우게 될 것이다. 그리하여 세상은 조금 더 아름다워질 것이다.

일생을 후회 없이 치열하게 살든 혹은 빈둥빈둥 놀면서 찌질하게 살든 우리는 언젠가 별 너머 먼지가 되어 사라질 존재들이다. 자신이 선택한 가치를 따라 사는 것이 현명한 선택이라는 말이다. 삶의 최고의 가치는 남의 눈높이에서 바라보며 실천하는 것이 아니라 나의 눈높이에서 바라보며 실천하는 것이다. 그 이유는 내 인생의 최고 가치와 다른 사람의 최고 가치는 다르기 때문이다. 최고의 삶은 얼마만큼 오래 살았느냐가 아니라 내가 좋아하는 일을 하면서 얼마나 가치 있게 살았느냐에 있다. 이 순간이 마지막인 것처럼 내가 좋아하는 일을 즐기면서 최선을 다해 사는 것이다.

시골 리아농장에서 온종일 흙을 밟고 냄새를 맡으며 종알거린 새소리를 들으며 블루베리 나무가 '주인님, 오셨습니까?' 인사를 하듯 바람에 움직이는 모습을 흐뭇하게 쳐다보고 있다. 그저 감사할 뿐이다. 나의 가슴에, 머리에 이처럼 아름다운 그림을 그릴 수 있을까? 이곳이 천국이다. 천국에서 있다가 집에 와서 아내와 오늘 일을 이야기하면서 즐겁

시골 리아농장의 블루베리 나무

게 즐거운 마음을 함께 나눈다. 내 서재에 들어가면 두 개의 책상에 지저분하게 펼쳐 있는 책들이 반갑게 인사를 한다. 오늘 하루는 어떻게 보냈습니까, 주인님? 하며 이야기를 한다. 책을 보며, 노트에 이 생각 저 생각을 쓰다보면 시간이 빨리도 지나간다.

영국의 소설가이자 학자이며 비평가인 루이스는 자서전 '예기치 못한 기쁨'에서 "내 삶의 이야기의 중심은 그것뿐이다."라고 썼다. 그의 인생의 핵심 관건은 "어떤 충족보다도 더 매력있는 충족되지 않는 갈망"이었다. 그가 말하는 기쁨이란 행복이나 쾌락과 확연히 구분된다. 행복은 상황에 달려있고 쾌락은 늘 오감과 관계되지만 기쁨은 상황과 오감을 초월한다. 니체의 말처럼 기쁨은 영원을 품고 있다. 루이스는 그것을 이렇게 표현했다.

'기쁨을 한번이라도 맛본 사람은, 세상의 모든 쾌락을 얻을 수 있다해도 기쁨과 바꾸지 않을 것이다.'

루이스에 따르면 기쁨을 향한 열망은 처음에는 "말로 표현 못할 무엇"에 대한 찌르는 듯한 갈망이다. 종소리, 불의 냄새, 새소리 같은 감각이 그것을 촉발한다. 그러나 점차 깨닫듯이 모든 인간적 대상의 배후에는 궁극적 이상이 있다. 어떤 산에 오르고 어떤 꽃을 만나고 어떤 수평선을 향해 떠나도 이 기쁨의 추구는 결코 채워질 수 없다. 루이스의 말대로 이 기쁨을 추구하는 사람은 결국 분명히 깨달을 수밖에 없으니 곧 인간의 영혼은 어떤 대상을 누리도록 지음받았는데 지금처럼 주관적이고 시공의 제약을 받는 실존의 상태에서는 그 대상이 결코 우리에게 온전히 주어질 수 없으며 주어졌다고 상상할 수조차 없다는 것이다.

"모든 진정한 인간 내면에 있는 삶에의 의지는 기쁨에의 의지이기도 하다"는 것이다.

20. 은퇴 후 삶 25년

레온에서 비야르 데 마사리테까지

평소처럼 이른 아침에 알베르게를 나와 텅 빈 거리를 걷고 있다. 내 귀에 들리는 유일한 소리는 포장된 도로 위를 톡톡 두드리는 지팡이 소리뿐이다. 도시의 땅바닥에 발을 얹는 것, 그 공기를 숨 쉬는 것, 꼼꼼한 인내의 덕을 보며 여러 경관을 살펴보는 것은 그 도시를 알 수 있는 유일한 방법이다. 이것은 몸과 몸의 접촉이다. 그 결과로서 도시의 유혹은 성공할 수도 있고 실패할 수도 있다. 걷는 사람은 자의로 도시에 자신을 노출시키며 그 매력과 유혹하는 힘만이 아니라 불쾌감을 주는 힘까지도 받아들인다. 도시는 특유의 향을 풍긴다. 자동차나 버스를 타고 도시를 가로지르는 것은 그 도시의 유혹으로부터 도망쳐 숨는 것이자 몸을 사리는 것과 같다. 이러한 거리두기는 표면적이고 기만적인 접근을 그 대가로 한다. 차에서 나와 도시를 발로 누비면서 느껴야 한다. 레온의 도심지를 벗어나기까지 2시간쯤 되어 비르헨 델 카미노(Virgen del camino)라는 레온 교외의 끄트머리 지역에서 1961년에 지었다고 하는 이 성당은 레온의 수호성인인 라 비르헨 델 카미노에게 바쳐졌다고 한다. 건물 외관에 예수의 열두 제자들과 성모 마리아의 기념비적인 조각상이 있는 매우 현대적인 건축물인 이 성당은 당대 종교적 건축물들의 생명력을 대표하는 역작으로 알려져 있다.

걷기 시작하면 즉시 둘이 된다. 오랫동안 걷고 난 뒤에는 특히 그렇다. 심지어 우리가 혼자 걸을 때에도 육체와 영혼이 항상 그렇게 대화를 나눈다는 것이다. 나는 일정한 속도로 걸으면서 내 몸을 격려하고 그의 비위를 맞추고 칭찬한다. 나를 끌고 가는 이 튼튼한 다리… 발의 목처럼 내 허벅지를 툭툭 치는 것같이 느껴진다. 몸이 힘들어지면 나는 내 몸을 격려한다. 분명히 영혼은 육체의 증인이다. 적극적이고 세심한 증인, 영혼의 리듬을 따라야 하고 영혼과 함께 애써야 한다. 걷기 시작하는 순간 나는 나와 동행한다. 나는 둘이다. 그리고 무한정 되풀이되는 이 대화는 밤까지 계속되어도 지겹지 않다. 앞으로 걸어 나간다고 느끼게 하는 이 나눔이 우리 안에서 이루어지지 않으면 우리는 걸을 수 없다. 하지만 나는 걸으면서 항상 나를 바라보고 나를 격려한다. 우리가 목적 있는 여정을 떠나고 이를 잘 끝맺을 수 있는 방법은 무엇일까? 인생과 믿음의 여정을 가장 올바르게 가는 방법은 창조주의 부르심에 응답하는 것이며 그렇게 함으로써 우리가 창조되고 부르심을 입은 목적을 발견하는 것이다. 위대한 창조주만이 무로부터 완전하게, 그리고 풍성하고 무성하게 창조를 이루실 수 있다. 그분만이 우리의 존재 이유를 아시며, 그것으로 인해 우리를 목적있는 인생으로 부르신다. 창조주의 부르심에 반응할 때, 우리는 그분의 형상을 따라 빚어진 작은 창조자들이 되며, 우리 자신의 창조성, 예술성, 기업가 정신을 이해하게 된다. 창조주의 부르심에 응답하는 것은 여정에서 목적을 얻는 최고의 원천이 된다. 그것은 집으로 가는 긴 여정에서 우리를 인생의 기업가로 변화시킨다. 우리가 믿음으로 인생을 살아갈 때, 우리는 모두 창조자이자 예술가이자 기업가다. 이것이 바로 인간으로서 우리가 지닌 소명의 핵심이다.

우리가 인생에서 최선을 다하는 사람들이 갖는 제일 못하는 것은 무엇일까? 최선을 다하는 것이 최선일까? 이런 사람들은 이런 약점도 있을 수 있다. 즉, 잠시 멈추는 것, 쉬지 않고 앞만 보고 달리는 일에만 익숙하다보니 멈추는 법을 모르는 것이다. 솔직히 무조건 달리는 건 쉬운 일이다. 정해진 트랙만 도는 경주마를 생각하면 알 수 있듯이 경주마는 목표지점만 바라보고 무작정 달려가지만, 야생마들은 다르다. 야생마들은 가야 할 곳이 어딘지, 피해야 할 곳이 어딘지를 끊임없이 생각하고 천천히 달려야 할 때와 질주해야 할 때를 매순간 판단하면서 달린다. 경주마는 달리기 위해 생각을 멈추지만, 야생마는 생각하기 위해 달리기를 멈춘다. 우리가 자유롭고 만족스러운 삶을 살려면 최소한 잠시 멈추고 자기 자신을 되돌아볼 수 있는 여유, 성찰할 수 있는 시간을 갖는 것이 중요하다고 생각한다. 즉 내가 어떤 사람인지, 인생에서 내가 원하는 것이 무엇이며 그것들이 서로 어떻게 연결되어 있는지를 넓고 깊게 생각하는 것이다. 문제는 일과 삶이 계속 변하고 있는데도 계획과 목표를 바꾸지 않는다는 것이다. 그렇다면 어떻게 해야 할까? 우선은 자신의 미래에 대한 계획을 어디서부터 어떻게 준비하여야 하는 것이다. 이것은 인생의 마지막 장면에서부터 시작하면 어떨까 한다. 즉 죽음을 맞이하는 순간에 나의 인생이 어떻게 보였으면 좋겠나? 길었던 인생의 여정 중에서 못마땅한 것도 많고 그럭저럭 만족스러운 것도 있겠지만, 적어도 '그래, 그거 하나만큼은 참 잘한 것 같다.'고 이렇게 말할 수 있는 게 뭘까? 거기서부터 시작하는 것이다. 나의 인생이 어떻게 보여지길 원하는가? 자신의 장례식에서 사람들이 하는 이야기를 들을 수 있다면 어떤 이야기를 듣고 싶어 할까? 이것이 바로 진짜 유산이라고 생각된다. 우리가 인생의 마지막 순간에 꼭 남기고 싶은 게 뭔지 알고 나면 많은 것이 바뀔 거라고 생각된다. 우리 인생에 있어서 보다 폭넓은 개인적 유산을 남길 수 있도록 인생의 비전을 세우고 그것을 추구하는 삶이야말로 가장 중요한 일일 것이다.

그러면 무엇을 남길 것인가?
궁극적으로 도달하고 싶은 곳은 어디인가?

삶의 마지막 장면에서 나는 과연 어떤 모습으로 완성되고 싶은가?

마지막 강의를 마치고 경영대학 교수님과 함께

전주대학교에서 정년퇴직을 하고, 5년간 명예교수로서 5년을 강의를 한 후 정말로 은퇴로부터 은퇴하였다는 생각이 든다. 5년이라는 시간은 어찌 보면 긴 시간이었지만 지내고 보면 아주 짧은 시간이었다. 은퇴 후 삶 25년을 계획하기 위한 첫 걸음이었기 때문이다. 이것은 새로운 것에 대한 호기심, 적당한 수준의 도전, 작으나마 이루어지고 있다는 성취감과 만족감 등이 넘치다보면 즐거운 생활패턴이 생겨났다. 사실, 모든 면에서 초보적인 수준으로 시행착오적인 일들이 수 없이 많았다. 벽에 못을 박다가 망치로 손톱을 쳐서 이루 말할 수 없는 고통을 받기도 하고 중고문짝을 조립하다가 의자에서 떨어져 어깨 팔 등을 다치기도 하였다. 실수를 생각만 해도 몸이 아찔하다. 농촌에서의 생활에 익숙하지 않아서 모든 것이 신기하기도 하고 두렵기도 하였다. 하지만 나이가 들수록 매사에 너무 열심히 매달리기보다는 여유를 갖는 편이 좋다고 말하는 사람들이 있다. 그들은 이제 더 이상 욕심 부릴 것도 없으니 대충 살아도 괜찮지 않냐고 말한다. 하지만 삶에 대한 열정은 꼭 젊은이에게만 해당되는 것이 아니다. 나이가 들어서도 크게 다르지 않다. 환갑이 넘었다고 해서 아니 70이 넘었다고 해서 삶에서 무언가를 추구하지 않고 살아간다면, 이에 인생을 스스로 저버린 것과 다르지 않다. 안타깝게도 내 주위에는 그런 사람들이 종종 있다. 심지어 젊은 학생들을 가르치는 교수들 중에도 그런 사람이 있다. 그들은 정년이 되자마자 마치 내일 죽을 것처럼 주변을 정리한다.

교직에서 물러났으므로 책도 자료도 이제 필요하지 않다며 그동안 열심히 모아놓은 장서를 버리는 경우도 있다. 그렇게 주변을 정리하고 더불어 의욕마저 정리하는 순간, 모든 것이 무너지기 시작한다. 여유가 생기는 것이 아니라 오히려 삶이 흔들린다. 긴장에서 벗어나는 순간 육체의 정신이 무너지고 결국 사람이 무너진다는 것이다.

이제 은퇴 후 평균 25년이라는 방대한 시간이 나를 기다리고 있다. 그 시간을 어떻게 보내야 할까 무엇을 해야 의미있게 보낼 수 있을까 고민하게 된다. 은퇴는 하나의 인생을 끝내는 사건이지만 꽤 괜찮은 또 하나의 인생에 대한 도전이다. 이제까지의 직업생활에 대한 반성과 통찰을 다음 인생에 밑거름이 되도록 더욱 풍만한 삶을 살 수 있는 기점이 되기도 한다. 은퇴가 준비 없이 찾아온 데 대해 마음속깊이 불편한 감정이 깃들어 있다면 상황을 있는 그대로 받아들이는 훈련이 필요하다. 고통스러운 감정이 복받쳐 오를 때 우리의 심장은 칼로 여미는 것과 같은 아픔을 느낀다. 하지만 이런 감정이 반복되면 결국 이마저도 조금씩 받아들이게 된다. 세월이 약이라는 말처럼 말이다.

나를 받아들이려면 내면에서 울려 나오는 소리에 귀를 기울여야 한다. 내가 왜 아파하는지, 왜 울고 있는지 왜 질투하는지, 왜 기뻐하는지, 다양한 내면의 소리에 귀를 기울임으로써 나를 이해하고 받아들일 수 있다. 이렇게 해서 자신을 받아들였다면 이를 인정함으로써 마음을 위로하는 시간이 필요하다. 이렇듯 상처받는 마음은 묻어두거나 모른 척 할 것이 아니라 시간이 걸리더라도 반드시 드러내 비우고 내려놓는 과정을 거치는 것이 좋다고 생각한다.

에릭슨은 인생을 성공적으로 살기 위해서는 각 단계별로 발생하는 독특한 갈등을 해소해야 한다고 주장하였다. 또한 그는 노년인 원숙기에는 자아정합성(자신의 인생을 있는 그대로 받아들여 자신의 유한성을 인정하고 죽음까지 수용하는 것을 의미)과 절망감의 갈등이 나타나고, 이 단계에서는 자신의 일생을 성찰하는 것이다. 이 갈등을 해소하려면 인생을 살아오는 동안 중대한 실수를 저지르고 실패를 거듭했어도 자기 자신을 있는 그대로 받아들이고 지혜롭게 성취를 인정해야 한다고 주장하였다. 또 그는 노년에 자신의 인생을 철학적으로 받아들이려면 남을 사랑할 수 있는 원숙한 능력이 있어야 한다고 하였다. 노년기를 성공적으로 항해하는 데 핵심적으로 필요한 인간관계는 가족관계에 있다. 자신의 인생을 제대로 성찰하지 못하며 후회와 비통에 빠지게 되면, 이 후회와 비통은 완화할 길이 없다. 그래서 에릭슨은 노년기에 인생이야기에 대한 실마리를 찾으려는 충동은 후회에 젖은 행동에 그치지 않는 매우 중요한 일이라고 했다. 축적된 경험은 고립되고 단절된 경험을 연이어 겪으며 사는 지루함과 정반대가 되는 것이고, 그런 지루함에서 벗어날 수 있는 가장 좋은 수단이라고 한다.

산티아고 순례길

최근 베이비붐 세대가 정년을 맞아 은퇴에 대한 화제가 끝없이 이어지고 있다. 대부분 자신이 꿈꾸던 삶을 인생 2막에서 실현해 가고 있는 사람들에 대한 이야기다. 왜 이런 현상이 나타날까? 그들은 이전세대와 달리 은퇴 후 여가만을 즐기며 살 수 없기 때문이다. 자식에게 노후를 의탁하던 이전 세대와 달리 스스로 노후를 책임져야 하고 수명은 더 길어져 필연적으로 새로운 일을 시작할 수밖에 없기 때문이다. 은퇴 후가 또 하나의 인생이라는 것은 이 시대에 걸맞은 개념이다. 평균수명이 90

세를 넘어 100세를 구가하는 시대가 다가오고 있다. 60대란 인생의 종착이 아니라 또 다른 시작점인 것이다. 이제 우리는 고정관념에서 탈피해 60대를 30대처럼, 80대를 40대처럼 살아야 한다.

은퇴를 앞둔 사람들은 새로운 도전을 해보라는 충고를 종종 듣는다. 그리고 실제 사례를 보더라도 새로운 일을 배우고 시도하는 사람들에게 행복이 찾아온다. 잃어버린 젊음을 한탄하기보다는 '경험의 승리'(하버드 대학에서 25년 동안 사람들의 전 생애 걸친 발달을 연구한 그랜트 연구(grant study)에서 나온 개념)의 연구에 따르면 젊은 시절에 행복하지 못했더라도 노년기에 행복하게 잘산 사람들이 꽤 많았다. 그러므로 은퇴 후 삶을 가꾸기를 위한 다음과 같은 몇 가지의 계획을 준비해야 할 것이다.

첫째, 내 꿈을 위해 내 삶을 산다. 과거는 잊고 지금은 자신을 바라보고, 꿈이 무엇이었는지 찾아 이룰 때라는 것이다. 남에게 보여주기 위한 것이 아닌 내 꿈에 충실한 삶을 가꾸기 위한 자신을 찾는 여행을 반드시 하여야 한다. 둘째, 재미를 즐긴다. 나를 위한 것이기에 무슨 일을 하든 재미가 있다. 일이 재밌으면 그 일을 오래 할 수 있는 끈기와 잘하고자 하는 의욕이 생긴다. 이는 만족과 기쁨, 보람을 주며 결국은 행복감마저 가져다준다. 셋째, 준비한다. 은퇴 전에 나를 돌아보고 틈틈이 준비하여 또 다른 길을 만들어 나가는 것이다. 어떤 상황에서도 꿈을 잃지 않기 위해 노력하고 언젠가 이를 이루기 위해 준비하는 것이다. 넷째, 공부하고 인내한다. 배우고자 하는 마음을 유지하고 공부하는 것이다. 노년의 공부라서 그렇지만 현실은 그렇지 않다. 원하는 것을 얻기 위해서는 지독한 노력이 뒤따라야 한다. 다섯째, 계획한다. 영화 '기생충'에서 유명한 대사가 있다. '너는 다 계획이 있었구나.' 어떤 삶을 살지, 그 삶에 어떤 철학을 담을지에 대한 계획부터 성공적인 노년을 어떤 모습으로 보낼지에 대한 것들이다. 여섯째, 변화한다. 몇 년 전 우리 대학교의 목표가 See, Feel and change였다. 현실을 보고 느끼고 공감해서 변화하자는 목표였다. 우리 인생도 마찬가지가 아닌가 싶다. 노년이 되면 지휘, 감독, 관리하는 데 익숙해져 있어 서비스정신이 낮아지고 적당히 해도 괜찮겠지 하고 여기기 때문이다. 하지만 이런 마인드는 가족들뿐만 아니라 함께 일하는 사람에게도 불편을 끼친다. 서비스 정신을 기르고 모든 일을 정확히 하려고 노력해야 한다. 일곱째, 정열과 설렘으로 절정을 맛본다. 자연으로 돌아가 자신이 추구하는 세계에서 기쁨을 경험하고 신앙을 통해 자신을 자유롭게 한다. 이러한 삶이 설렘의 연속이며 끊임없는 정열을 쏟아낼 수 있고 이러한 과정에서 절정의 세계에 들어가 환희를 맛볼 수 있을 것이다. 이는 인간이 갖는 감정 중에 최고 수준의 감정이지 않을까 생각된다.

'너무 늦은 것은 없다'는 헨리 워즈워스 롱펠로(Henry Wadsworth Longfellow)의 이 시는 롱펠로가 모교인 보든대학(Bowdoin College) 1825년도 졸업생들의 졸업 50주년을 기념하여 쓴 것으로 늙은 동창생들에게 계속 바쁘게 움직이라고 촉구하였다.

"아니, 너무 늦었다니!
지친 심장이 고동을 멈출 때까지는
결코 늦지 않았네
여든 살에 카토는 그리스어를 배웠고
소포클레스는 대작 오이디푸스를 썼네.
시모니데스는 여든 살을 훨씬 넘긴 나이에
시 경연 대회에서 동년배들을 제치고 상을 받았고
테오프라스토스는 여든에서 십년이나 지난 나이에
인간 본성론을 쓰기 시작했다네"

'결코 늦지 않았네'라는 시구가 마음에 닿았다. 70대에 들어선 나는 이제 막 인생의 절정기에 들어서 있는 것 같고 창의력이 넘쳐흐를 것만 같다. 서양 역사상 철학자들은 대체로 60세가 넘은 후에 최고의 업적을 남겼다. 플라톤은 80세까지 살았고 죽는 순간까지 학문에 매진했다. 소크라테스는 99세까지 살았고 94세 때 가장 유명한 책을 썼다. 고대 그리스의 고르기아스는 107세에 사망했는데 마지막 순간까지 손에서 일을 놓지 않았다고 한다. 98세까지 산 버트런드 러셀이 1930년에 출간한 '행복의 정복'은 노년기에 쓴 책으로 그의 그동안의 삶의 지혜와 경험을 바탕으로 한 행복에 대한 생각이 담겨있다. 행복의 요소는 건강, 다양한 관심, 사랑, 체념과 열정의 조화 등등이 있다. 철학자 칸트는 57세에 그의 대표작인 '순수이성 비판'을 썼고 66세에 '판단력 비판'을 완성했다. 대문호 괴테가 '파우스트' 집필을 마쳤을 때 그는 이미 여든이 넘은 나이였다. 르네상스시대의 거장 미켈란젤로는 90세가 넘어서까지 작품 활동을 했다. 그런 것을 보면 창작을 하는데 결코 늦은 나이란 없는 듯하다. 어쩌면 우리를 활발하게 움직이는 창작 활동이 그들의 장수비결이 아닐까 싶다. 독서와 장수는 분명히 상관관계가 있다. 독서는 생각으로 이어지는 작업이다. 또한 책을 많이 읽으려면 도서관이나 서점을 부지런히 찾아 다녀야 한다. 이것만으로도 체력이 길러지는 동시에 두뇌운동이 된다. 그러므로 독서는 건강과 직결되어 있다고 말해도 과언이 아니다. 로이스 베이(Lois Bey)의, "날마다 한 가지씩 새로운 것을 배워라 그러면 결코 늙지 않으리라"(Learn something new every simple day. You will never get old it you do)는 말은 나이 든 우리에게 시사하는 바가 크다는 것을 알 수 있다.

21. 아버지라는 직업

비야르 데 마사리테에서 산 후스토 데 라 베가까지

오늘 걷는 길은 도로를 따라 가는 짧은 길 대신 조금 돌아가는 길이다. 차가 다니지 않고 사람의 발길도 뜸해 고요하고 아늑한 길을 걸었다. 이제 메세타 지역을 벗어났기에 초록 나무들이 드문드문 보여 눈을 즐겁게 하는 길이 되었다. 또 어느 순례자가 이곳에서 숨을 거두었나보다. 작은 기념비가 세워진 곳에 누군가 허수아비를 만들어 놓았다. 허수아비는 지나가는 순례자의 발설음을 잡았나. 길에서 죽음을 맞지 않으려면 쉬면서 쉬엄쉬엄 가라고 말하고 있는 것 같다. 언제부터인가 내게 걷는 일은 명상이자 나의 존재를 확인하는 방식이 되었다. 나는 내가 걷고 있을 때 살아 숨 쉬고 있음을 느낀다. 내 두 발로 걸어서 세상을 열어갈 때 그 길 위에서 만나는 것들은 전혀 다른 의미와 몸짓으로 내게 다가온다.

사랑하는 사람이 때로 짐이 되는 것인가? 사랑하기에 함께 하기도 하지만, 인생길은 함께하면서도 홀로 가는 길, 그리고 그 안에 사랑하는 사람이 때로는 짐이 되기도 한다. 그러나 사랑 때문에 그 사람을, 그 짐을 놓을 수 없다는 생각을 하게 된다. 아들과 함께 그러나 홀로 걸을 수 밖에 없는 길 위에서, 서로가 짐이 되지 않기 위해서 한 노력들이 사랑이고 배려였다. 그리고 사랑하는 사람과 사랑하는 사람의 짐을 할 수 있는 한 끝까지 함께 가는 것이다.

아버지라는 직업이 있을까? 사랑과 결혼을 생각하고 있는 젊은이들에게는 상상도 할 수 없는 이상한 이야기로 들릴 것이다. 이것은 사랑과 결혼이 그만큼 존귀하고 지성스러운 마음의 위치를 차지하고 있기 때문이다. 나에게는 아픈 추억이 있다. 나는 아버지께서 내가 태어나기 전에 6·25 전쟁 때 돌아가셨다. 어머니와 형님의 관심과 배려로 아버지의 존재를 잊고 살아왔다. 중학교 때 친구와 심하게 싸움을 한 적이 있었다. 아마 이때가 아버지에 대한 생각을 많이 한 것 같다. 그 뒤에 결혼하기 위하여 형님에게 여자친구를 소개하던 중에 여자친구의 아버지가 몇 년 전에 돌아가셨다는 이야기를 듣고 나서는 형님이 절대 결혼을 허락하지 않겠다고 해서 큰 다툼이 있었다. 그 후 허락을 하여 결혼을 했지만, 형님은 나에게 이런 말씀을 하셨다. 동생이 아버지 없이 지금까지 살았는데, 결혼해서도 장인이 없어 아버지라는 호칭을 한 번도 사용하지 못할 것 같아서 안타까워서 그렇게 반대하였다고 하셨다. 참 형님으로, 아버지 역할을 하셨던 형님의 애정이 어린 마음이셨다. 아버지라는 말을 쓰고 있지만 생소한 느낌이 든다. 자녀들이 아버지와 어머니가 함께하는 모습들을 볼 때마다 짠한 생각이 들곤 했던 기억이 있다. 지금은 내가 아들과 딸의 아버지다. 어떻게 아버지의 역할을 하였는지 기억이 없다. 기껏해야 유치원 학예회 발표 때, 중·고·대학교 졸업식 축하 겸 식사 때의 기억밖에 없는 것 같다. 아버지의 존재가 자녀들에게 있을까? 기껏해야 방문 교수로 미국에 갔을 때 1년 동안 함께한 시간만이 사진 속에 기록되어 있다. 지금 자녀들에게 나의 존재와 미래에 대해 생각해 본다. 최선을 다해서 살아왔다고 자부하지만, 되돌아 생각하면 보잘것없는 삶이었던 것 같다. 내가 좋아서 하는 모든 것이었다. 내가 희생해서 한 것은 없는 것 같다. 한없는 후회가 된다. 서로가 다정하게 이야기하거나 토론하는 경우가 없었던 것 같다. 그동안 못했던 나의 모든 행동이 손녀에게 영향을 미치는 것 같다. 어리고 예쁘니깐 보고 또 보고 싶은 마음이 간절하다. 그러나 손녀도 나이가 먹은 후에는 그다지 반가워하지 않는 것 같다. 이것을 어찌 탓할 수 있겠는가?

고독한 순례길

그저 그렇게 세월이 흘러가고 있다. 그리고 나는 아버지로서 무거운 책임을 지고 있는 것이 있다. 그것은 자녀들에 대한 신앙적 책임이다. 나는 자녀들이 신앙생활을 하였으면 좋겠는데, 이런 저런 핑계를 대고 외면하고 있다. 어릴 적엔 교회 주일학교에 다니기도 하고 나름대로 성실하게 신앙생활을 하였다. 하지만 어느 때부터 갑자기 교회에 나가지 않고 있다. 답답한 일이다. 그렇다고 강요한다면 반발을 할 것 같고, 그대로 내버려 둔다면 신앙생활을 하지 않을 것 같아 고민이다. 참으로 어렵고 걱정스러운 일이다. 오랫동안 고민한 끝에, 한 가지 사실만을 얻고 있을 뿐이다. 아버지로서 자녀들의 신앙과 장래를 위하여 기도를 드리는 일이다. 이 기도가 아버지로서의 최고의 사명일지도 모른다.

아들에게 전하고 싶은 이야기는 디 그로버그(Dee Groberg)의 달리기(The Race)라는 시이다. 달리기에 참여한 한 소년을 노래한 장시이다. 그는 세 번 넘어진 끝에 꼴찌로 들어온다. 넘어질 때마다 소년을 재촉했던 아버지는 결승전까지 달려가고, 소년은 그를 바라본다. 소년은 아버지에게 말했다. "전 잘하지 못했어요." 아버지가 말했다. "나는 네가 이겼다고 생각한다. 너는 넘어질 때마다 일어났다." 이제 어둠이 찾아와 모든 것이 힘들고 어려워졌을 때 작은 소년의 기억은 나의 인생 달리기에 힘이 된다. 인생은 오르내림과 변화가 있는 달리기와 같은 것이다. 우리가 이기기 위해 해야 할 일이라고는 넘어졌을 때 일어나는 것뿐. "그만두게, 자네가 졌어." 사람들은 여전히 내 앞에서 소리치지만, 내면의 소리는 다르게 속삭인다. "일어나라. 달리기에서 이겨야지."라고. 가장 빠르고, 가장 똑똑하고, 가장 총명하고, 가장 부유한 사람들에게 큰 승리는 오지 않는다. 큰 승리는 넘어질 때마다 일어나는 사람들에게 오는 것이다.

나는 리아농장에서 아들과 함께하면서 아주 중요한 목표를 정했다. 아들과 함께하고 싶었지만 지금까지 못 했던 영화 관람, 함께 주말 보내기 등을 가능하면 함께하는 것이다. 그런데 이러한 일들이 나만의 생각이었다. 이야기를 해도 별 반응이 없다. 그동안 서로 대화가 없기 때문인 것 같다. 아들에게 아픈 추억이 있다. 아들이 초등학교에 다닐 때 전주 근교에 있는 모악산에 함께 갔다. 중턱까지 가다가 도저히 못 가겠다고 해서 꾸지람을 들은 후에 산을 함께 간 일이 없었다. 지금은 산티아고 순례길을 함께 걷고 있다. 정말 얼마나 기대하고 기대했던 아들과의 동행이었다. 그동안 못했던 많은 이야기를 했던 기억이 새롭다. 다시 한번 그런 기회가 있었으면 좋겠다고 생각한다.

부모가 자녀에게 물려줄 수 있는 가장 귀한 선물은 무엇일까? 이것은 사랑이 전부다. 어떤 것을 사랑한다는 것은 그것이 가치 있다는 의미이고 어떤 것이 가치가 있을 때 우리는 그것에 시간을 투자한다. 그것을 즐기고 그것을 돌보면서 시간을 보낸다. 우리는 아이들에게 우리의 시간을 주는 것이다. 아이에게 시간을 투자하는 부모는 아이가 확실히 잘못을 저지르지 않았더라도 아이를 훈육해야 할 미묘한 순간도 알아차리고 애정과 배려로 부드럽게 타이르거나 야단치거나 하는 방법을 알려주거나 칭찬을 한다. 사랑이 넘치는 부모는 아이의 욕구를 파악하고 그것을 생각할 시간을 가지면서, 결정을 내릴 때 괴로워하고 말 그대로 아이와 고통을 함께한다. 부모가 자기와 고통을 함께한다는 것을 보고 당장 고마움을 표시하지는 않는다 할지라도 아이들 역시 고통을 받아들이는 방법을 배우게 된다. 이이들이 나도 기꺼이 괴로움을 견뎌야 한다고 스스로 생각할 것이다. 이것이 자기 절제의 시작이다. 부모가 아이에게 바치는 시간의 질과 양이 아이에게는 자신이 부모에게 얼마나 소중한 존재인지를 가늠하는 척도가 된다. 진정으로 사랑받는 아이들은 자신이 소중하게 여겨지고 있음을 스스로 알아차린다. 이러한 인식은 황금보다도 가치가 있다. 자신이 소중히 여겨진다는 것, 다시 말해 마음속 가장 깊은 곳에서 자신이 진정으로 소중하게 여겨지고 있음을 느낀다면, 스스로 소중하다고 느낄 것이기 때문이다. 이것은 부모가 주는 사랑의 직접적인 선물이다.

마지막으로 나는 아버지로서 아들에게 다음과 같은 두 가지 원칙을 전하고 싶은 마음이다.

첫째, 누구든 도움을 요청하면 기꺼이 도와주면 좋겠다는 것이다.

둘째, 네가 받은 대가보다 더 많은 가치를 보답하였으면 한다.

그리고 이제는 지금까지의 인생을 '자기' 시점이 아닌 '3인칭' 시점으로 발상의 전환이 필요하다고 본다. 그러면 묘한 기분이 느껴지고, 좀 더 객관적으로 자신을 볼 수 있을 것이다. '나'가 아니라 '그'가 되어보면 누구를 어떻게 만났고, 또 어떤 영향을 받았는지 좀 더 구체적으로 바라볼 수 있을 것이기 때문이다.

출발한 3시간 정도 걷다보니 카미노의 역사에서 중요한 작은 마을 오스피탈 데 오르비고에 도착했다. 오스피탈 데 오르비고는 중세의 도시로서 마을에 들어서는 다리는 중세의 모습을 그대로 간직하고 있고 그 다리 밑의 넓은 벌판은 평상시에는 캠핑장으로 사용하고 축제 때는 마상 경기장으로 사용한다고 한다. 영화에서 가끔 볼 수 있는 철갑옷과 철가면을 쓰고 긴 창을 들고 반대 방향에서 서로 말을 달려와 창으로 찌르는 경기를 하는 모습과 여명 속의 가로등이 이채롭게 보이는 중세의 모습이 이국적이다. 이와 같은 마상경기는 1434년 이 근처에서 한 달 동안 진행된 기사들의 마상시합축제는 오랜 도보여행에 지친 순례자들에게 중세의 장엄한 용맹과 기사들의 뛰어난 마상 솜씨와 기사도, 종교적 광기들이 뒤범벅된 기이한 장관을 연출했다고 한다. 저녁을 간단하게 하고 일찍 잠자리에 들어갔으나 잠이 잘 오지 않는다. 너무 피곤해서 그런 것 같다. 상진이는 그런대로 괜찮아 보였지만 말이 별로 없다. 힘들어서 그런 것 같다. 얼마나 힘들까 안타까운 마음이다. 그래도 참고 견디며 가는 것이 순례길이다.

22. 나무 십자가를 만들다

산 후스토 데 라 베가에서 라바날 델 카미노까지

오늘 일정은 해발 853m로부터 1162m인 라바다 델 카미노까지 갈 계획이다. 날씨는 좋긴 한데, 고산지대라서 바람이 불어 춥기까지 했다. 그렇지만 주위에 산이 있어 걷기에는 좋은 환경이다. 길은 한적한 시골 길로 이어졌고 전원 풍경 역시 아름다웠다. 한 시간쯤 걷다보니 아름다운 아스토르가 보인다. 도시 곳곳에는 고풍스럽고 아름다운 건물들이 가득했다. 가우디가 설계한 팔리 시오 에피코스팔(Palacio Epicopal) 순례 박물관과 야고보 사도의 유물들을 보관한 가우디 박물관도 있었다. 마치 동화 속에 나오는 건물 같으면서도 환상적인 건물들이 많았다. 그 바로 앞에 자리 잡은 대성당의 웅장함이 내 앞에 나타났다. 대성당 앞에는 많은 순례자들이 여유롭게 차와 음료를 들면서 쉬고 있었다. 레온에서 본 카사 보티네스도 그렇고, 여기서 본 가우디의 건축물은 바르셀로나의 그것들과는 많이 달라 보인다. 바르셀로나의 건축물들은 가우디의 개성이 나타나지만 이곳의 건축물들은 의뢰자들이 주문에 자신의 특색을 살짝 덧붙인 듯한 느낌이다. 가우디가 설계하였으나 무슨 이유인지 주인인 대주교가 입주하지 않았기 때문에 가우디가 화가 나서 "아스토르가는 열기구를 타고도 지나가지 않겠다."고 해서 더 유명해졌다는 순례(카미노)박물관이 있다.

한 모퉁이 산길, 길 전체에 순례객들이 나무를 엮은 십자가를 수없이 걸어 둔 것이 눈길을 사로잡는다. 큰 십자가, 작은 십자가 모두가 다른 것 같지만 모두 십자가를 지고 있다는 것을 보여주고 있다.

나무 십자가를 만들다

그들은 무엇을 하고 있었던 것일까? 허술하게 만들어진 그 십자가들은 '상징'이다. 몸을 가눌 길 없고 마음이 비참한 그때에 십자형의 나뭇가지를 울타리에 세운 것은 신앙을 표현하는 행위이다.

사랑은 십자가였다. 사랑하는 사람이 늘 함께 하지만 사랑하는 사람이 고통 중에 있을 때 그 사람은 사랑의 십자가가 된다. 그리고 고통을 극복하고 났을 때, 그 동안의 고통은 십자가의 사랑이 된다. 십자가와 사랑이 뗄 수 없는 관계인 것처럼 고통과 영광도 하나인 모습으로 다가

왔다. 모든 고통과 짐은 사랑하기에 질 수 있는 것이다. 예수님의 십자가 고통은 사랑의 십자가였고, 사랑이었기에 고통까지도 인내할 수 있었던 것이다. 그들은 나사렛 예수의 제자들처럼, 자신들이 겪은 고통을 하나님은 아실 것이라 믿고 그런 하나님을 섬겼다. 고통과 슬픔에 눈이 멀고, 세상이 그들의 곤경에 대해 아무런 이해와 관심이 없다는 것을 똑똑히 깨달았지만 그들은 자신들을 이해하고 돌봐주는 존재가 있다는 확신에 생명을 걸었던 것이다. 그들은 혼자가 아니었다. 산티아고가 가까이 다가오고 있다. 목적지에 도착한다는, 영광의 시간이 다가온다는 희망 이 오늘의 고통을 이길 수 있게 해주고 있었다.

'인간이란 무엇인가'라는 것은 플라톤이 그의 '향연'에서 질문한 내용이다. 인간은 언제나 자기 앞에 주어진 문제를 해결하기 위하여 고뇌하고 연구하다 보면 현재의 문제를 극복하고 뛰어넘을 새로운 방안을 찾아내는 것이다. 이것이 인류의 역사를 지탱해오고 발전시켜온 원동력인 것이다.

아리스토텔레스에 의하면 존재하는 모는 것은 어떤 본질을 가지고 있으며 운동과 변화는 이 본질이 발현되어가는 과정에 나타나는 현상이다. 이러한 본질은 인간을 포함한 모든 존재에게 주어진 숙명이다. 인간이 인간다운 삶을 산다는 것은 무엇인가? 그것은 인간에게 부여된 본질로서의 목적을 실현하는 것이다. 인간은 가련한 존재이면서 또 얼마나 위대해질 수 있는 존재인가?

파스칼은 '인간은 자연에서 가장 연약한 갈대일 뿐이다. 그러나 인간은 생각하는 갈대다. 우주는 인간을 파멸시키려 무장할 필요가 없다. 한 번 내쉬는 숨, 물 한 방울만으로도 인간을 파괴하기에 충분하다. 하지만 우주가 인간을 파멸시킨다 해도 인간은 여전히 우주보다 고귀하다. 인간은 자신이 죽는단 사실을 알기 때문이다. 우주는 '인간을 지배할 수 있을지 모르지만 자신의 힘을 알지 못한다.'라고 했다. 인간을 완벽하게 만드는 필수적인 자질들은 무엇일까? 냉철한 두뇌, 따뜻한 가슴, 올바른 판단력, 건강한 신체이다. 냉철한 두뇌가 없으면 성급한 결론을 내리기 쉽고, 따뜻한 가슴이 없으면 이기적이 되며, 올바른 판단력이 없으며 제아무리 의도가 좋다고 해도 선보다는 악을 행하기 쉽고, 건강한 신체가 없으면 아무 일도 할 수가 없다.

인간의 가치는 어떻게 생각하고 어디에서 행복을 찾으면 좋을지에 대해서 생각해보려고 한다. 프랑클(Viktor Emil Frankl)은 인간의 가치가 어디에 있는가에 대해 세 가지로 분류하고 있다.

첫째는 뭔가를 만들어 내는 '창조'이다. 이것은 회화나 조각 등 이른바 예술적인 창조뿐만 아니라 과학에서 이루어지는 발명이나 기업 활동에서 이루어지는 기술개발, 상품이나 서비스의 창조, 뭔가 업적을 쌓는 것도 창조이다. 이 가치의 획득에 성공하는 것이 우리가 일반적으로 말하는 성공이고, 이것이 현재의 능력주의나 성과주의의 근거가 되고 있는 것 같다. 둘째는 경험이다. 뭔가 아르바이트를 해보고 낯선 나라를 여행해보고 뭔가를 배우는 모임에 가입해보고, 자원봉사 활동을 해보는 것이다. 창조보다는 못하더라도 해보지 않는 것보다는 훨씬 낫다. 경험만으로도 인생에 무게가 더해지는 것이다. 셋째는 태도이다. 뭔가를 만들어내는 것도 아니고 어디로 가는 것도 아니며, 그저 마음속으로 빌고 기도하고 생각하는 것이다. 그러므로 자칫하면 소극적인 것으로 생각하기 쉽지만, 프랑클은 인간의 가치로서 이 태도를 가장 중시했다. 네트워크 사회 또는 시장 원리 앞에서 가장 어려운 것은 이 태도를 획득하는 일인 것이다. 태도라는 가치는 이 사회에서 일상적으로 문제시 되고 있다. 성공인가 실패인가, 효율적인가 비효율적인가, 유효한가 무효한가 하는 것 너머 있으며 굳이 말하자면 태도의 가치는 종교적인 것에 가장 가깝다고 생각하는데, 이 가치는 한없이 인간의 본질에 가까운 것을 나타내고 있는 것으로 보인다.

톨스토이의 소설 '이반 일리치의 죽음'은 인간의 진가를 생각하는 데 매우 훌륭한 사례이다. 이반 일리치는 45세의 재판관으로, 그런대로 지위와 명성을 쌓아 온 인물이다. 하지만 속물이고 허영심이 강하며, 그런 만큼 호감도 얻지 못하고 있다. 그런 그가 어느 날 불치병에 걸려 육체의 고통과 죽음에 대한 정신적 공포라는 이중고에 시달린다. 그런데 병이 악화되어 죽기 한 시간 전에 일리치는 침대 옆에서 아버지를 생각하며 울고 있는 중학생 아들의 모습을 보고 갑자기 자신의 태도가 가족들을 힘들게 한다는 사실을 깨닫게 된다. 그리고 그들을 고통에서 해방시켜주지 않으면 가여울 뿐이고, 자신 또한 구원 받지 못한다는 데 생각이 미친다. 그 마음은 전조도 없이 돌연 찾아왔다. 그 순간 그는 고통과 공포에서 해방되었다. 그리고 죽음은 끝났다라는 생각과 함께 빛 속으로 사라져 갔다. 삶은 끝났다가 아니라 죽음은 끝났다라는 안도와 함께 말이다. 여기서 중요한 것은 채 한 시간이 안 되는 시간 동안 가족에게 배려의 마음을 보여준 태도였다는 점이다. 그러므로 톨스토이 역시 인간의 가치는 창조보다는 태도에 있다고 생각했을 것이다. 갑자기 몇 년 전에 돌아가신 형님이 생각되었다. 운명하기 전 며칠 전에 병실에서 밖을 보고 있는 나에게 "동생! 걱정 말아라! 예수님 만나러 가는데 무슨 걱정이냐!" 하시던 형님의 마음이 동생을 위로하는 배려의 마음을 보여준 태도였다는 생각이 들었다. 아마 나의 인생에 있어서 잊을 수 없는 귀한 말씀이다. 이 태도의 가치는 한없이 인간의 본질에 가까운 것을 나타내고 있는 것으로 보인다.

가우디가 설계한 순례박물관

노년기를 맞이하는 사람들이 어떤 삶을 살아야 가장 충만하고 행복한 삶을 살까? 인생이란 생활과 체험에서 오는 것이지, 결코 가벼운 추상이나 기대에서 오는 것이 아니다. 종교적인 신념이 이끌어주는 가장 고귀한 노년기의 아름다움과 성스러움을 소유하느냐 못하느냐가 얼마나 중대한지는 더 말할 필요도 없다.

인생의 노년기는 그 일을 위한 준비기임을 잊어서는 안 된다. 그러나 그것도 하루아침의 준비라기보다는 값있고 진실하게 살아온 일생의 보람 있는 결정이 아닐까 생각된다. 누구나 노년기를 맞이하는 우리에게 반드시 필요하고 귀한 인생의 교훈임을 부정할 수가 없다. 이러한 근본적인 입장을 떠나서라도 누구나 맞이해야 하는 노년기를 위하여 다음과 같은 마음을 가졌으면 좋겠다.

우선 나이가 들수록 몸가짐을 단정히 하며 바른 생활상을 보이도록 노력해야 할 것이다. 모든 인생이 아름다워야 사회가 아름다워지며, 많은 노인들이 후대에 남기는 영향이 더욱 클 수 있기 때문이다. 이것은 경험이 지식이며, 나아가 스승이라는 뜻을 살려, 노년들은 언제나 다음 세대에게 꾸준한 교훈과 권고를 주어야 한다.

나이가 들수록 정신적인 자극이 필요하다. 많은 사람들이 정년퇴직한 후 고향에서 보내는 삶을 동경한다. 퇴직을 기회로 도시를 떠나 자연을 벗 삼아 살아가고 싶어 한다. 작은 냇가에서 낚시를 즐기고, 손수 키운 채소로 식탁을 차리는 삶을 즐기는 것이다. 하지만 '산 좋고 물 맑은 고향'으로 돌아가 건강하게 남은 인생을 사는 것이 과연 말처럼 쉬운 일일까?

먼저 전원으로 돌아가는 삶을 생각해 보자. 굳이 고향이 아니라도 좋다. 산 좋고 물 맑은 곳에서 살고 싶다는 것은 많은 이들의 꿈이다. 일단 공기가 좋다는 것은 분명하다. 하지만 공기는 아무리 마셔도 사람을 만족시키지 못한다. 맑은 공기에 감탄하는 것은 며칠일 뿐 얼마 지나지 않으면 일상생활에 별 의미가 없음을 깨닫게 된다. 풍요로운 삶의 조건을 공기 하나로 만족시킬 수는 없다는 말이다.

경치 좋은 고향에서의 삶도 오랜 기간 도시 생활에 익숙해진 사람에게는 맞지 않는다. 잠시 동안 휴식과 여행을 하면서 보내는 시간은 좋지만, 남은 인생을 내내 한적한 시골에서 지내야 한다면 지독한 외로움이나 지루함과의 싸움이 불가피하다는 것을 알아야 한다. 나이가 들면 조용하고 한가로운 곳에서 살아야 한다는 생각은 편견이다. 오히려 나이가 들었기 때문에 정신적으로 더 많은 자극을 받을 수 있는 도시에서 생활해야 한다.

노인이 된다는 것은 마음대로 움직여주지 않는 육체에 익숙해지는 일이라는 생각이 든다. 요즘에는 '예전에 수도 없이 오르던 산인걸' 하며 자신 있게 산에 올라가지만 절반도 못 가 되돌아오는 일이 다반사다. 기억력도, 소화기능도, 근육의 힘도 예전 같지 않다는 것을 받아들여야만 한다. 신체의 기능이 낡고 닳아져서 물리적인 충격으로 망가지지 않도록 조심하지 않으면 안 된다. 오래 살기 위해 지켜야 할 주의사항으로 '쓰러지지 말 것, 감기에 걸리지 말 것, 의리에 얽매이지 말 것'이라는 세 가지 항목을 누누이 강조하게 된다.

늙는다는 것은 인간이라면 누구나 받아들여야만 하는 현실이다. 우리의 삶을 보면 알 수 있듯이 시간이 지나간 자리마다 또 다른 인생의 선물을 만나게 된다. 중요한 것은 나이라는 현실이 아니라 마음이 가지는 내면의 힘이다. 브루스 바튼(Bruce Barton)은 '내면에 존재하는 무엇이 환경보다 우세하다는 것을 굳건하게 믿는 사람들만이 훌륭한 무언가를 성취하는 법이다'라고 했다. 또한 필립 G. 해머튼(Philip G. Hemeton)은 '우리 내면의 가장 훌륭한 면모를 지속적으로 훈련시키고 교육하는 삶, 그것이야말로 가장 행복한 삶이다'라고 했다.

노인들을 위한 좋은 인간관계에 대해 존 로빈스의 몇 가지 충고는 귀담아 들을 만하다.

첫째, 친절하라. 둘째, 남의 고통에 귀 기울여라. 셋째, 내게 도움을 준 사람을 생각하라. 넷째, 내가 좋아하는 책을 선물하라. 다섯째, 애정만으로는 안 된다. 노력하라! 여섯째, 칭찬할 일을 찾아라. 일곱째, 받기보다 베풀 일을 찾으라는 것이다.

23. 고통의 길을 걷다

라바날 델 카미노에서 몰리나세카까지

오늘은 산길이 많고 한적한 시골길로 이어져 전원풍경 역시 아름다운 지역이다. 하지만 점점 산길로 접어들면서 상진이가 힘들어 했다. 오늘따라 태양 볕이 뜨겁고 하늘은 구름 한 점 없는 화창한 날씨이다. 한 시간 삼십분을 걷다보니 혼세바돈(Foncebadón)에 들어섰다. 이미 허물어진 돌집과 절반 이상이 허물어져 괴기스러운 집, 형태는 유지하고 있으나 살짝 건들기만 해도 와르르 무너져 내릴 듯한 집들 사이로 고양이와 개들의 낮잠만 늘어졌다. 아름다운 산등성이에 흩어진 폐허를 보는 마음이 아프다.

혼세바돈에서 2km 정도 오르자, 산티아고 가는 길에 가장 높은 지점인 1,532m에 오르게 되는 여정과 산길을 오르고 내리고 해야 하는 길들의 연속이다. 해발 1,505m의 정상인 크루스 데 히에로(Cruz de Hierro)가 나왔다. 아이라고 산(Irago)의 커다란 나무 기둥 위에 올려진 철 십자가의 이름이다.

사실 이 돌무덤의 역사는 매우 깊다. 고대 켈트인들이 이 길을 오르내리며 돌무덤으로 산신께 소원을 빌었는데 이후, 로마인들도 이정표의 신이며, 여행자의 수호신인 머큐리에게 소원을 빌면서 돌을 놓았다. 훗날 가우셀모 수도사가 이곳에 십자가를 세워 이교도 기념물을 가톨릭의 형태로 바꾸어 놓고서 지금에 이르고 있다고 한다.

나무 기둥 위에 올려진 철십자가

아내와 함께 올 때에는 돌 무덤의 유래를 알지 못해서 준비를 못해 즉석에서 기도 제목을 적어 약간 큰 돌 밑에 넣고 간절하게 기도를 드렸었다. 이번에는 전주에서 가져간 돌을 십자가 기둥 밑에 기도 제목과 함께 놓고 기도를 했다. 이곳은 산티아고 데 콤포스텔라를 걷는 순례자들에게 영원한 상징 중의 하나인 철 십자가이며 순례자들이 그동안 안고 온 소원이나 기도 제목 그리고 자신의 삶의 무게들을 내려놓고 기도하는 성스러운 장소이다. 그동안의 나의 짐은 무엇들인가? 많은 십자가를 지고 있다고 염려와 걱정 속에 살아온 자체가 짐이라고 생각되었다. 모든 것을 받아 주시는 예수님의 십자가가 '무거운 짐을 진 자, 모두 나에게로 오라.'라는 주님 말씀이 생생하게 살아 전해 오는 것을 느꼈다. 십자가 밑에서 다른 순례자들은 걷는 길을 멈추고 자신들의 기원을 적은 편지를 놓고 있었다. 그리고 간절히 기도하는 것을 느끼고 있다.

힘들어 하면서도 중세시대 알베르게가 있었다는 만하린(Manjarín)에 도착했는데 그냥 쓰러져가는 판잣집이었다. 샤워장도 없고, 화장실도 문제가 있었는데, 그럼에도 불구하고, 중세시대 순례자들의 숙소 분위기를 느낄 수 있는 곳이라고 하여 찾아오는 사람들도 있다고 한다. 또 안에서는 여러 가지 물건들도 팔고 있었다. 특별한 것은 이곳으로부터의 거리들이 적혀 있는 이정표가 있는데, 예루살렘까지 5,000km, 멕시코 9,376km, 그리고 산티아고까지는 222km가 남아있었다. 만하린을 지나자 이내 급경사의 내리막이다. 건조한 흙과 모래 그리고 돌로 된 산이라 올라갈 때보다 내려갈 때 더 많은 주의가 필요했다. 다시 산길을 따라 무작정 앞으로 향하는데, 아직 엘 아세보(El Acebo)까지는 6km가 남아있다. 평소 같으면 한 시간 반 거리인데 가도가도 끝이 없었다. 얼마 동안 힘든 발걸음을 옮기자 해발 1,200m에 위치한 산동네인 엘 아세보가 보였다. 어떤 순례자는 이곳 마을을 설악동과 비슷하다고 설명했는데 과연 마을의 정경이 그림처럼 아름다웠다.

오늘은 정말 힘든 일정이었다. 27km를 산길을 따라 걸어서 무척이나 피곤했고 아직도 태양은 쨍쨍하고 무더웠다. 오늘 쉬게 될 마을의 강가에는 순례자들이 관광객들과 어울려 지친 발을 물에 담그거나 씻고 있었다.

미국 예술문화비평가인 레베카 솔닛(Rebecca Solnit)은 '걷기의 역사'에서 걷기를 이렇게 설명한다. "걷기의 리듬은 사유의 리듬을 낳는다. 풍경 속을 지나는 움직임은 사유 속을 지나는 움직임을 반향하거나 자극한다. 내적 이동과 외적 이동이 기묘한 조화를 이룬다. 마음은 일종의 풍경이며 실제로 걷는 것은 마음속을 거니는 한 가지 방법이다. 새롭게 떠오르는 생각이란 원래부터 거기 있던 풍경에서 나오는 것인지도 모르니까 그렇게 보자면 걷기의 역사는 사유의 역사가 구체화된 것이다. 마음의 움직임은 자취를 따를 수 없지만 두발의 움직임을 쫓아갈 수 있으니 말이다. 한편 걷는 것은 생각하는 것인 동시에 바라보는 것이다. 모든 산책은 한가로운 관광이다. 경치를 구경하며 생각할 수 있고 미지의 것을 기지의 것으로 소화할 수 있다. 사유하는 사람에게 걷기가 특히 유용한 이유는 그 때문일 것이다." 여행의 경이, 해방, 정화를 느끼기 위해서는 세계 일주를 해도 되고 한 블록만 오가도 된다. 멀리 걸어갔다와도 되고 근처에만 갔다 와도 된다. 거닌다는 것은 어쩌면 여행이 아니라 움직임이라고 해야 할 것이다. 인간이 더 이상 걷지 않는다는 것은 결국 인간의 사유가 단축되고 오그라드는 것이라고 생각할 수 있다. 걷기는 곧 사색으로의 여행이며 현대의 속도전으로부터 우리를 해방시키는 일이다.

틱낫한(Thich Nhat Hanh)스님은 걷기를 수행의 중요한 방법으로 제한하며 제자들과 함께 그것을 스스로 실천하고 있다. 천천히 걷기 속에서 우리는 삶의 여유를 회복하며 진정한 자아와 만날 수 있다. 사색의 오솔길을 걸으면 참된 자아와 만날 수 있다고 하였다. 프랑스 사회학자 다비드 르 브르통(David Le Breton)도 '걷기 예찬'에서 바쁜 사람들이 지배하는 세상에서 한가로이 걷는 것은 시대착오적이자 현대성으로부터의 도피요, 비웃음이지만 걷는 것은 자신을 세계로 열어 놓는 것이며, 자신으로 사는 것이자 사회적 제약으로부터 해방시키는 것이라고 말한 바 있다. 오늘날에는 즐거움과 기쁨, 평정, 행복 등 모든 것이 다 비슷비슷하고 별 차이가 없다. 걷기체험은 어김없이 모든 가능성을 열어줌으로써 다양한 기회를 통해 이 모든 상태를 여러 가지 정도로 느낄 수 있는 기회를 제공한다. 기쁨은 만남의 문제다. 기쁨은 어떤 육체와 어떤 자연요소 어떤 물질과 만남으로서 실현했다고 느낄 수 있는 가능성이다. 기쁨 속에서는 오직 쾌적하고, 부드럽고, 전혀 새롭고, 감미로울 정도로 낯설고, 야생적인 느낌만 문제가 된다. 기쁨은 항상 어떤 만남을 통해, 외부에서 들어와 우리 몸속에 기록된 가능성을 확인하는 것을 통해 촉발되는 느낌이다. 기쁨은 좋은 대상, 곧 느낌이 무르익는 것을 가능케 하는 대상을 만나는 것이다. 걷다보면 만남이 계기가 되어 순수한 기쁨의 순간을 맞게 된다. 산딸기나 어름나무열매의 맛, 여름 해의 푸근함, 시냇물의 청량함, 지금까지는 결코 느껴보지 못한 것들이다.

걷다보면 마치 섬광이 반짝이는 것처럼 아주 드물지만 기쁨을 느끼는 순간들이 이따금 찾아온다. 오솔길을 걷다가도 몇 번의 만남을 갖는 것이다. 즐거움은 하나의 활동이다. 즉 어렵고 시간도 많이 걸리는 것을 쉽게 해내는 것이며, 자기 정신과 육체의 능력을 확인하는 것이다.

찾아내고 발견하는 것은 생각의 즐거움이 되고 어려움 없이 해내는 것은 몸의 즐거움이 된다. 그렇기 때문에 기쁨과는 달리 즐거움은 반복되면서 커짐으로써 풍부해진다. 걸을 때의 기쁨은 계속해서 나올 은은한 소리와도 같다. 물론 어느 정도는 애쓰며 힘들어하기도 하고 이따금씩 만족감도 느끼게 될 것이다. 힘들게 올라온 가파른 비탈길을 흐뭇하게 내려다본다. 그렇지만 이런 만족감은 양과 점수, 숫자를 다시 계산할 기회를 너무나 자주 제공한다. 그러면 걷는다는 것은 경쟁이 되어버린다. 그래서 높은 산을 오르는 등산은 항상 좀 경쟁을 유발한다. 왜냐하면 자기도취적 만족감을 불러일으키기 때문이다. 걷기의 체험은 의심의 여지없이 즐거움의 재정복이라고 말할 수 있다. 왜냐하면 육체가 오랜 활동을 하다보면 휴식과 더불어 충만함이, 즉 더 심오하고, 더 근본적이고, 더 비밀스러운 확인과 연관된 그 두 번째 즐거움이 나타나기 때문이다. 몸이 부드럽게 숨 쉬면 나는 거기서 그렇게 살아가는 것이다. 걷다보면 행복이라고 이름 붙일 수 있을 감정이 느껴진다. 행복이란 특히 만남과 관련된 문제이며 상황에 좌우되기 때문이다. 길을 걷다가 야생과일을 맛보거나 산들바람이 뺨을 어루만지는 것을 느낄 때 드는 기쁨이다. 걸으며 자신의 몸이 마치 '단 한 사람처럼' 앞으로 나가는 것을 느낄 때의 즐거움이다. 자기가 존재한다고 느낄 때의 충만함이다.

걷기라는 인연으로 우연히 만난 사람들과 같이 있어서 행복한 것이다. 그런데 이 모든 것에서 중요한 것은 받아들이는 것이다. 행복이란 어떤 정경이나 어떤 순간, 어떤 분위기의 수신자가 되어 순간의 은총을 받아들이는 것을 전제로 한다. 은총이 내리는 순간의 그냥 거기 있기만 하면 된다. 바꿔 말하면 그건 무엇인가를 성공적으로 해냈다는 만족감과는 다른, 할 줄 아는 걸 해냈다는 즐거움과는 다른, 그 무엇이다. 행복이란 정확히 멋을 되풀이할 수 없다는 의미에서 불안정하다. 마치 이 세상이라는 직물을 짜는 금실과도 같은 기회다. 그러므로 기회에 자신을 맡겨야 한다. 평정이란 곧 그냥 길을 따라 걸어가는 것이다. 걷는 동안의 평정은 또한 모든 근심 걱정과 비극이, 우리의 삶과 육체의 속이 텅 빈 고랑을 파놓는 모든 것이 완전히 정지된 것처럼 보이는 것이다. 걷기의 집요한 권태로움은 결국 힘을 소모시키는 지나친 열정으로, 그리고 죽을 정도로 억압된 삶에 대한 혐오로 바뀐다. 그냥 걷는 것이다. 평정이란 더 이상 아무것도 기다리지 않을 때 느껴지는 큰 즐거움이다. 그냥 앞으로 걸어가기만 하는 것이다. 걷는다는 것은 세계를 온전하게 경험한다는 것이다.

우리는 목적 없이 그냥 걷는다. 지나가는 시간을 음미하고 존재를 에돌아가서 길의 종착점에 더 확실하게 이르기 위해서 걷는다. 전에 알지 못했던 장소들과 얼굴들을 발견하고 몸을 통해서 무궁무진한 감각과 관능의 세계에 대한 지식을 확대하기 위하여 걷는다. 아니 길이 거기에 있기에 걷는다. 걷기는 시간과 공간을 새로운 환희로 바꾸어놓는 고즈넉한 방법이다. 걷기는 근본적인 것에 대한 관심, 서두르지 않고 시간을 즐기는 센스를 새롭게 해준다. 진정한 걷기애호가는 구경거리를 찾아서 여행하는 것이 아니라 즐거운 기분을 찾아서 여행한다. 다시 말하자면 아침의 첫걸음을 동반하는 희망과 에스프리, 저녁의 휴식에서 맛보는 평화와 정신적 충만감을 찾아서 여행한다. 걷기는 생각하는 훈련에서 더 할 수 없이 좋은 한순간이다.

걷는 것은 내 생각들에 활력과 생기를 부여하는 그 무엇이 있다. 나는 한자리에 머물고 있으면 거의 생각을 할 수가 없다. 내 몸이 움직이고 있어야 그 속에 내 정신이 남긴다. 들판의 모습, 이어지는 상쾌한 정경들, 대기, 대단한 식욕, 걸으면서 내가 얻게 되는 건강, 술집에서의 자유로움, 내가 무엇인가 매여 있다고 느끼게 하는 모든 것, 나의 처지를 상기시키는 모든 것으로부터 멀리 떨어져 있다는 사실, 그런 모든 것이 내 영혼을 청소해 주고 내게 보다 크게 생각할 수 있는 대담성을 부여해 주고 존재들의 광대함 속에 나를 던져 넣어 내 기분 내키는 대로 거리낌 없이 두려움 없이 그것들을 조합하고 선택하고 내 것으로 만들 수 있게 해준다. 인간이 할 수 있는 많은 일 가운데 산티아고 체험을 갖는 것은 삶에 커다란 의미가 될 수 있을 것 같다. 신앙적으로 또한 영적으로 자신의 삶을 이해하고 사색할 수 있는 기회를 갖는 것은 매우 중요하다고 생각된다. 이 엄청난 고난의 길에서 신앙과 영적인 시간 또한 치유의 시간, 그리고 사색의 시간을 갖는다는 것이 행복한 일이라고 본다. 언제 이러한 시간을 가질 수가 있을까. 어쨌든 나 혼자만의 시간에 수채화든 유화든 묵화든 그림을 그릴 수 있는 여유가 이곳에는 있는 것 같아 좋다. 우리가 가질 수 있는 시간, 그 누구도 침범할 수 없는 이 시간을 우리는 어떻게 보낼 수 있을까. 참으로 나는 행복하다. 정말로 자유라는 것을 갖는 것 같아서 좋다. 나 자신을 내려놓고 누구든 어떤 것이든 포용할 수 있어서 좋다. 서로를 이해하고 서로를 배려하고 같이 동행하는 이 길에 무한한 행복함을 느끼는 것이다.

저 높은 산을 넘어오다

24. 길 위의 인생

몰리나세카에서 비야프랑카 델 비에르소까지

어제는 산길 32km를 걸어서 그런지 매우 피곤하여 저녁식사를 간단히 먹고 일찍 잠을 잤다. 그런데도 새벽 일찍 눈이 떠진다. 조심스럽게 배낭 등을 정리해서 도둑고양이처럼 밖으로 나와 보니 춥지만 기분이 상쾌하다. 아들 상진이를 보니 몹시 피곤해 보이고 말이 없다. 얼마나 힘들까. 물집이 생기지 않아서 다행이다. 아름다운 마을인 몰리나세카로 힘차게 출발한다. 산과 강이 있는 마을은 정감이 있어서 좋다. 출발한지 한 시간 반 만에 폰페라다(Ponferrada)에 도착했다. 폰페라다는 옛날 고대부터 켈트족이 살았던 마을이 있던 오래된 도시다. 광산이 가까이 있었던 덕분에 로마제국시대 때부터 큰 도시로 성장을 할 수 있었다. 폰페라다는 5세기에 고트족에 의해서, 9세기에는 이슬람의 모어족에 의해서 철저히 파괴가 되었지만 19세기에 이르러 철도의 개통과 탄광 개발로 다시 번창을 하고 있다. 도시 이름의 유래는 중세시대에 순례자들을 위해 이 지역을 흐르는 강에 다리를 놓았는데 그 다리 난간을 철로 만들어서 다리명이 철의 다리를 의미하는 폰페라다라고 이름 붙여졌고 그 후에 그것이 도시의 이름이 되었다고 한다. 대표적인 성벽 카스티오 데 로스 템플라리오스(Castillo de los Templarios)를 둘러보았다. 밖의 온도는 36도를 넘고 있다. 무더운 날씨이다. 하늘에 구름 한 점 없는 전형적인 스페인의 폭염이 계속되었고 하염없이 지루한 길이 이어졌다. 아스팔트 포장도로가 끝나고 포도밭으로 접어드는데 이정표는 보이지 않고 포도밭 주인이 손수 만들어 놓은 표시가 가끔 나타날 뿐이다. 포도밭이 끝나자 다시 아스팔트 길이 나온다. 아스팔트의 열기로 너무나 덥고 지친다.

내가 이렇게 카미노를 걷는 것은 어떤 분명한 목적을 위해서, 아마도 어떤 목표를 찾기 위해서다. 모든 사람은 자신의 죄를 참회하는 자기 나름의 고유한 형식과 방법을 찾을 필요가 있다고 생각한다.

순례 첫날부터 겪은 고통과 피곤은 그것이 바로 내가 이곳에 있는 까닭임을 보여주었다. 나는 그것이 내 인생에서 어떤 마음의 평정을 추구하기 위한 노력일 거라고 생각했다. 하지만 나중에 내가 여기에 있는 것은 진정한 신앙을 찾기 위한 것이다. 어쨌든 나는 앞서 이 길을 걸었던 옛 순례자들 모두의 신앙 속에 함께 녹아들게 될 것이다. 그들은 이 세상의 어둠을 통해서 내게 길을 안내하며 끝까지 동행할 것이다.

카카벨로스에서 비야프랑카 델 비에르소(Villafranca del Bierzo)까지 8km라고 되어 있는데 아무리 가도 비야프랑카는 보이지 않는다. 언덕을 하나하나 넘을 때마다 보일 거라는 소리를 몇 번이나 했는지 모르겠다. 어제까지 무리해서 그런 것 같다. 드디어 내리막 쪽에 비야프랑카가 보였다. 비야프랑카는 그다지 큰 마을은 아니지만 성당들이 있는 고풍스런 마을이었다. 자갈이 반질반질하게 닳은 길과 운치있는 집들이 늘어선 골목이 아름답다. 좁은 골목길을 따라 어우러진 여름의 풍성한 색깔들은 마을을 더욱 더 화려하게 만든다. 집집마다 2층 난간과 창가에는 꽃들로 가득한 화분들과 상자들이 놓여 있고 활짝 핀 꽃들이 내뿜는 색깔과 향기는 활짝 열린 공간을 더욱 환하게 밝힌다. 이런 곳에 사는 사람들은 얼마나 행운아인가! 이 마을에는 유명한 산티아고 성당의 축소판격인 이글레시아 데 산티아고 성당이 있다. 스페인 출신 교황인 칼릭스 투스3세(1455-1458)는 특별한 경우에 이 성당이 콤포스텔라 대성당을 대체할 수 있다는 특권을 부여했다고 한다. 이 성당의 북쪽으로 나있는 북문이 용서의 문(푸에르타 델 페르돈)이라고 하는데, 중세 시대에 누군가가 산티아고를 향하다가 몸이 아프고 쇠약한 순례자들이 계속 순례할 수 없을 지경에 이르렀을 때 이 문을 통과하면 산티아고 성당에 도착한 것과 같은 자격을 주어 산티아고까지 순례를 마친 것과 똑같은 은혜를 입는 것으로 인정했다고 한다. 정면 장식의 기둥머리에 새겨진 그리스도 생애와 3인의 동방박사, 아키볼트에 새겨진 승리의 그리스도와 제자들 등의 조각이 매우 흥미로웠다.

마을을 지나가는데 순례자 동상이 있다. 산티아고까지 190km 남았고 생장피드포르까지는 610km를 걸어왔다는 이정표가 있다. 또한 순례자 동상과 함께 마을 길가에 꿀을 내리는 짚으로 만든 꿀통이 만들어져 있는 것이 정나웠다.

숙소 침상에는 젊은 남녀가 서로 떨어져 있기가 아쉬운지 같이 누워 있었다. 서로 말을 하고 뽀뽀도 하면서 즐거워하는데, 우리의 시선을 전혀 의식하지 않았다. 내일 일찍 출발하기 위하여 배낭을 거의 다 준비해 놓고 침낭 속에 들어갔다.

외국의 어떤 철학자는 '흑판을 향하여 30년, 흑판을 등지고 30년을 보냈는데 이제는 무덤이 기다리고 있을 뿐이다.'라는 말을 남겼다고 한다. 학생 생활로 30년, 선생으로 30년을 보냈는데 벌써 인생의 황혼이 되었다는 고백이다. 나 역시 마찬가지이다. 학생 생활로 30년, 선생으로 40년을 보내고 있으면서 이 글을 정리하고 있다. 우리가 상상하고 기대했던 것보다는 너무나 짧은 동안에 인생의 노년기는 찾아들게 마련이다. 이것을 깨닫지도 못하는 사이에 늙어버린 자신을 발견하게 되는 것이 인생이다. 이러한 인생의 노년기를 접하면서 우리가 지니게 되는 근본적인 과제는 무엇일까? 우리 자신은 어떠한 태도를 가지고 노년기에 임해야 하는가? 우리의 일생을 다시 살려 시작하는 일은 자기 자신의 심중에, 자 이제부터는 "다시 시작"이라고 각인해야 한다. 새로운 가치와 삶의 의미를 찾아서 다시 살기 시작한다라는 결정을 하는 일이다. 그리고 그대로 살기 시작하는 것이다. 그 시작은 고향에서 농부가 되는 일이다. 우선은 있어야 할 공간이 필요했다. 1500평 밭에 농막을 마련하고 아로니아 430주와 블루베리 800주를 심었다. 생각했던 것보다 힘들었다. 나무를 심고 끝난 게 아니었다. 날씨가 덥고 가물어서 땅이 말라 가고 있어 할 수 없이 관수시설을 설치하였다. 그런데 더 중요한 것은 하염없이 자라나는 풀이 문제였다. 뽑아도 뽑아도 나오는 풀! 정말 힘들었다. 하지만 처음부터 마음먹었던 제초제를 전혀 사용하지 않기로 했다. 근처에 있던 친척아저씨는 농약을 하라고 한다. 힘들어서 오래 일을 못한다고 한다. 하지만 인내가 필요했다. 농촌에서의 일은 인내와 노력과 정성이 필요한 것 같다.

어떤 일이든 이미 늦었다든가 이제는 할 수 없다는 일은 없는 법이다. 자기의 노력과 정성만 있다면 못할 일이 없다는 각오로 모든 것을 참고 견디었다. 일찍 농장에 와서 자라나는 블루베리와 아로니아를 보면 마음이 평안해진다. 새순이 돋아나는 모습은 참 신기롭다. 오롯이 나오는 새순이 나를 반기는 모습과 같다. 하나님의 창조 질서의 순간과 같다는 느낌이 든다. 지금까지 이런 느낌을 받아본 경험이 없다. 나 자신이 순수해지는 것 같다.

나이가 들면 과거를 무작정 회상하는 것보다 자신의 생애에서 어떤 실마리를 찾고 싶어 한다고 한다. 이것은 자신의 삶에 일관성을 부여할 실마리를 찾으려고 하는 것이다. 이와 같이 자서전을 쓰고 싶은 충동은 두 가지로 나타나는데 첫째는 자신의 일생 이야기를 다른 사람들에게 전달하고 싶은 충동이 생긴다는 것이다. 둘째로는 자신의 삶을 자신에게 분명히 밝히려는 충동이다. 그런데 이 두 가지 형태의 충돌은 서로 충돌할 수 있다는 것이다. 남들에게 읽히기 위하여 자서전을 쓸 때 너무 문학적으로 윤색을 하려는 유혹이 발생한다는 것이고 또한 철학적인 사고력을 가진 사람에게는 자신의 삶 이야기를 스스로 구성하려는 시도만으로도 진짜 노년을 제대로 사는 데 크게 도움이 된다는 것이다.

98세까지 산 버트런드 러셀(Bertrand Russell)은 '늙는 법'에서 '노년에는 심리적으로 경계해야 할 위험이 두 가지가 있다. 한 가지 위험은 지나치게 과거에 몰입하는 것이다. 지나간 좋은 시절을 그리워하거나 이미 좋은 친구를 그리워하며 슬픔에 잠겨 추억 속에서 살아서는 안된다는 것이다. 미래를 향해서 생각하고 앞으로 해야 할 일을 구상해야 한다'는 것이다. 반면에 정신분석학자이자 실존주의 철학자인 에릭 에릭슨(Erik Homburger Erikson)은 '노인들에게는 후회와 절망으로 점철된 추억만 있는게 아니라 제대로 노년을 보내려면 과거를 성숙하고 지혜롭게 회상할 필요가 있다.'고 주장하였다. 이와 같이 하기 위해서는 자신의 인생을 있는 그대로 받아들여 자신의 유한성을 인정하고 죽음까지 수용하는 것을 의미한다. 즉 자신의 일생을 성찰하는 것이라고 주장하였다. 소크라테스는 우리에게 성찰하는 법, 우리에게 생각하는 법, 우리와 우리를 둘러싼 세상에 캐묻는 법을 전해준 사람이다. 특히나 무엇보다 '성찰하지 않는 삶은 살 가치가 없다'는 경구를 우리에게 남긴 사람이며 그냥 사는 게 아니라 올바른 삶이 무엇인지 고민해야 한다고 강조한 사람이다.

우리는 인생에서 많은 것을 놓쳤다고 생각하지만 우리가 가장 많이 놓친 것은 '지금 이 순간들'이라고 한다. 삶은 우리에게 필요한 것을 언제든 줄 준비가 되어있다. 우리 노인들은 평생 동안 축적한 경험에 대해서 자주 생각하려고 한다.

에피쿠로스는 '사람은 늙더라도 과거를 회상할 때 좋은 일이 떠오르면 젊어질 수 있다.'고 말했다. 그러나 노인은 때때로 과거를 무작정 회상하는 것보다 자신의 생애에서 어떤 실마리를 찾고 싶어 한다. 어찌 보면 자신의 생애에 일관성을 부여할 실마리를 찾으려고 하는 것이다. 하지만 아리스토텔레스는 그의 저서 '수사학'에서 '노인들은 희망을 품고 사는 것이 아니라 기억해서 산다. 그들에게 남은 것은 지나간 오랜 세월에 비해서 거의 없다. 희망은 미래에 대한 것이지만 기억은 과거에 대한 것이다. 노인들이 수다스러워지는 원인이 바로 이것이다. 그들은 과거에 대해서 쉴 새 없이 지껄인다. 과거를 기억하는 것을 즐기기 때문이다.'라고 했다. 그러나 나는 정신분석학자이자 실존주의 철학자인 에릭 에릭슨의 생각이 더 설득력 있다고 생각한다. 그는 '노인들에게는 후회와 절망으로 점철된 추억만 있는게 아니다. 제대로 노년을 보내려면 과거를 성숙하고 지혜롭게 회상할 필요가 있다.'고 주장했다.

형님의 병환 상태가 나빠졌다는 조카사위의 전화에 마음이 무겁다. 많은 생각들이 나의 머리를 바쁘게 하지만 어떻게 대처해야 하는지 우선 걱정이 앞선다. 하나님께 어떻게 해야 하는지 계속 기도하지만 응답이 없다. 낙심이 더욱 더 커져 상심이 더 커진 것 같다. 힘들어 하는 모습이 역력하다. 힘들다고 하신 말씀에서 마음의 준비를 하고 계신 것 같았다. 모든 것은 하나님께 의존하시겠다는 형님! 하나님이 형님의 기도에 응답이 있었으면 좋겠다는 기도를 드린다. 몇 년만이라도 더 살게 해달라고 기도를 더욱더 간절하게 드린다. 누님도 천국으로 가시고 또 형수님도 작년에 하늘나라로 가셨다. 힘들어 하셨지만 그래도 의연하게 모든 것을 하나님께 기도하면서 매달리겠다고 하신 형수님의 말씀이 아직도 귀에 선하다. 믿음이란 무엇일까? 형님 투병생활에 도움이 될 수 있는 일을 해야 할 텐데 걱정이다. 걱정만 한다고 모든 일이 되는 것은 아니지 않는가? 냉정하게, 이성적으로 생각을 하지만 그렇게 되지 않는다. 눈에 눈물이 괴인다. 의욕이 상실하고 소극적으로 행동하게 된다.

아름다운 시골 마을과 성당

지난 세월을 생각하면 형님으로부터 많은 은혜를 입고 살았다. 아버님이 계시지 않아 아버님 역할까지 도맡아 하셨다. 많은 것이 부족한 나에게 그래도 잘 할 수 있도록 언제나 배려해주시고 신경을 써주셨다. 어릴 적에 만화에 빠져서 형님 대학교 책들을 헌책방에 팔아서 만화 보는데 사용해서 처음으로 형님으로부터 매를 맞았다. 아직도 기억이 뚜렷하다. 엊그제 같은데 60년이란 세월이 지났다. 그 당시 일을 생각하면 철부지였다. 내 인생에 있어서 이때가 이 세상을 보는 눈이 떠진 것 같다. 형님 생활형편이 좋지 않았지만, 나의 요구는 다 들어주셨다. 급기야 작은아버지 친구인 중학교 선생님 집에서 하숙까지 하게 되었다. 이때부터 철이 들어서 공부라는 것을 하였던 것 같다. 성적이 좋아져서 형님이 매우 좋아했었다. 그때 일을 생각하면 참으로 모든 것이 감사하였다. 이때부터 성격이 온순하고 내성적인 나는 많이 변했다. 어머님을 생각해 시골에서 착실하고 모범적인 행동을 의식적으로 하게 되었다. 방학 중에 어머님을 도운다고 낫으로 손가락을 베어서 어머님이 놀란 뒤에는 아예 시골에서 일을 못하게 하였다. 지금도 손가락에 상처의 흔적이 남아 있다.

이 글을 쓰고 있는 동안 내 머리 속에는 어릴 적 내가 놀고 장난치고 공부했던 시골과 전주가 생각난다. 놀잇감이 없던 그 당시에는 돼지 잡고 난 뒤 돼지 오줌주머니를 묶어서 축구를 했던 기억, 자치기, 못치기, 딱지치기 등을 참 많이 했다. 그러다 보니, 집에 있던 고서적 등을 놀이에 사용하여 어른들한테 많이 혼났던 기억이 난다. 겨울에는 학교 창문에 있던 창틀을 뜯어 스케이트를 만들어 타고 다닌 기억도 있다.

신앙생활을 하게 된 계기를 생각하면 자의적이기보다는 타의적인 의도에 의해서 접하게 되었다. 어릴 적 제사문제 때문에 어머니와 형수와의 사이가 좋지 않았다. 특히 어머니는 종갓집 종부로서 조상을 섬기는 유교적인 가정에 따라 제사를 섬겼다. 그러나 형수는 기독교 가정 전통에 따라 추도식으로 제사를 섬기려 했다. 그러다보니 집안 분위기가 좋지 않았다. 작은아버지들께서도 어머니 입장을 두둔하고 계시지만 막상 형님은 형수의 의견을 존중하였다. 어머니께서 경제권을 형수에게 맡기면서 이 문제는 일단락되었다. 그리고 얼마 있지 않아 어머니께서 소천하셨다. 어머님만 생각하면 눈물이 났다. 고생만 하시고 하늘나라에 가신 어머님이다. 나는 어머니 뜻에 따라 행동하였지만 결정적인 변화가 된 것은 전주대학교 교수로 온 뒤였다. 우연한 기회에 추석명절에 스승님이신 강오전 교수님을 찾아 인사할 기회가 있었다. 교수님 말씀이 시간적 여유가 있으면 통계학과 대학원에 입학해서 공부를 더 하면 좋지 않겠냐는 제안을 하였다. 그 뒤 나는 고민을 한 뒤 대학원에 가서 공부하기로 결정하였다. 당시에 이 결정은 나의 인생에 있어서 가장 잘한 선택이었다. 심한 갈등과 고민 끝에 결정한 한 후 대학원에서 공부에 전념하기로 하였다.

갑작스런 어머님의 뇌출혈 소식을 접했다. 시간이 없다는 형님으로부터 연락이었다. 집에 와서 보니 의식은 있지만, 한마디 말씀을 하지 못한 상태였다. 황당하고 기가 막힌 상태였다. 10여 일 전 여름휴가 때 집에 와서 며칠 어머님과 지내던 것이 마지막이었다. 어떻게 지내고 어떤 일을 하였는지 도무지 기억이 없다. 언제나 부족하고 불효자인 내가 어떻게 어찌해야 할지 도무지 생각이 나질 않았다. 누님의 통곡소리가 나를 울리지만, 눈물이 나질 않는다. 정말 이럴 수가 있단 말인가. 시간이 조금 지나 어머님의 숨소리가 작아지더니 하늘나라로 떠나가셨다. 무더운 여름철, 음력 7월 19일이었다. 밤늦게 친구들이 문상하러 서울에서 왔다. 친구들을 만나니 눈물이 쏟아져 나왔다. 반가움과 위로가 나를 자극했던 것 같다. 뻥뻥 울고 정신을 차렸다. 참으로 묘했다. 친구들이 오니 이제야 내가 혼자가 되는구나 하는 생각이 들었다. 적막한 집, 며칠간 떠들썩하고 시끄러웠던 집안 분위기가 이렇게 조용할까.

기도 제목을 십자가에 올려 놓은 순례자

인생이란 무엇인가? 세상에 와서 무엇을 하고 이렇게 한마디 말씀도 없이 저세상으로 간단 말인가? 68년 평생 고생만 하고 가신 어머님을 말로 어찌 표현을 할 수 있을까? 지금도 생각하면, 세상의 어머니는 같겠지만 나의 어머님은 달랐다고 생각이 든다. 아버지 역할까지 해야 하는 어머니로서는 말없는 눈물을 흘리며 살았을 것이다. 우리 어머님이 유독 오늘 보고 싶다. 형님이 병환으로 어려움을 당하고 보니 더욱 간절하다. 이제 나만 남았다.

나는 2009년 '별이 내리는 마을에서 길을 묻다'란 책을 썼고 2012년에 개정판 낸 다음 2013년 '아직도 끝나지 않은 길'이란 이집트, 이스라엘 그리고 터키의 성지순례 책을 냈다.

이젠, 내 나이 70대 초반, 나이가 들어도 한참 들었을 나이에 '걷기, 삶과 행복의 관계'란 책을 준비하고 있다.

대부분 사람들은 나이가 들면 모든 게 이전만 못하다고 여기지만, 인간의 몸과 마음은 그렇게 단순하지는 않은 것 같다. 나이가 들어 체력은 좀 떨어지더라도 시골에서 농사짓고 생활하는 데는 아무런 지장이 없다.

이제 우리는 100세 시대를 맞고 있다. 지금이야말로 노인이 체력을 마음껏 발휘해 황홀한 말년을 맞이할 수 있는 적기라고 생각된다.

그러기 위해서 어떻게 무엇을 준비할지, 계획을 잘 세워야 할 것이다. 스스로를 늙었다고 인정하기란 매우 힘들다. 나이가 어느 정도 이르렀을 때 자기가 예전에 비해 나이가 들었다라고 표현하기 시작했을지도 모른다. 나이가 들었다는 건 그저 정도의 차이를 이야기할 뿐이니까. 그러다가는 어느 순간 자기가 늙었다고 얘기하기에 이르렀을지도 모른다. 사람들은 대부분 다른 사람으로부터 처음으로 할머니 또는 할아버지라고 불린 순간을 기억한다. 아마 그때가, 그 말로 인해 얼마나 큰 상처를 받았든지 간에 어쩔 수 없이 자신을 스스로 '늙은이'라고 인정하는 시기일 것이다. 특히 지하철에서 이런 일이 종종 있다. 젊은이가 나를 보고 자리를 양보한다. 하지만 굳이 사양한다. 나를 부정하고 싶어서 그런 것 같다. 아직은 괜찮다고 생각한다. 하지만 친구를 만나보면 나의 모습이 나온다. 아! 나도 늙었구나 하는 생각이 든다.

행동주의 심리학의 창시자이자 20세기 가장 창의적인 사상가로 손꼽히는 버러스 프레더릭 스키너(B.F.Skinner)교수의 마지막 강의에서 '노년을 즐겨라'(Enjoy Old Age)라고 다음과 같이 주장하였다.

① 노년을 미리 준비하라 ② 끊임없이 세상과 접속해라 ③ 자신의 지난날과 교류하라 ④ 명확하게 생각하라 ⑤ 바쁘게 지내라 ⑥ 하루하루를 즐겁게 지내라 ⑦ 사람들과 잘 어울려라 ⑧ 기분 좋게 지내라 ⑨ 피할 수 없는 마지막 순간을 인정하라 ⑩ 노인이라는 역할 맡기 ⑪ 위대한

완성 즉 멋진 노인의 역할은 평안, 현명함, 자유, 위엄 그리고 유머감각으로 표현된다. 100세까지 현역으로 뛰고 치매에 발목 잡히지 않으려면 치열하게 공부해야 한다. 지적 자극, 지적 쾌감, 이것이야말로 노년의 건강을 지키는 최고의 비법이다. 뇌가 좋아하는 새로운 창작에 도전함으로써, 젊은 날보다 더한 영광을 누린 노년의 전설적 인물들은 우리 주변에 얼마든지 있다.

괴테는 80세에 절세 불후의 고전 '파우스트'를 탈고했고, 피카소는 92세까지 왕성한 창작 활동을 하며 수많은 명화를 남겼다. 루빈스타인은 89세에도 카네기홀에서 연주하며 피아니스트로 활동했고 75세 정년론을 주장한 현대 경영학의 내부 피터 드러커도 90세가 넘어서까지 창작 활동을 펼쳐 100여권이나 되는 저서를 남겼다. 에디슨은 92살의 나이에도 발명에 몰두했으며 파블로 카잘스는 아흔다섯의 나이에도 하루 6시간씩 첼로 연습을 하며 나는 지금도 연습을 통해 조금씩 발전하고 있다고 말하길 주저하지 않았다.

우리나라 철학계의 거두로 평가받고 있는 김형석 교수는 102세의 나이에도 활발한 저서 활동과 강의 활동을 펼치고 있다. 특히, '백년을 살아보니'는 97세의 나이에 집필하여 베스트셀러가 되고 있다. '여러 면에서 볼 때 우리 모두는 젊은 시절보다는 나이 든 뒤에 더 행복해진다 젊은이는 난봉을 일삼지만 노인은 점점 더 현명해진다'는 윈스터 처칠의 말은 위안이 아니라 실재다. 새로운 것에 대한 호기심, 적당한 수준의 도전, 작으나마 이루어지고 있다는 성취감과 만족감, 익히는 순간 도파민(쾌적 호르몬)이 분비되어 기대와 흥분, 의욕 등이 넘치다 보면 즐거운 생활패턴이 생겨난다.

25. 신앙생활을 한다는 것은?

비야프랑카 델 비에르소에서 엘 세브레이로까지

오늘은 산을 여럿 가로지르며 구불구불 돌아가는 간선도로에서 순례를 시작한다. 도로는 발 카르셀강을 따라 가는데 오르막과 내리막이 모두 완만하다. 주위를 휘돌아가며 치솟아 오른 산들은 끊임없이 모양을 바꾸며 빛과 그림자를 번갈아 드리운다. 먼 산들을 쳐다보거나 울창한 초목들을 바라보면서 다채로운 강물소리를 즐기며 태양의 온기를 들이마시고 있는 이 순간들이 행복이 아닌가 한다. 어느 누구를 부러워하겠는가? 산티아고로 가는 길이라는 도로 표지판들이 점점 더 많이 눈에 띈다. 콤포스텔라가 점점 가까워지는 느낌을 받는다. 산길은 점점 더 가파른 비탈길로 바뀐다. 땅바닥만 보고 걷다가 가끔씩 위를 두리번거리며 집들이 보이지 않은지 찾아본다. 오르막길에 힘들어하며 가고 있는데 보이는 것은 오직 소의 배설물뿐이고 이것은 장난이 아니다. 숨을 쉬기가 불편할 정도로 역한 냄새가 온 길가에 가득했다. 가고 가도 계속이다. 이렇게 해발 600m에서 1,310m인 오 세브레이로까지 배설물이 널려 있었고 그 냄새란 참 고약했다. 눈을 들어 멀리 보면 아름다운 산과 산이 겹겹이 둘러싸여 있는데 말이다. 꽤 고약한 오르막길이 끝나면서 드디어 갈리시아(Galicia)주 경계표시가 나타나서 사진을 찍었다. 이곳 갈리시아 지방은 항상 비가 내린다 하여 걱정을 했었지만 지금까지 비를 맞지 않았다. 우리 여정 중에 내려주신 하나님의 축복으로 더욱 감사한 일이다. 조금 더 가니 오 세브레이로가 나왔다. 관광지로도 유명한 산꼭대기의 마을이다. 지금까지 지나온 마을과는 달리 관광지처럼 사람들이 꽤 있었다. 많은 사람들이 이곳에 자동차로 올라와 산꼭대기에 있는 십자가 앞에서 사진을 찍는데 바람이 매우 강해서 추웠다. 옆을 보니 야고보 동상이 있었고 유럽지도가 동판에 새겨져 있는데, 전 유럽에서 산티아고를 향하는 길을 표시해 놓았다.

산타마리아 성당

특히 이곳은 성배의 전설로 유명한 산타마리아 성당이 있었다. 로마네스크 양식의 원래 교회가 있던 터에 1960년대에 새로 지은 건물이다.

조그맣고 평범해 보이는 이 교회에는 아주 재미있는 전설이 내려오고 있는데, 최후의 만찬 때 쓰여진 성배가 이곳에 보관되어 있었다고 한다. 이 성배는 인디아나 존스의 영화로도 유명하다.

전설에 의하면 14세기 어느 날, 먼 곳에서 한 농부가 모진 비바람을 뚫고 높은 산 속에 있는 성당미사에 참석을 하기 위하여 올라왔다. 비와 추위에 덜덜 떨면서 들어오는 농부를 보고 신부가 이렇게 말했다. "겨우 빵 한조각과 포도주 한 모금을 위해서 이 날씨에 이곳까지 오다니…" 바로 그 순간 한 조각의 빵이 예수님의 살로 변하고, 성배 안의 포도주가 피로 변하는 기적이 일어났고, 또 그 기적을 잘 보려고 성당 안의 마리아 상이 고개를 기울이는 또 다른 기적이 연달아 일어났다고 한다. 그 성배는 어디로 갔는지 지금 이곳에는 복제품만 있고, 빵과 포도주가 변한 예수님의 살과 피는 이사벨 여왕이 보내준 은제 성물함에 담겨져 지금도 보관되어 내려온다고 한다. 전설의 진위를 떠나 이 산꼭대기의 산타마리아 성당은 항상 수많은 관광객들과 순례객들의 참배가 끊이지 않는 곳이다. 성배가 놓여있던 자리에는 복제품이 있지만, 이곳에 들르는 모든 사람들의 카메라에 담겨져 전 세계 구석구석으로 전설이 퍼지고 있있다.

해발 1,270m에서 야고보 동상과 함께 사진을 찍었다. 야고보 사도는 안개비 속에 젖어서 비바람에 날릴까 한 손으로 모자를 눌러쓰고 피곤하지만 꿋꿋한 모습으로 서 있었다. 알베르게에서 샤워를 끝낸 뒤 발 아래 펼쳐진 아름다운 풍광에 빠져보기 위해 밖으로 나간다. 하늘은 구름 한 점 없이 맑고 태양은 아직도 저 멀리 보이는 낮은 계곡들을 환하게 비추고 있다. 이 거대하고 해맑은 순수한 공간에서 나 자신이 얼마나 보잘것없는 존재인지 깨닫는다. 여기 살면서 일하고 이 풍요로운 풍경, 이렇게 정교하고 아름답게 경작된 자연을 조명하고 사색하는 것은 과연

야고보 사도 동상

어떤 모습과 같을까? 하나님이 창조한 자연은 정말로 아름답고 우리가 상상할 수 있는 모든 것을 뛰어 넘는다. 산꼭대기는 비구름과 짙은 안개로 드리워져 있고 지평선을 향해 뻗어나간 모든 길들이 한 눈에 내려다 보이는 지금 이 순간이 너무나 행복하다.

종교적 신앙을 가진다는 것은 현실 생에 만족하느냐 그렇지 않으면 생의 영원성을 위하여 현실 생을 부정하느냐의 분기점에서 그 어느 하나를 택한 사람들의 마음의 상태와 궁극적 실재에 임하려는 정열과 관심에서 얻어진 내용이 아니면 안 된다. 그리고 이러한 관심과 인간학적 과제를 신을 통하여 해결받았다는 확증 없이 종교는 성립되지 못한다고 할 수 있다. 이 체험과 생활의 확증이 종교의 내용이며 그 내용을 이론적으로 체계화하여 정리한 것이 종교, 철학 또는 신학이 된다. 종교와 참다운 신앙을 위하여 무엇보다도 필요한 것은 건전한 인격과 신념있는 도덕적 주체성을 지닌 이성인이 되어야 한다. 이러한 인간이 스스로의 전 인격과 삶의 과제를 가지고 종교의 문을 두드리며 신과의 관계를 맺게 되었을 때 비로소 신앙은 자라는 것이며 신은 우리들의 인격적 호소와 관심에 응해주는 실제로 나타난다. 종교는 이렇게 자라왔으며 앞으로도 그 생명은 이러한 위치와 사실을 통하여 계승 발전될 것이다.

아인슈타인은 종교적 신비감에 대해 "한 사람이 가질 수 있는 가장 아름답고 가장 깊이 있는 경험"이라고 하면서 이렇게 덧붙였다. "이런 경험을 해본 적이 없는 사람은 죽었다고까지는 할 수 없지만 최소한 눈이 먼 것처럼 느껴진다."

산티아고의 상징인 각종 조가비 모습

참 신앙이란 인생에 대한 성실한 노력과 참된 판단에 의해서만 이루어지는 것이다. 그 성실은 전 인격의 결정이어야 하며 그 때의 참이란 우리들의 모든 지혜를 침묵으로 이끄는 결단이기 때문에 우리들이 참다운 신앙을 갖는다는 것은 거의 스스로의 인간적 한계를 자각하지 않고서는 불가능한 일인 것이다. 그러나 인간은 누구나 삶의 경험이 깊어지며 인생의 지혜가 높아질수록 종교와 신앙에 대한 관심은 더해가는 것으로 생각한다. 이러한 정신적 기대, 영원과 실재의 뜻이 채워질 수만 있다면 우리들에게 더 고귀한 것이 무엇이겠는가. 그러므로 내가 원하는 있는 희망도 바로 여기에 있는 것이다.

26. 성찰하지 않은 삶

오 세브레이로에서 사모스까지

아침 여명을 맞으며 새벽 일찍 길을 나섰다. 정상에 올랐으니 내리막이 있는 법이다. 오르막길이 그렇게 힘들었으니 내리막길이야 더 쉽고 편하게 많이 걸을 수 있으리라는 생각으로 조금씩 조금씩 하산하기 시작했다. 그 길을 따라 내려가다 금방 화살표가 눈에 들어온다. 제대로 방향을 잡았다는 표시다. 이 화살표는 엘리아스 신부님의 생각으로 산티아고 데 콤포스텔라의 노란 화살표를 만들었다. 이 화살표는 순례자들에게 순례 이정표가 되는 동시에 또 하나의 생각을 갖게 하고 있다.

나는 교수로서 제자인 학생들에게 인생의 올바른 이정표 역할을 하며 살았는지 반성해 본다. 더불어 노란 화살표는 제자들에게 올바른 인생의 안내자가 되어야 한다는 것을 가르쳐 주고 있다. 순례자들에게 이 노란 화살표는 단순한 이정표가 아니라 인생 이정표가 되고 있다.

카미노는 이제 평탄하게 이어지던 오솔길을 지나 오르막 내리락 구불구불한 산길로 바뀐다. 몇 시간 걸려서 도착한 곳은 고지대 산골마을 알토도 포이오다. 잠시 걸음을 멈추고 커피 한 잔을 마신다. 또 몇 킬로미터 더 가자 트리아카스텔라라는 작은 마을이 나온다.

트리아카스텔라(Tríacastela)는 "햇볕을 위해 기도하되, 비옷 준비를 잊지 마라"는 속담이 딱 들어맞는 땅이었다. 하루에도 몇 번씩 내리는 비와 오르고 내려오기를 반복해야 하는 구릉 그리고 산티아고로 향하는 길에서 가장 친절하다는 사람들이 살고 있고 해산물과 가슴을 불태우는 전통 술 오루호를 맛볼 수 있는 마을이기도 하다. 한참을 가는데 마을 어느 집 담벼락에 그려져 있는 순례자들의 모습이 있어서 정다웠다. 특히나 중세의 순례자들을 묘사한 벽화는 순례자를 감동시켰다. 조가비를 가슴에 달고 묵주를 손에 들고 열악한 조건들 속에서 옷도 변변하지 못한 채 지친 행색으로 걷고 있는 순례자들, 그들은 고행과 보속의 길을 통해 하나님을 향해 걷고 있는 것이다. 트리아카스텔라 마을의 두 갈래 길에서 산 실(San Xil) 코스를 선택하여 걸었다. 조금 걷다 보니 화가가 그림 같은 집에서 그림을 그려서 팔고 있다. 집안에 들어가 보니 십자가 밑에 성경이 펼쳐져 있었는데 그 모습이 좋았다. 그곳에서 잠깐 기도하고 사진을 찍었다. 세상을 편하고 자유롭게 사는 것 같았다. 화가의 얼굴 표정이 매우 밝았다. 스위스의 전원 마을처럼 아름다운 마을이었다. 마을에 들어서니 다시 분비물 냄새가 난다. 갑자기 우리가 어릴 적에 두엄자리에 홍어를 삭히어 돼지고기와 함께 김치에 싸서 먹던 생각이 든다. 이른바 삼합이다. 냄새가 좀 비슷해서 그랬을까? 날씨는 더워지고 고개는 자꾸 땅만 보고 가는데 분비물 냄새에 고개가 다시 절로 돌아간다. 하지만 어찌하나, 그 많은 순례자들이 걷고 걷는 길이기에 참고 갔다. 이것도 감사하다. 비가 오지 않아 소 똥물에 적시지 않으니 말이다. 모든 것이 생각의 차이인 것 같다. 어떻게 현상을 인식하느냐에 달린 것이다. 옛날에 부처님 눈에는 부처가 보이고 다른 것에는 다른 것이 보인다고 하는 말이 있는데 즉 자신이 마음먹기에 따른다는 의미인 것처럼 말이다. 우리 인생도 마찬가지다. 행복하다고 생각하면 갖고 있는 것이 부족해도 행복할 것이고 아무리 많은 것을 가지고 있다 하더라도 불행하다고 느끼면 불행한 것이 된다. 마음먹기다. 중간에서 잠깐 커피를 마시기 위해 두 번 쉰 것을 빼고는 여덟 시간을 쉬지 않고 걸은 뒤 사모스에 도착했다.

우리에게 주어진 날들이 영원하지 않음을 알면 삶이 그만큼 더 소중해진다는 것을 안다. 그러므로 주어진 날들이 선물처럼 다가온다. 더 절실하게 아침을 맞이하고 더 깊이 사랑하게 된다. 가장 안타까운 것이 매 순간을 성찰하지 않은 삶이라는 것을 깨닫는다. 우리 모두가 올바른 삶이 무엇인지, 어떻게 살아야 잘사는 것인지 고민하는 사람들이 아닐까 하고 생각해본다. 어떤 의미에서 인생을 역설적으로 그리고 어떤 목표 아래에서 인생을 거꾸로 살 필요가 있다. 여기서 어떤 목표란 자기 이해하기, 자기 변화시키기, 그리고 현재의 삶을 더 풍부하게 만들기이다. 이와 같은 회고적 과정을 수행할 때는 두 가지 위험을 경계해야 한다. 하나는 과거 지상주의 또 하나는 현재 지상주의다. 과거를 내려놓고 현재를 붙잡는 것이 삶의 기술이다. 오래 전에 놓아버렸어야만 하는 것들을 놓아버려야 한다. 그 다음에 오는 자유는 무한한 비상이다. 자유는 과거와의 결별에서 온다. 내려놓을수록 자유롭고, 자유로울수록 더 높이 날고, 높이 날수록 더 많이 본다. 가는 실에라도 묶인 새는 날지 못한다. 새는 자유를 위해 나는 것이 아니라 나는 것 자체가 자유이다. 자신이 어디로 가고 있는지 몰라도 날개를 펼치고 있는 한 나무에 앉은 새는 가지가 부러질까 두려워하지 않는다. 새는 나무가 아니라 자신의 날개를 믿기 때문이다.

일반적으로 자아성찰은 가치 있는 일이며 완전한 사람이 되는 과정의 일부다. 우리가 과거에 했던 행동들을 솔직히 인정하고 이해하려고 애쓰는 일은 현재에 우리가 완전한 사람이 되기 위해 필요한 과정이다. 그래서 정신분석은 언제나 과거를 돌아보지만 정신분석 자체는 회고적인 과정이 아니다. 우리에게 남은 삶이 얼마나 긴가를 떠나서 정신분석은 앞으로 나아가는 삶이라는 과제와 긴밀하게 관련된다. 정직하게 과거를 돌아보는 작업에는 자연히 회고적 감정이 수반되며 이런 회고적 감정들 가운데는 유쾌하지 않은 것도 있다. 우리 모두의 삶에는 슬픔과 잘못이 포함되기 때문이다. 완전한 인간이 되려면 고난, 슬픔, 실패에 직면해야 한다. 슬픔은 사랑을 받아들이게 한다. 회한으로는 도덕적 실패와 자기 변화의 가능성을 받아들일 수 있다.

홀로 가는 고독한 순례자

로마의 철학자인 세네카는 '신은 자신이 인정하고 사랑하는 자들에게 역경을 주어 단련시키고, 시험하고 훈련시킨다. 불운을 당해보지 않은 사람만큼 불행한 사람은 없다. 불은 금을 단련시키고 불행은 용감한 자들을 단련시킨다'라고 말했다. 인생에서 닥치는 불행도 결국 스트레스다. 그것을 극복해 낸 사람만이 용감하고 위대한 자가 된다는 의미이다. 또한 인도의 마하트라 간디도 비슷한 말을 했다. '어떤 사람이든 추위, 더위, 배고픔, 목마름을 이기지 못하고 불쾌한 일을 참고 견디는 힘이 없다면, 그는 결코 인생의 승리자가 될 수 없다. 그런 사람은 결코 빛나는 명성을 얻을 수 없을 것이다. 인내는 숨겨진 보배다. 그것을 활용할 줄 아는 사람이 현명한 사람이다.' 이것은 인생의 역경과 스트레스를 이겨내는 인내를 통해 사람은 성장되고 완성된다는 것이다. 노인이라고 다르지 않다. 나이가 들어도 적당한 스트레스는 반드시 필요하다. 뇌에도 신체에도 매일 어느 정도의 과제를 주어야 한다. 그러면 머리와 몸은 그 과제를 해결하기 위해 스트레스를 받으며 조금씩 단련될 것이다. 그렇게 해서 또 하루의 건강을 보장받는 것이다. 이것이 노년의 건강을 유지하는 비결이다.

어린 손녀 때문에 서울에 자주 간다. 어린아이가 어린이집에서 하루 종일 있다가 집에 오는 것이 안타까워 별일 없으면 손녀가 보고 싶어서 서울을 간다. 아내와 함께 가면 여러 가지로 편하지만 나 혼자 갈 때는 힘들었다. 하지만 천진난만 손녀 리아를 보면 아무리 힘들어도 눈 녹듯이 편해진다. 하나밖에 없는 손녀라서 더욱 예쁘다. 어느 날 손녀가 나에게 질문을 했다. 할아버지, 왜 머리가 없어요? 순간 말문이 막혔다. 어떻게 설명을 해야 할까 망설였다. 리아가 이해하게 하기 위해서 생각을 해봤지만 좋은 답은 아닌 것 같았다. 어른이 되면 머리가 빠진단다. 어른이 뭐예요? 갈수록 태산이다. 리아보다 키도 크고 몸무게도 무겁단다 하고 대답한다. 그러고도 왜(?)가 나온다…. 실제로 어린이들이 배우는 것의 상당 부분은 '왜'라는 질문을 통해 얻어진다. 어렸을 때 우리는 만족스러운 대답을 얻지 못하면 대답을 얻을 때까지 질문을 반복했다. 그 과정에서 종종 부모님들과 선생님들을 화나게 하기도 했다. 어렸을 때 이 방법을 제대로 사용하지 못했던 것은 기술이 부족했다기보다는 우리 자신이 성숙하지 못했기 때문이다. 우리는 그 방법을 언제 사용하고 언제 사용하지 말아야 하는지 알지 못했다. 부모님이 질문을 그만하라고 몇 번이나 타이른 뒤에야 그것이 매일 사용할 수 있는 아주 강력한 도구였음을 깨닫게 되었다. 그 후 성인이 되어서 더욱 중요한 질문에 대한 해답을 찾을 때까지 우리는 '왜 훈련'방법을 잊어먹고 망각 속에 묻어뒀다. 세상에 모든 개인과 단체는 자신들이 무엇(what)을 하는지 100% 알고 있다. 그리고 그중 일부는 그들이 무엇(what)을 하는 방식의 가치를 남다르게(how) 차별화하고 있다. 그리고 아주 극소수의 개인 혹은 단체는 자신이 '왜' 그 일을 하는지를 알고 있다. 그 왜(why)란 최종 목적지, 신념의 끝에 있는 에너지의 근원을 의미한다. 행동과 이유의 관계를 찾는 것이다. 행동 후에 이유를 찾는 것과 이유 있는 행동을 하는 것 사이에 그 어떤 차이가 발생할까? 보통의 사고방식은 명백한 것(what)과 일반적인 것으로부터 시작해 어떻게(how)를 통해, 까다롭고 모호하고 추상적(why)인 것으로 향해간다. 하지만 영감을 주는 개인, 단체는 내부의 생각(why)으로부터 무엇(what)의 방향으로 행동하고 소통한다는 것이 핵심이다. 이러한 순서의 변화가 사람들이 공감하고 행동하도록 이끈다는 것이다.

27. 끝나지 않은 카미노 길

사모스에서 포르토마린까지

눈이 일찍 떠졌다. 새벽을 맞이하는 이 시간은 산티아고 순례길을 걸으면서 무엇과도 바꿀 수 없는 시간이 되었다. 산길을 오르며 숨어있는 노란 화살표를 보물찾기하듯 찾아 나서다 큰 개를 만났다. 산에서는 가끔 목동들이 개를 데리고 다니는데, 이 큰 개가 앞길을 막고 서서 비켜주질 않는다. 짖어대지도 않고 정면으로 응시하는 개에게 비키라고 소리도 지르고 지팡이로 위협을 하면서 피해왔는데 계속 뒤쫓아 온다. 조금 뒤에 슬금슬금 다른 곳으로 방향을 바꿔서 간다. 휴 안심이다. 기다란 돌담길을 벗어나자 수백 년이 지난 고목들 사이로 순례길이 펼쳐져 있다. 천년의 역사를 지내며 걸어갔을 선배 순례자들의 발자취를 그대로 느낄 수 있는 길이었다. 수많은 순례자의 발걸음을 목격하며 안내했던 이 나무들이 이제 또 현재의 순례자들을 맞이하고 있다. 또한 앞으로의 순례자들을 위해서도 묵묵히 자신의 몫을 해 낼 것이라는 믿음이 절로 났다.

갈리시아 지방은 산이 높지 않아서 그런지 소들을 많이 키웠다. 처음에 끝없이 펼쳐졌던 밀밭과 포도밭과는 사뭇 다른 풍경이었는데, 마을마다 소 분비물이 많고 냄새가 심했다. 이곳은 제주도처럼 바람이 많은 듯 돌로 밭의 경계를 표시하고 집들도 돌담으로 만들어져 있었다.

산티아고로 가는 길을 알려주는 비석이 100km가 남아 있다고 되어 있다. 많은 순례자들이 목적지가 얼마 남지 않았다는 기대에 흥분된 마음과 열망으로 많은 이름과 소원을 그 표지석에 적어 놓은 것을 볼 수 있었다. 몸은 지쳐 있지만 이제 얼마 남지 않았다는 희망 속에 마음의 에너지는 불타오르기 시작했다. 최소한 이곳 사리아부터 산티아고까지 반드시 정식으로 걷고 스탬프를 확실하게 찍어야 순례증명서를 발급해 준다고 한다. 걸어서 하는 순례는 100km 이상을 걸어야 인정을 하는데 그 기점이 사리아라고 한다. 순례자들이 모두 그냥 지나가지 않고 그 앞에서 사진을 찍고 간다. 우리도 번갈아 가면서 한 장씩 찍었다. 길을 걷다보니 작고 부서진 성당 안에 성모 마리아와 예수상이 같이 놓여있는 것을 볼 수 있었다. 여기에는 많은 사람들의 사진과, 무슨 사연을 적은 쪽지들, 작은 돌들이 쌓여 있다. 소원을 빌고 있는 듯하다.

이제는 우리가 만났던 순례자들은 없고 대부분이 새로운 순례자들로 서로 인사를 하면서 가고 있었다. 마을에 들어서 가는데 한 농가에서 소들이 떼를 지어 나왔다. 우리는 기다리면서 소가 지나가도록 보고 있었는데 그중에 한 마리가 다른 쪽으로 가니 이 농가의 아들 같은 사람이 소를 부르면서 같이 가도록 독려를 한다. 주인 아줌마는 앞서 가는 소를 몰고 가고 있었다.

유칼립투스나무로 뒤덮인 기나긴 오솔길을 걸으며 긴 여정을 아들과 함께 하면서 처음 이 길을 출발하면서 오랫동안 던진 질문 '나는 누구이며, 왜 이 길을 걷는가?'의 문제는 계속되었다. 바쁜 일상 속에 스스로 자신을 잃어버린 나, 그 본연의 모습을 찾기 위해 이 길을 두 번째로 도전했다. 이제는 왜 이 길을 걷는가보다는 '어디를 향해 가고 있는지, 어디에 있는가'를 묻고 있었다. 지금 나는 어디에 있느냐 말이다. 내가 있어야 할 곳에 있는지 그리고 무엇을 하고 있는지를 나에게 질문을 계속한다.

강가에 있는 포르토마린

비탈길 아래로 흐르는 넓은 강 위에 다리가 놓여 있었다. 이 다리를 건너면 포르토마린(Portomarín)이다. 맑은 하늘 산기슭 아래 조그만 마을 그리고 그 아래로 강이 흐르고 그 강은 옆의 호수와 만나면서 산수의 아름다운 조화를 이루고 있었다. 포르토마린은 댐 건설로 인해 수몰된 집들을 언덕 위로 이주시켜 새롭게 만든 마을이다. 다리를 건너는데 앞에서 스페인 부부가 사진을 찍고 있어서 기다리다 건넜다. 다리가 끝나는 지점에서 마을로 오르는 곳은 가파른 계단이었다. 포르토마린의 알베르게는 강가에 위치하고 있어서 눈앞에 펼쳐지는 경치가 더욱더 아름다웠다. 순례자로서는 꼭 사치 같았다. 이 알베르게는 제법 괜찮은 레스토랑도 같이 운영하고 있어서 오늘은 여기서 모든 것이 한꺼번에 해결될 것 같았다. 늦은 점심을 푸짐하게 먹고 나서 긴 낮잠을 자고난 뒤에 마을 구경에 나섰다. 포르토마린은 도시 자체가 관광객들이 북적이는 휴양도시이며 아름다운 도시였다. 모처럼 편히 휴가 온 것처럼 쉬고 여유를 갖게 되었다. 앞으로 90km 정도 남았다. 이제는 뭔가 아쉽다는 생각이 들기 시작했다. 너무 안타까워 어찌 갈까? 산티아고 데 콤포스텔라에 입성하면 어떤 생각이 들까 두렵기도 하고 허무할 것 같은 느낌도 있다. 내가 받아들여야 한다. 어떤 것이든 그것이 현실인 것이다. 아쉬운 마음을 간직하고 내일 또 걸어야 하지만 그 길에 언제나 상진이가 옆에 있어 허무와 아쉬움을 지울 수 있을 정도로 행복하다.

오늘은 집에서 쉬고 있다. 매일 대학교 연구실에서 있다가 모처럼 집에 있자니 묘한 생각이 든다. 아무도 없이 나 혼자만이 있는 것 같은데 다른 생각이 든다. 집에서는 나를 유혹하는 것들이 많이 있다. 냉장고에서는 왜 문을 열지 않느냐고 아우성을 치는 것 같고 침대에서는 와서 편하게 쉬라고 하는 듯하다. 몇 시간이 지났는데도 전화 한 통 없다. 아이폰에는 문자가 오는지 딸랑 소리가 가끔씩 들린다. 점심을 간단히 해결하고 산책을 하고 들어와도 누구 하나 연락이 없다. 갑자기 내가 알고 있는 사람들로부터 잊혀지고 있는가? 외로워지고 있는 듯했다. 우리가 사는 삶은 이러한가. 도대체 우리가 살고 존재하는 이유가 무엇일까? 답답하고 답답한 생각이 들었다.

세상이 참 힘들어 살기가 싶지 않다고들 말한다. 우리들이 만나는 모든 일들이 그렇게 쉽지가 않다는 것일 것이다. 하지만 아무리 힘들고 어렵다고 할지라도 주어진 시간은 흘러가고 있다. 영국 속담에 인생은 행복한 사람에게는 너무 짧고 불행한 사람에게는 너무 길다는 말이 있는데 하염없는 인생 무상한 세월을 표현하는 말일 것이다. 시간은 흘러가고 있는데 이것을 의식하지 못하고 살고 있는 듯했다. 우리의 삶에 대해서 많은 사람들이 설명하고 있지만 어느 하나로 정의한다는 것이 무척 힘들다. 어떤 사람의 인생은 잠깐 나타났다가 사라지는 안개와 같다고도 한다. 안개는 햇볕이 비쳐오든지 시원한 바람이 불어 오게 되면 금세 자취도 없이 사라져 버리고 만다. 어거스틴은 인생을 가르쳐서 죽어 가는 삶이라고 해야 할지 살아가는 죽음이라고 해야 될지 말하기 어렵다고 했고, 셰익스피어는 사람의 일생이란 한낱 아른거리는 그림자에 불과하다고 말했다고 한다.

영국의 작가 월폴은 인생을 이렇게 말한다. "인생은 생각하는 사람에게는 희극이며, 느끼는 사람에게는 비극이다." 실제로 인생은 때로는 비극이며 때로는 희극이다. 그리고 희극인 순간이 더 많다. 인생을 희극으

무인판매대

로 만드느냐 비극으로 만드느냐는 대체로 우리 선택에 달렸다. 소크라테스는 "이승에서나 저승에서나 선한 사람에게는 어떤 악한 일도 일어나지 않는다."고 했다. 셰익스피어는 "인생은 불완전한 항해이다."라고 했고, 포이에르 바하는 "인생이란 정신의 생식작용이다."라고 했으며, 로망 로랑은 "인생은 죽음과 부활의 윤회이다."라고 했다. 니체는 행군하는 전사로, 헤밍웨이는 싸우는 투우사로 인생을 비유하기도 했다.

도대체 인생이 무엇인가?

성서에 보면 사람은 한낱 숨결과 같고 기우는 그림자와 같다고 했다. 인생이 호흡과 같다는 것은 지극히 유한하고 일시적인 존재란 말이다. 인생은 한번 마시고 내뱉으면 사라지는 공기와 같다는 뜻이다. 이런 허무한 인생의 날을 지나가는 그림자 같다는 말로 반복했다. 해가 뜨면 나타나고 해가 지면 사라지는 게 그림자다. 그림자는 실체나 주체가 아니고 환영이고, 현상이다. 인생을 그림자로 표현한 것은 인생 본질과 인간 생명의 유한과 허무의 현실을 표현한 말이다. 인생은 호흡하는 존재이고 인생의 날은 그림자같은 현상이란 말이다. 사실 빠르고 허무한 게 인생이다. 누군가는 인생은 다섯 가지가 없는 것이라고 했다고 한다.

없고, 없고, 없고, 없다가, 없어지는 인생이라고 말이다. 즉 어려서는 철이 없고, 한창 때는 정신이 없고, 중년이 되면 분주해서 틈이 없고, 늙어지면 형편없다가, 그러하다 아주 없어지는 것이 인생이라고 했다. 얼마나 허무하고 허무한가.

또한 인생은 흔히 나그네와 같다고 한다. 나그네는 어떤 사람인가? 자기 고향에서 떠나 사는 사람이다. 고향을 떠나서 길가는 사람이요 일시적으로 타향에 머무는 사람을 의미한다. 나그네는 길가는 순례자라고도 한다. 나그네는 일시적으로 머무는 사람이다. 언젠가는 떠나야 될 사람이다. 언젠가는 떠나야 될 사람이기 때문에 그래서 나그네이다. 나그네의 행로에는 어려움이 따르기 마련이다. 산도 넘어야 하고 강도 건너야 한다. 때로는 외롭고 쓸쓸할 때도 있을 것이다. 나그네 인생이기 때문에 그렇다. 죄악으로 어두워진 세상, 환난 풍파가 쉬지 않는 세상을 순례자가 되어 살아가야 하기 때문이다.

인도에 인생을 비유한 이런 이야기가 있다. 어떤 나그네가 길을 가는데 성난 코끼리가(세상에서 가장 무서운 동물이 성난 코끼리다) 씩씩대고 쫓아온다. 도망을 가다가 우물이 있어서 드리워진 칡넝쿨을 잡고 아래로 내려갔다. 내려가 보니 아래에 수많은 독사가 혀를 날름거리고 있다. 중간에는 네 마리의 독사가 자기를 노려보고 있다. 올라가려고 위를 보니 코끼리가 씩씩거리고 있다. 잡고 있는 칡넝쿨 위를 보니 검은쥐, 흰쥐가 번갈아 가면서 칡넝쿨을 갉아대고 있었다. 그때 칡넝쿨이 있는 나무에 매달린 벌집에서 꿀이 한 방울 입 안으로 떨어졌다. 순간 나그네는 주어진 모든 상황을 잊고 단맛을 못 잊어 벌집만 쳐다보는 것이 인생이라고 한다. 여기서 우물은 우리가 사는 세상이고, 수많은 독사는 죽음을 의미한다. 네 마리의 독사는 네 개의 계절을, 흰쥐와 검은 쥐는 낮과 밤을 의미한다. 벌집에서 떨어진 꿀은 우리가 추구하는 욕구와 욕망이다. 우리는 이 나그네처럼 주어진 상황을 망각한 채, 그저 혀끝에 와 닿는 난맛에 정신을 팔려 현실을 잊고 욕심 속에 살아가는 인생들이 아닌가 싶다. 사는 동안 어떻게 하면 기왕 사는 삶을 의미있는 일을 하며 살아갈 것인가를 생각해야 한다. 정말 인생에서 소중한 일이 무엇인지를 생각해보고 그 소중한 일을 지금 당장에 하는 것이 중요하다. 언제나 죽음을 준비하고 대비하면서 살아가는 삶은 아름답다. 인생은 자신이 누구이며 무엇인가를 바로 알고 사는 것이 무엇보다 중요하다고 생각한다. 또한 영원히 사는 것처럼 노력하고 내일 죽을 것처럼 살아가는 것이 진정 우리에 인생이지 않겠는가.

지금 나는 마지막 수업을 하고 있다. 이 강의와 더불어 내 대학생활도 막을 내린다. 결국 이 책이 대학교수로서 내 마지막 발자취로 남게 될 것이다. 어찌 내 마음 속에 품고 있는 생각이 없을 수 있고 잘못을 뉘우치고 깨달음이 밀려오지 않겠는가. 정년퇴임이란 의식이 가깝게 느껴지는 일들이 하나씩 내 눈 앞에 현실적으로 나타난다. 언제는 영원히 있을 것처럼 생각할 때도 있었다. 하지만, 우리는 떠남을 준비하며 살아야 한다. 세상적인 가치관에 매몰되어 떠남을 잊고 살 수도 있다. 사실 떠남은 부정적인 의미도 있지만 긍정적인 의미를 담고 있다. 왜냐하면 세상에 대한 미련과 애착을 버리기 때문이다. 우리가 할 수 있는 모든 것을 마음껏 사용하고 빈손으로 가볍게 떠나야 한다. 긴 세월이 흘렀다. 이제는 양희은의 '아침이슬'이 아닌 오승근의 '내 나이가 어때서'가 꽂히는 나이가 되었다. 나이가 들수록 삶에 대한 책임과 의무는 늘어나고 즐거움보다 고민이 많아지니 인생은 그야말로 고해인 것 같다.

인생이 한 눈에 다 보인다면 얼마나 좋을까?

눈에 보이는 것보다 보이지 않는 것들이 많은 것이 인생이다. 그래서 두려운 것이다. 누군가를 기다리며 산다는 것은 슬픈 운명이다. 하지만 기다릴 누군가가 있다는 것은 행복하다. 사랑은 태어나기 위해 내 안에 그리움을 키우고 이별은 떠나기 위해 내 안에 그리움을 지운다. 그리움이 벗어놓은 곳마다 외로움의 그림자를 지우기 위해 그 누군가는 문 밖에서 기다린다. 파스칼의 말처럼 '날카로운 머리에 따뜻한 가슴 그리고 세상을 정확하게 바라보는 눈을 가진 진정한 사람'이 누구는 되고 싶지 않겠는가! 현재의 상황을 긍정적으로 받아들이며 과거에 집착하지 않고 허망한 미래를 꿈꾸지 않는 사람이 행복의 기본 조건을 갖춘 것이다.

28. 행복은 사람이 선물이다

포르토마린에서 팔라스 데 레이까지

오늘은 무척 짙은 안개가 끼어 앞이 안 보일 정도였다. 커다란 강이 있어서 그런 것 같다. 카미노 이정표를 찾는데 새벽이라서 잘 보이지 않아 대충 큰길로 강을 따라서 갔다. 아직 캄캄한 새벽이라 지나가는 순례자가 없어 불안하지만 계속 안개 속을 걷고 있는데 옆에는 옥수수밭과 소나무 숲길이 좋아 보였지만 안개 때문에 멀리 보이지 않아 안타까웠다. 2시간 동안 걸어가는데도 안개는 계속되었다. 세상이 너무 아름다워 보인다. 나뭇잎 하나하나가 꽃잎 하나하나가 내 눈에 쏙쏙 들어오고, 모두들 나에게 말을 거는 것만 같다. 숲과 목초지가 번갈아 나타나니 말 그대로 소풍 나온 기분이다. 오늘 나는 이 자연 속을 거니는 세계로 또 다른 한 발짝을 내딛었다. 그리고 새로운 것을 알았다. 자연을 바로 느낄 수 있는 생생함이 있으며 전에 전혀 경험하지 못했던 투명함이 있다. 그러나 그것은 사람들이 자연속에서, 하나님이 창조한 세상 속에서 어떻게 품위 있게 사는지 배웠기 때문에 가능한 일이었다. 나는 언제라도 이런 것들을 느낄 준비가 되어있다. 날마다 겪는 고통과 피로, 혼돈, …

그리고 기도를 경험하면서 바로 그러한 어려움들을 통해 모든 감각들이 정화됨을 느낄 수 있었다. 간이주점에서 어제 준비한 빵, 사과, 자두, 요구르트와 커피로 아침식사를 대신했다. 간이주점 안에는 언제나 나이 든 사람들이 젊은 사람들보다 많이 있다. 카미노를 순례하는 사람들의 구성도 마찬가지다. 주점 안에 있는 남자들은 술을 마시기보다는 카드놀이 같은 게임에 더 빠져있다. 탁자 위에는 카드놀이를 위해 임시로 녹색 천을 깔아 놓았다. 주점들은 대개 사람들로 북적거린다. 주점 안에 있는 남자들의 행동이나 말투로 봐서 모두 매우 즐거운 시간을 보내고 있는 듯하다. 실내 분위기는 조용하고 따뜻하며 자연스럽고 즐겁다. 비록 이곳에 아는 사람이 하나도 없지만 그냥 이렇게 가만히 있어도 기분이 좋다. 길 건너편에 보이는 간이주점에는 한 무리의 젊은이들이 그 앞을 들락날락한다. 그들을 자세히 보니 모두 배낭을 메고 있다. 젊은이들이 무리를 이루어 함께 순례를 하는 모습을 보는 것이 이번이 처음이다. 이들의 시끄러운 소리가 조용하고 평화로운 모든 분위기를 망쳐버린 것 같아 안타깝다. 마을을 지나갈 때마다 돌담위로 높이 나무집을 지은 창고가 보였다. 옥수수나 감자 같은 곡물을 보관하는 창고 - 오레오(Horreo)라고 한다. 우리는 흔히 이것을 곳간이라고 한다. 집집마다 오레오가 한두 개씩은 있어 옥수수 등을 쌓아 둔다고 한다.

이제 70km도 남지 않았다. 이 순례길에 지금까지의 잘못과 욕심과 증오와 미움 모두를 묻어두고 가고 싶다. 그동안의 순례자들의 영혼이 숨 쉬고 있는 이 길에서 말이다.

귀국할 때는 모든 것을 잊어버리고 정말 시원한 마음으로 사심 없이 살기를 기대한다. 이것이 이 순례길을 온 목적이다. 이렇게 함으로써 새로운 비전을 갖게 될 것이다. 나이 70세부터 살아가는 방법을 생각하고 이것을 생각하는 것이 행복하다는 것을 느끼며 살기를 원하게 되었다.

또한 지금까지 받아온 모든 은혜에 대해서 감사하고 이 은혜에 빚을 갚고 사는 삶이 정말로 나의 삶이 되어야 한다. 생명의 빛이 우리 부부와 아들에게 보일 것 같다. 이렇게 기도한다.

우리가 도착한 목적지인 파라스 데 레이(Palas de Rei)는 전설에 의하면 본래의 의미는 '왕의 궁전으로 귀환을 기다리며'라는 멋진 뜻이었는데 지금은 별 다른 특징이 없는 작은 마을에 불과하다. 마을에 들어와서 사설 알베르게에 짐을 풀었다. 일층에는 바(Bar)와 레스토랑이 같이 있고 이곳에서 접수를 했다. 점심은 알베르게에 있는 레스토랑에서 했다. 식사 후에 마을을 산책하면서 슈퍼마켓에 가 내일 아침거리를 준비했다. 오는 길에 공원에서 번개 세일을 하고 있는 것 같았는데 온갖 농작물이 진열되어 있었다. 우리도 자두, 포도 및 사과 등을 샀다. 알베르게 앞 공원에서 쉬고 있는데 많은 순례자들이 오고 있었다. 각각 다른 모습을 보이고 있다.

인간이 혼자서 온전한 행복을 느낄 수 있을까? 난 자기관리가 철저하고 외로움을 타지 않아, 평생 혼자 잘 살아갈 자신이 있어, 이것이 진심일까? 그리고 행복할까? 행복한 사람들이 갖는 특징 중의 하나는 풍요로운 인간관계에 있다고 한다. 행복을 자기 것으로 만들기 위해서 일단 다른 사람을 자신의 인생에 초대해야 한다. 만족스러운 삶이란 곧 관계가 풍부한 삶이다. 그래서 행복한 삶이라는 그림에는 사람이 풍경이 된다. 타인과의 유대관계는 생존과 직결되는 문제이기 때문에 다른 사람과 행복감은 자연의 법칙에 의해 하나의 묶음이 되어 버린 것이다. 그래서 내성적인 사람들조차도 혼자 있을 때보다 다른 사람들과 같이 있을 때 더 행복을 느낀다. 우리가 일에 집중하고 매일 아침 회사에 가고 싶게 만드는 힘은 무엇일까? 건물이 좋고 월급이 많아서가 아니라 회사에 보고 싶은 사람, 말이 통하고 자신을 인정해주는 사람이 한 명 이상 있기 때문일 것이다. 인간이 느끼는 기쁨이나 환희를 생물학적으로 증명하기도 하고 국가와 개인의 행복에 관해 아주 폭넓은 분야를 다루는 긍정심리학에서 발견한 사실이나 이론은 모두 인간의 행복과 건강에 타인의 존재가 중요하다는 사실을 증명한다. 누구에게나 사람이 중요하고 사람이 필요하다. 그리고 당신 역시 누군가에게 중요한 사람이다. 따라서 행복은 사람이 선물이다. 어디서 태어날지는 선택할 수 없지만 어디서 죽을지는 선택할 수 있다. 어떤 얼굴로 태어날지는 선택할 수 없지만 어떤 얼굴로 죽을지는 선택할 수 있다. 죽음의 선택이 삶의 선택이며, 사람은 실수하는 것이 정상이다. 그리고 신은 용서하는 것이 정상이다. 사랑이란 실수하는 사람을 용서하는 것이 정상이라는 깨달음이다.

순례자들의 모습

사랑은 사람과 하늘이 나눠가진 성품이다. 우리가 일을 하지만 일보다 더 중요한 것이 있다. 바로 사람이다. 사람과의 관계가 참 중요하다. 자신을 내려놓기 전에는 일이 중요하다고 생각했는데, 아니다. 시간이 갈수록 사람이 중요하다는 것을 느낀다. 일은 실패하면 다시 시작할 수 있지만 사람과 관계는 한번 깨지면 회복하기가 힘들다. 관계가 고통스러운 까닭은 신에게서만 찾을 수 있는 것을 인간에게서 찾기 때문이다.

인간은 실수도 하고, 부족할 수도 있다. 어떻게 해야 행복해지는지 고민하지 않겠다. 내가 얼마나 행복한 사람인지 날마다 깨닫겠다.

각 세대별로 즉 청년, 중년 그리고 노년별로도 행복한 삶을 살고 있을까? 각 세대별 사람들이 더 큰 행복을 느끼게 하려면 어떻게 도와야 할까?

다른 사람에게 '있는 그대로의 나'를 인정받는다는 인식이다. 타인의 관심과 존중이 내면화됨으로써 스스로 자의식과 자부심을 발전시킬 수 있다는 것이다. 많은 심리학자가 중년 이후의 행복이 어떻게 변하는지 관심을 두고 지켜봐 왔다. 행복을 얻는 것과 그 행복을 계속 유지해 나가는 것은 다른 일이다. 나이가 들면 기력이 쇠하고 기억력도 떨어지며, 사랑하는 사람들을 떠나보내면서 행복도 줄어들 거라 생각하는 사람이 많다. 그러나 연구결과는 정반대다. 중년이나 노년이 청년보다 더 행복했다. 이는 나이의 역설이라고 할 수 있겠다. 나이를 먹으면서 많은 경험을 쌓으면 그만큼 지혜와 현명함이 내면에서 자라고 어떤 상황에서도 충분히 만족할 수 있다는 사실을 깨우친다. 즉 자신의 행복을 스스로 책임지는 것이다. 모든 사람이 같을 수 없겠지만 중년과 노년층이 젊은 사람들보다 현재의 삶에 만족하며 미래 역시 희망적으로 생각한다. 단 노인들은 앞으로의 삶이 크게 나아질 거라고 기대하지 않는다. 그저 지금과 비슷하거나 어쩌면 조금 나빠질 거라 예상한다. 그래서 현재가 인생의 절정기다 믿고 매 순간에 집중한다. 김형석 교수의 '백년을 살아보니'에서 보면 정신적 성장과 인간적 성숙은 한계가 없다. 노력만 한다면 75세까지는 성장이 가능하다고 생각한다. 나는 60이 되기 전에는 모든 면에서 미숙했다는 사실을 인정하고 있다. 나와 내 가까운 친구들은 오래 전부터 인생의 황금기는 60에서 75세 사이라고 믿고 있다고 쓰고 있다. 나이가 들면서 살다보면 좋을 때도 그렇지 않을 때도 있다는 것을 안다. 행복이란 감정은 일시적이며, 언제나 행복할 거라는 기대는 비현실적이다, 항상 행복하길 지나치게 기대하면 매순간 왜 행복하지 않을까라는 생각에 우울해질 수도 있다. 행복에 다가가는 좋은 방법은 긍정적인 면을 돌아보는 것이다.

자신의 장단점을 있는 그대로, 그 자체로 사랑해야 한다. 자신이 어떤 사람인지, 누구인지에 대한 걱정을 내려놓을 때, 그래야 내면의 잠재력이 하나씩 밖으로 나온다. 그렇게 되면 비로소 성장하고 다른 사람을 도울 수 있다. 그리고 행복해진다. 우리에게 행복을 가져다주는 열정을 만드는 것은 우리 안에 있다. 행복은 우리 스스로 결정하는 것이다. 우리는 누구나 자신의 현재 상태와 행운이 찾아오는 상황을 잘 알고 있다. 그럼에도 불구하고 우리는 우리의 영혼과 감정을 고요한 접시에 담도록 애써야 한다. 우리는 모든 감정과 유쾌한 감성에 민감해야 한다. 즐거운 상태를 유지하는 것은 훌륭한 철학자의 일이자 우리의 본성을 존중하는 일이다. 나는 행운이 깃들어 있는 각자의 현실과 상황을 강조한다. 왜냐하면 자신이 현재 속에서 최고의 행복을 얻을 수 있는 조건들이 들어 있다고 믿기 때문이다. 그것을 바로 현재의 상태에 만족하는 것이다. 행복은 현재의 상태를 변화시키는 데에 있는 것이 아니라, 현재 속에 있는 행복을 찾기 위해 꿈을 꾸는 것이다. 헤르만 헤세는 '행복은 대상이 아니라 재능이다.'라고 한다. 행복은 획득하기 위한 그 어떤 대상이 아니라 어떤 상황에서든 한걸음 물러서서 그것을 찾아내고 발견해 내는 능력이라는 것이다. 많은 돈, 큰 성공, 여가시간의 풍족함, 큰 집과 좋은 차 등 우리가 원하는 것을 충분히 얻을 때 행복은 너의 것이 될 것이라고 사탄은 끊임없이 착각하게 만든다는 것이다. 현대인들은 이러한 사탄의 유혹에 행복을 대상으로 간주하게 되는 것이다. 우리가 조금만 거리를 두고 철학적 접근을 통해 사탄의 유혹에서 빠져 나올 수 있다면 진정으로 우리를 행복하게 하는 것이 무엇인지를 발견할 수 있을 것이다.

나의 하루는 기적입니다.
나는 행복한 사람입니다.
나는 행복한 사람입니다.

아름다운 동행

29. 카미노 길은 아름다웠다

팔라스 데 레이에서 아르수아까지

오늘은 날씨가 흐리고 바람도 많이 불었다. 그래도 시골 마을을 가는 것처럼 중간 중간에 마을들이 많이 있어서 좋다. 어두운 아침에 나올 때는 간혹 길을 잃을 수도 있어 산티아고 이정표를 잘 찾아야 하는데 쉽지가 않았다. 조심조심 한 시간쯤 걷다보니 어둠이 사라져 길이 보였다. 계속 바람은 부는데 비는 오지 않아 정말 감사하다. 갈리시아 지방은 자주 비가 온다는데 이렇게 다행일 수가 없었다. 세 시간 정도 지날 무렵 멜리데(Mélide)에 도착했다. 이 도시는 문어 요리가 유명하다고 한다. 내륙 지방인데 문어 요리가 유명한 것이 희한하다. 마을 중심 거리를 지나가는데 10시 정도인데도 뽈보(문어요리)를 먹으라고 소리친다. 소리에 아랑곳하지 않고 계속 걸어갔다.

무엇이 나를 자꾸 앞으로 떠미는 것일까? 도대체 어떤 거역할 수 없는 힘이기에 잠에서 깨자마자 나를 길로 내던지는 걸까? 내게 진정 어려운 일은 걷는 것이 아니라 멈추는 것이었다. 지금 나는 육체적으로 아주 충만한 상태에 도달해 있기 때문이다. 피로가 씻기자마자 나는 걷고 또 걷는 것을 꿈꾼다. 특히 순례자들에게 나타나는 현상이지만 하루 평균 25킬로미터를 걷는 것이 단련이 되면 걷는 것 자체가 몸에 체화가 된 것이다. 거의 모든 종교에서 순례의 전통이 궁극적으로 추구하는 것은 몸의 단련을 통해 영혼을 고양하는 일이다. 발은 땅을 딛고 있지만 머리는 신에 가까이에 가 있다고나 할까. 보이오티아인들이 굳게 믿었던 걷기의 지적인 측면이란 바로 이런 것이다. 이런 경험을 해오지 못한 사람들은 흔히 걷는 것을 고통스럽게 생각한다. 마조히즘이나 종교적인 이유로 자갈 위를 무릎이나 맨발로 걸으며 스스로를 고문하는 사람들에겐 그럴 수도 있다. 그러나 하루 25킬로미터 범위 내에서라면, 걷는 것은 기쁨이라고 할 수 있다.

오늘은 주일이어서 교회에 가는 사람을 보니 대부분 50대 이상이다. 우리나라도 마찬가지 현상이다. 젊은이가 보이지 않는다. 교회가 노쇠해지고 젊은이들은 들로 산으로 가는 세상이다. 무언가 새로운 변화가 있어야 한다. 신앙적으로 성숙해지는 새로운 문화가 조성되어야 한다. 숲길이 아름다웠다. 마치 삼림욕하는 것처럼 오래된 나무들이 즐비하게 서있다. 시원해 보인다. 발걸음도 덩달아 시원하다. 이럴 때 우리들이 하는 말 "탄력 받았다"고 한다. 그리고 웃는다. 인간은 길을 지나가다 눈앞에 펼쳐진 장관을 보며 마치 자신을 위해 만들어진 천국이라 생각한다. 이곳에서 모든 권한을 가진 것은 자연이며 인간의 삶은 다른 어느 곳보다 가치가 없다는 사실을 잊은 채 살아가고 있는 것이다.

나는 산을 좋아한다. 산이 가진 힘과 다양성과 냉혹함을 좋아한다. 산에는 비바람과 인간에 맞서 예전 모습을 그대로 간직하고 있는 태고의 야생이 있다. 나는 가끔 멍하니 허공을 바라보며 넋을 잃고 생각에 빠져

들 때가 있다. 우주에서 나는 얼마나 작은 점 같은 존재인가. 이렇게 넓은 세상에서 사람들은 그저 잠시 머물다 가는구나 이런 생각에 이르자, 문득 이곳에 머물다 간 모든 존재들에게 큰 연민을 느끼게 된다.

길을 나설 때 우리의 영혼 속에 담겨 있던 것들은 순례에서 돌아올 때쯤이면 열배정도 더 커져 있게 된다. 우리 안에 있던 고통과 상처, 권태와 번민, 아픔과 불행, 슬픔과 우울은 순례을 하는 도중에 점점 더 확대된다. 이러한 문제는 순례가 우리에게 치료제로 작용하기보다는 우리 존재에 대해서 정의해주고, 우리가 존재할 수 있는 방법을 찾게 해준다. 세상 속에서 우리의 자아는 세상을 채색하고 형태를 부여한다. 현실은 그 자체로 절대적으로 존재하는 것이 아니라, 우리에 의해서 인식되는 것이다. 세상을 인식하려면 의식이 전제되어야 한다. 세상을 투과시키는 이 필터는 표상을 구성하게 되고, 하나의 관점을 만들어 낸다. 따라서 세상은 그 세상을 바라보는 존재에게서 비롯된다. 순례는 형이상적 작용을 각색하고 새로운 연금술이 도래하는 것을 가속화 시킨다. 우리

맨발로 걷는 순례자

는 자아를 치유하기 위해서 여행하는 것이 아니다. 자아에 더 익숙해지고 더 강해지고 더 잘 느끼고 더 자세히 알기 위해서 여행하는 것이다. 아무리 낯선 곳에 간다고 하더라도 우리는 우리 자신에게 낯선 사람이 될 수 없다. 오히려 우리 자신의 가장 그늘진 부분과 가장 친밀해지고 가장 예민해지고 가장 가까워지게 된다.

순례의 목적지는 늘 우연하게도 우리의 존재나 정체성의 핵심으로 들어갈 수 있는 장소로 결정된다. 순례는 주체성을 향해 우리를 가차 없이 이끌고 간다. 분산되기도 하고 단절되기도 하고 흩어지기도 하고 혹은 덩어리로 뭉치기도 하면서, 우리는 결국 우리 자신과 마주하게 된다. 마치 우리의 철학적인 여정을 종합평가하도록 만드는 거울 앞에 서게 되는 것처럼 말이다. 나는 나 자신에 대해서 무엇을 알게 되었는가? 출발하기 전보다 더 확실하게 알게 된 것은 무엇인가? 고대 그리스 철학자들은 이러한 이동의 창조적인 기능을 잘 알고 있었다.

자아, 그것은 순례에서 가장 큰 비중을 차지한다. 이것은 단지 자신을 발견하거나 혹은 재발견하고 싶다는 아주 모호한 의도 속에서 자신과의 만남을 위해 떠나게 된다.

그렇다면 진정한 자신을 알기 위해서 어떤 장소로 어떻게 가야 할까? 순례자의 여정은 늘 우연히도 자신의 정체성을 시험에 들게 하는 탐색 장소로 향하게 된다. 여행은 고대 철학자들이 평소에 했던 훈련과 관련이 있는 자아에 대한 시험을 전제로 하고 있다. 나는 나 자신에 대해서 무엇을 알고 있는가? 내가 만약 익숙한 장소를 떠나서 기존에 가지고 있던 판단 기준이나 사전정보를 무시한다면, 나 자신에 대해서 무엇을 알게 되거나 발견할 수 있을까? 걱정되거나 불안한 환경 속에 혼자 남게 되었을 때, 혹은 사회나 공동체로부터 아무런 구속도 받지 않은 순간이 되었을 때, 나의 정체성 중에서 어떤 부분을 지켜낼 수 있을까? 이러한 자아에 대한 문제의식 속에서 우리 안에 있는 영원히 변하지 않는 것들이 우리를 보존하는 한, 세상을 넓게 돌아다니면서 우리는 우리 자신을 발견할 수 있게 된다.

여행은 너 자신을 알라는 소크라테스의 초대에 응하는 것이다. 자아를 발견하는 과정에서 고통은 아무런 역할도 하지 못한다. 스스로 죽음에 대한 충동을 부추길 정도의 극한의 운동을 고통의 미학으로 변모시킨다고 해서, 자신의 내면에 대한 어떤 본질적인 것을 알 수는 없다.

따라서 소크라테스의 철학 방식은 자아를 하나의 사물이나 적대적 대상으로 삼을 것을 요구하지 않는다. 자신에 대한 사랑이나 호의와 혼동하지 말아야 하는 자존감은 고행과는 정반대의 상황, 즉 잘 짜진 계획 하에서 자리 잡을 수 있다. 자아에 대한 자신의 정체성을 정확하게 알아보려면 세상을 현명하게 돌아다닐 수 있어야 한다. 사실 순례는 하나의 존재를 미적으로 승화시킬 수 있는 가능성을 품고 있다. 순례는 형이상학적 고행의 구성요소이며, 즐겁고 행복한 삶의 길로 우리를 이끌고 간다.

순례자들을 환영하는 순례자 모형물

30. 인생은 시간 여행이다

아르수아에서 몬테 델 고소까지

오늘은 안개 없이 날씨가 좋았다. 이 순례길에서 좋은 날씨를 만나는 경우가 다른 순례자의 경우를 책을 통해서 보면 그렇게 흔한 일이 아닌 것 같다. 정말 감사하다. 오늘도 숲길을 많이 걸었다. 숲속의 나무들은 커다란 나무로 둘러싸여 있고 길은 널따랗게 뚫려 있어 걷기도 편하다. 삼림욕하는 기분으로 걷고 있다. 하지만 마을이 나오면 어김없이 냄새가 심하다. 많은 소가 풀을 뜯고 있다. 바로 저들이 이 냄새의 주인공이다. 오늘 나는 이 자연 속을 거니는 세계로 또 다른 한 발짝을 디뎠다. 그리고 새로운 것을 알았다. 자연은 바로 느낄 수 있는 생생함이 있으며 전에 전혀 경험하지 못했던 투명함이 있다. 그러나 그것은 사람들이 자연속에서, 하나님이 창조한 세상 속에서 어떻게 품위 있게 사는지 배웠기 때문에 가능한 일이었다. 나는 언제라도 이런 것들을 느낄 준비가 되어 있다. 날마다 겪는 고통과 피로, 혼돈, … 그리고 기도를 경험하면서 바로 그러한 어려움을 통해 모든 감각들이 정화됨을 느낄 수 있었다.

숲속에 있다 보면, 우리 스스로가 작다는 것을 느낀다. 어찌 보면 이

것이 사람을 겸손하게 만드는 것은 아닐까 한다. 숲 속에서 흙으로 된 길 위를 걷고, 자신이 밟는 흙의 성질을 갖고 있다는 점에서, 걷는 사람은 흙의 사람이라고 할 수 있다. 1993년에 63세에 순례길에서 숨을 거둔 이의 묘비가 있다. 산티아고가 얼마 남지 않은 길에서 천국으로 간 것 같다. 안타까운 마음이다. 가족의 마음을 어찌 말로 나타낼까?

20km 지점에서 사진을 찍었다. 사진을 찍어주던 스페인 친구가 굿 하면서 엄지손가락을 치켜세운다. 감사하다고 전하면서 나 역시 엄지손가락을 세웠다. 상진이가 웃으면서 '아빠 내일이면 목적지인 산티아고 대성당에 도착하겠네' 하면서 표정이 밝아졌다. 참 힘든 일정을 소화하면서 많은 갈등과 문제들을 서로 이야기하면서 해결한 것이 좋았다. 그동안 못했던 이야기를 많이 했다.

칼레(Calle)라는 마을에서 아침을 먹었다. 구운 빵에 잼과 치즈와 커피를 먹으니 정말 맛있다. 고소하고 씹는 맛도 구수하니 좋았다. 도로변

20m 이정표와 표지석

과 숲길을 계속 걸었다. 걷는다는 것은 꿈꾸는 자에게 더욱 관대하다. 심사숙고할 때와 달리 몽상은 일단 끊겼다가도 별 어려움 없이 다시 그 맥을 이어갈 수 있다. 날아오르는 황새, 지분거리는 벌레, 타는 듯이 붉은 진홍빛 꽃, 신발에 부딪히는 특이하게 생긴 조약돌 등은 오히려 상상력을 자극하기 때문이다. 그리고 길을 가며 생각에 골몰했다가 공상에 빠져드는 것도 드문 일은 아니다. 나는 종종 어떤 친구나 좋아했던 여인과 아주 흡족한 대화를 나누게 될 때가 있다. 그 기억을 더듬어보면, 내 스스로 질문과 대답을 조절해 나갈 수 있었기에 모든 것이 쉽게 느껴졌다. 아랍 속담을 되뇌며 스스로 용기를 북돋우었다. '여행하는 사람들은 깊이 생각하고 집에 머무는 사람들은 업신여김을 받을 뿐이다.'라고 한다.

프랑스의 시인 폴 발레리(Paul Valery)는 '생각하는 대로 살지 않으면 사는 대로 생각하게 된다'며 또한 '돌 위로 파도가 넘나들 듯 우리는 시간을 가로 질러 여행한다'고 했다. 모든 여행은 발견이라는 주제를 다루는 서사시이다. 집에서는 찾을 수 없는 대답을 추구하는 탐구자들은 여행을 떠나며, 마음을 바꾸기가 기후를 바꾸기보다 더 어렵다는 사실을 얼마 안 가서 알게 된다. 여행과 관련된 괴로우면서도 즐거운 진실은, 중세의 고문대 트리팔리움(tripalium)을 어원으로 하는 노고(travail)라는 옛말에서 파생된 말에 근거를 두고 있다. 먼 길을 여행한 수많은 순례자들이 느꼈던 것처럼, 여행에는 '고문을 당하는' 것 같은 순간들이 있다. 우리의 인생도 마찬가지다. 여행에서 당하는 모든 순간들이 우리 인생에서도 나타난다.

인생은 시간 여행이다. 인생이란 왕복이 없는 승차권 한 장만 손에 쥐고 떠나는 단 한 번뿐인 여행과 같다고 한다. 우리는 지금 얼마나 가셨나요? 시간은 정지가 아니라 이동이고, 퇴보가 아니라 발전이다. 한번 지나간 시간은 절대로 다시 돌아오지 않은 것이다. 서양 속담에 돌아오지 않는 세 가지를 말과 화살과 시간이라고 한다. 시간은 순간의 연속이라고 한다. 이러한 시간은 두 가지의 특징이 있다. 하나는 빠르다는 것이고 또 하나는 흘러간다는 것이다. 오랜만에 고향 찾은 이의 소감 산천은 의구한데 인걸은 간데 없다는 표현은 정말 적절한 것 같다. 공자는 자신의 일생을 되돌아보며 이런 말을 했다. 나는 열다섯 나이에 학문에 뜻을 두었고 서른 살에 자립하였다. 마흔 살이 되어서는 미혹되지 않았고 오십에는 하늘의 명을 알았다. 예순 살이 되자 귀에 거슬리는 이야기가 없었고 일흔 살이 되니 마음 내키는 대로 살아도 법도를 넘어서지 않았다고 한다.

나이 서른 살에 대학 교수가 되어 강의를 시작했는데 40년이 지난 지금 일흔이 되어 글을 쓰고 있다. 세월이 참 무심하기도 하다. 이제 하고 싶은 일을 하면서 느끼는 성취감과 기쁨을 더 이상 미룰 수 없다. 내가 소중한 존재라는 자각과 함께 다른 사람들도 모두 소중한 존재로 인식한다. 삶을 더욱 아름답게 의미있게 살게 된다. 그렇게만 된다면 칠십 이후의 삶이 인생에서 가장 편안하고 아름다운 시기라고 말할 수 있을 것이다. '백년을 살아보니'의 저자 김형석 교수는 인생의 황금기는 60에서 75세라 했다. 이 나이에야 생각이 깊어지고 행복이 무엇인지, 세상을 어떻게 살아야 하는지를 알게 되었다고 한다. 나이가 들어서 알게 된 행복은 사랑하는 사람을 위해 고생하는 것… 그리고 사랑이 있는 고생이 행복이라는 것을 말한다. 이와 같이 나이 들수록 더 많은 사람들을 위하고 사랑하는 마음을 갖고 대할 수 있다면 그것이 존경받는 노년기 인생이 되는 길이라고 믿는다.

그리스의 시인 소포클레스는 '오늘은 어제 죽어간 이가 그토록 원했던 내일이다'라고 말했다. 오늘을 잘 사는 것이 인생을 잘 사는 것이다. 나는 항상 '오늘'을 생각하며 살아간다. 오늘을 무사히 지낸 것에 감사만 하는 것이 아니라 오늘 잘 살지 못한 것에 대한 반성도 한다. 오늘이 뿌듯하면 분명 내일이 기다려질 것이다. 시간은 나의 삶을 들었다 놓았다, 울렸다 웃겼다 하지만 그 시간의 주인은 분명 나라는 것이다. 오늘을 제대로 살지 못한 사람은 어떤 내일이 올까 두렵다.

나의 인생시계는 얼마나 산 것 같은가? 사람이 태어나서 죽을 때까지를 24시간에 비유한다면 나는 지금 몇 시쯤을 살고 있을까? 24시간은 1,440분에 해당하는데 이것을 우리나라 평균 수명인 84로 나누면 17분이다. 1년에 17분 10년에 2.83시간씩 가는 것으로 계산하면 20세는 오전 5시 40분, 50세는 오후 2시 9분 그리고 나의 나이 71세는 오후 8시 54분이다. 평균 수명이 늘어나는 만큼 나의 인생 시간은 더 여유로워질 것이다. 하지만 아무것도 해놓은 것이 없다는 생각이 들 때마다 고개를 들어 아직 하루가 오롯이 남아있는 나의 인생시계를 바라본다. '벤자민 버튼의 시계는 거꾸로 간다'라는 영화에 나오는 다음과 같은 대사가 있다.

'인생에 너무 늦거나, 혹은 너무 이른 나이는 없다'

행복하기 위해서 성공을 꿈꾸며 그렇게 힘들게 산다. 행복하기 위해서는 현재의 나를 정확히 알아야 한다. 나의 환경과 능력을 객관적으로 평가하는 냉정한 눈은 필요하다. 헛된 욕망은 내려놓는다는 의미에서다. 요즈음 세상에는 부동산이야기만 나온다. 고가의 부동산이 없어도, 권력과 명예가 없어도 건강하고 내가 좋아하는 일을 하며 즐겁게 사는 사람이 행복한 사람이다. 천상병 시인의 '귀천'에서처럼, 아름다운 이 세상 소풍 끝내는 날, 정말 아름다운 인생이었다고, 한세상 재미있게 살았다고, 정말 멋진 인생이었어! 라고! 어느 날 이렇게 말하며 눈을 감을 수 있다면 얼마나 행복할까?

김용택 시인의 '사람들은 왜 모를까'라는 시를 나의 마음속에 깊숙이 간직하고 싶다.

이별은 손끝에 있고
서러움은 먼데서 온다
강 언덕 풀잎들이 돋아나며
아침 햇살에 핏결이 일어선다
마른 꽃잎들은 더 깊이 숨을 쉬고
아침 산그늘 속에
산벚꽃은 피어서 희다
누가 알랴 사람마다
누구도 닿지 않은 고독이 있다는 것을
돌아앉은 산들은 외롭고
마주보는 산은 흰 이마가 서럽다
아픈데서 피지 않은 꽃이 어디 있으랴
슬픔은 손끝에 닿지만
고통은 천천히 꽃처럼 피어난다
저문 산 아래
쓸쓸히 서 있는 사람아
뒤로 오는 여인이 더 다정하듯이
그리운 것들은 다 산 뒤에 있다
사람들은 왜 모를까 봄이 오면
손에 닿지 않는 것들이 꽃이 된다는 것을

31. 카미노 길은 인생이다

몬테 델 고소에서 산티아고 데 콤포스 텔라까지

설렘 속에 잠을 청했으나 몇 번을 깨고 자고 했다. 다른 날보다 늦게 8시에 출발하였다. 날씨가 너무 좋다. 잔잔하게 바람까지 분다. 산티아고에 가까이 갈수록 '이제 다 왔다'를 수없이 마음속으로 외친다. 아내와 함께 걸었던 그 산티아고 길을 아들 상진이와 함께 그 길을 걸으며 겪었던 모든 일들이 순식간에 머리에 스쳐 지나간다. 가슴 아파했던 일, 고통을 호소했던 일, 행복했던 일 등 수없이 많은 일들이 이제 마무리를 해야 할 시간이 다가오고 있다. 이 길의 목적지인 산티아고가 가까워질수록 카미노에는 에너지가 상승하고 있다. 우리보다 앞서 가는 순례자들의 발걸음이 힘차게 걷고 있음을 볼 수 있다. 그토록 오랜 시간 동안 걸어온 마음 안에 에너지가 외적으로 표출되고 있는 것이다. 많은 순례자들이 앞서가고 있었다. 어떤 순례자들은 바(bar)에 들어와 커피를 마시면서 "올라" 하면서 다정하게 인사한다. 그동안

올라, 부엔 카미노.

는 수없이 많이 했던 인사말이다. 서로 격려하고 위로하며 감사하는 인사다. 모두가 같은 마음이다. 세계에서 가장 안전하다는 순례길이다. 얼마나 안전하면 이런 수식어가 붙었을까.

드디어 산티아고 데 콤포스텔라(Santiago de Compostela)에 들어왔다. 심호흡을 크게 하면서 멀리 보이는 도시를 보니 아름답다. 우선 산 라자로(San Lazaro) 알베르게에 도착하여 2일간 숙박을 하기로 하고, 다음 날은 사그라다 파밀리아성당이 있는 바르셀로나를 가기로 하였다. 특히 아들이 좋아하는 FC 바르셀로나팀이 있기 때문이다. 카미노 이정표를 따라서 신시가지를 지나 구시가지로 들어오니 건물들이 대부분 몇 백 년은 된 건물들이라서 보기 좋았다. 도로변에 수백 년 전에 원정을 가던 십자군의 동상이 지켜보고 있다. 우리는 야고보 사도가 묻혀있는 대성당으로 갔다.

순례자 사무실로 오르는 나무계단 벽에 걸려있는 지팡이를 짚고 걸어가는 순례자 모습에 다음과 같은 시가 적혀 있다.

> 나의 순례길이 어디로 이를 것인가?
> 내 순례길이 어디로 이를 것인가?
> 콤포스텔라의 길위에서 나는 내가 순례의 길을 이루게 될런지 알 수가 없네.
> 피에 물들은 두 다리로 더 이상 앞으로 나아갈 수가 없네.
> 불쌍한 노인은 상처입어,
> 순례의 끝에 도달할 수 있을지 모르겠네.
> 이제 나는 더 이상 힘이 없지만,
> 나의 야고보 성인이 그 힘을 주실 거야.
> 그들은 콤포스텔라에 도착했어.

대성당으로 들어갔어.

이렇게 몽말텡의 가이헤로스는 말했다.

"감사합니다."

야고보 성인이여.

이렇게 당신의 발 앞에 와 있게 해 주심을.

이제 제 생명을 가져가시겠다면,

주님 그렇게 하소서.

왜냐하면 이제 저는 이 성스런 대성당 안에서 행복하게 죽을 수 있으니까요….

(「가이페로스의 노래」 중에서, 마담블루 번역 인용)

순례자 사무실에서 등록을 하고 순례 증서를 받았다. 사무원은 꼼꼼하게 일자를 세어보고 확인하면서 악수를 청하고

축하한다.

고 인사를 한다. 상진이도 같은 절차를 밟고 축하를 받았다.

세르반테스 광장을 지나면 곧 카테드랄(산티아고 대성당)이 나타났다. 이 성당의 유래를 보면 9세기경에 발견된 성 야고보의 묘 위에 먼저 교회가 지어지고, 그 후 여러 차례의 증개축을 통해 대성당으로 탄생이 되었다. 또 로마네스크 건축의 걸작으로 불리는 이 성당의 외관은 16세기부터 17세기에 걸쳐 바로크 양식으로 개조되었다. 오브라이도 광장 정면 입구로 들어가면 영광의 문(Portico de la Gloria)이 나온다. 거장 마테오가 1168년부터 20여 년 동안 건축한 것으로 화려한 조각과 장식은

로마네스크 예술의 최고 걸작이라고 평가받는다. 문은 카테드랄 내부로 통하는 3개의 통로를 따라 갈 수 있도록 3개로 나누어져 있다. 중앙이 그리스도교도, 왼쪽이 유대교도, 오른쪽이 이교도를 위한 것이다. 문 중앙의 기둥에는 성 야고보의 상이 서 있는데 멀리서 찾아온 순례자들은 이 기둥에 손을 대고 순례가 끝났음에 대해 감사기도를 드린다. 기도하는 사람들의 모습은 아름답다. 기도라는 건 종교인만이 하는 것도, 할 수 있는 것도 아니다. 간절히 소망하는 것이 있다는 것은 자신의 인생을 사랑하고 세상이 좀 더 좋은 방향으로 나아가기를 바라는 이들의 작은 몸짓이다. 그 때문에 오랜 세월에 걸쳐 기둥은 닳고 닳아 지금은 손자국마저 나있다.

지금 이 순간 이곳에 있다는 것이 얼마나 행복하고 감사한지 모르겠다. 내가 살아 숨쉬고 움직이며 생각할 수 있는 존재라는 것이 이토록 기쁘게 여겨질 줄이야…. 그리고 특별히 아들과 함께 그 감동을 절실하

대성당 안의 성 야고보 사도

게 느끼고 있음에 감사하고 있다.

대성당으로 들어가면 정면에 황금빛으로 에워싸인 형태의 성 야고보 상이 놓여 있다. 제단 밑은 지하 묘지로 성 야고보와 그의 두 제자 테오도르와 아타나시우스가 매장되어 있다. 야고보 사도의 무덤을 보며 숙연한 마음을 갖는다. 돌아 나와서 금빛으로 빛나는 무덤 위의 별을 보고 사진을 찍었다. 다시 줄지어 계단위로 올라가면서 성 야고보의 등을 팔로 감싸면서 얼굴을 묻었다.

하나님, 은혜에 감사합니다.
상진이를 축복해 주시옵소서

라고 기도하였다. 만져보니 등에서 불이 몇 개 들어온다. 순간 뒤에 앉아있던 신부님이 다음으로 가라면서 손짓을 한다. 많은 사람들이 기다리고 있기 때문에 관리를 하고 있는 것 같다.

산티아고에서 가장 감동적인 것은 역시 12시에 거행하는 순례자를 위한 정오 미사이다. 이는 가톨릭 신자냐, 아니냐와는 상관이 없고 누구나 참여하여서 무사 순례를 축복받는 시산이기 때문이다. 특히 당일 11시 전에 등록된 순례자의 명단을 각 나라별로 불러주는 시간이 있는데 어느 곳에서 출발한 어느 나라 사람 몇 명이라고 낭독해 준다. 그런데 우리는 확실하게 듣지 못해 아쉬웠다.

12시에 미사가 시작되었다. 많은 순례자들이 참석하고 있고 관광객들도 같이 참여하고 있다. 분위기는 장중하고 엄숙한 분위기에 야고보 사도가 내려다보고 있는 느낌을 받았다. 미사 중에 부르는 수녀님의 찬송은 천사의 목소리 같다. 내용은 모르지만 분위기를 압도하고 있다. 산티아고 대성당의 보물중 하나는 보타푸메이로(Botafumeiro)라는 거대

산티아고 대성당 앞에서

한 향로가 있다. 여덟 명이 힘을 모아 줄을 잡아당기면 향로가 날쌘 서커스 단원이 공중 그네를 타는 것처럼 그 육중한 몸을 자랑하며 성당 안을 휙휙 날아다녔다. 보타푸메이로를 모든 미사 때마다 움직이는 것은 아니었다. 주일 미사와 특별 미사 때만 그 모습을 볼 수 있다. 2008년 아내와 왔을 때는 성년(사도 야고보 축일인 7월 25일과 주일날이 겹치는 날로 11년 마다 돌아옴)이었기 때문에 웅장한 향로의 모습을 볼 수 있었다 하지만 오늘 우리는 안타깝게도 이 광경을 보지 못하여 아쉬웠다. 서로 인사하는 차례에서 스페인 여성이 나의 왼쪽, 오른쪽 볼에 키스를 한다. 남자와는 악수를 하면서 서로 인사를 했다. 앞·뒤 자리에도 반갑게 같은 인사한다.

그라시아스(Gracias)

미사가 끝난 뒤에 대성당 앞에서 아들 상진이와 포옹을 하면서 큰일을 했다고 격려를 하였다. 정면에 있는 거대한 산티아고 대성당을 천천히 주위를 돌아볼 뿐이다. 아내와 함께 있었던 그 당시에는 너무나 차분한 감정이 나를 감싸고 있었는데 이번에는 아들과 함께 있어서 그런지 너무나 감격스럽다. 눈물이 났다. 이전에는 전혀 느끼지 못했던 기쁨과 진심에서 우러나는 감사의 기도를 드렸다.

산티아고 순례길의 모든 일정을 아들 상진이와 끝내면서, 산티아고 대성당 앞에서 우리가 인간으로서 경험하는 가장 중요한 차원의 문제인 죽음의 문제를 생각하게 되었다. 우리에게는 죽음에의 가능성은 어디에나 있다. 순간마다 있으며 삶의 한복판에 언제나 자리 잡고 있는 것이 아닌가? 이제라도 찾아오기만 하면 죽을 수밖에 없는 삶이, 죽음의 바로 앞에서 모든 기대와 욕망을 가지고 살아가고 있다는 것이 우리들의 인생이 아니고 무엇인가? 죽음은 최후의 문제다. 그러므로 죽음의 문제를 해결 짓는 것은 모든 학문과 예술과 사상의 마지막 결론일 것이다.

그러나 누가 이 문제를 해결지어 주었는가. 반드시 해결 지어야 할 문제이면서도 모두 자기의 문제는 아닌 듯이 생각하는 것은 무엇 때문일까? 이것이 인간이나.

세계는 왜 존재하고, 인간은 왜 존재하는 것일까? 왜 인간은 이유도 모르고 태어나서 고된 삶을 살다가 죽음으로 생을 마감하는 것일까? 삶은 그저 헛된 것인가? 아니면, 어떤 의미나 가치가 있는가? 이러한 물음들은 진정으로 중요하다. 존재하는 모든 것에 '생명'을 불어넣은 '존재의 비밀'이 무엇인가를 묻고 있기 때문이다. 삶 자체의 괴로움보다 더 황당한 것은 죽음이다. 사람은 누구나 죽는다. 우리는 누구나 "죽음"이라는 시한폭탄이 장전된 위태로운 존재이다. 태어난 순서는 있어도 죽는 순서는 없다는 말처럼, 젊은 나이에 불의의 사고나 병으로 갑자기 세상을 뜨기도 하고, 100여년을 살다가, 늙고 병들어 죽는다. 죽음의 위력은 대단하다. 먼저 죽음은 예외가 없다. 아무리 돈이 많아도 누가 대신 죽어줄 수 없다. 죽을 때 아무것도 가져갈 수 없다. 아무리 돈이 많아도 죽을 때 한 푼도 가져갈 수 없다. 죽음은 우리가 가진 모든 것을 몰수해 가는 것이다. 죽음은 삶과의 영원한 이별을 수반한다. 그래서 마음에 들지 않아도 다시 살아볼 수 없다.

모든 사람들이 거쳐야 하는 죽음의 통로를 나라고 해서 벗어날 이유가 있겠는가…. 하지만 마지막 순간이 오기 전, 나는 다시 튀어 오르고 싶다. 사람들이 턱을 바르르 떨면서 말하는 '나이'를 먹어감에 따라 늙어서 쇠약해지다가 죽음으로 이어진다. 내게도 그 순간들이 다가오고 있다. 하지만 다시 한 번 내 젊음을 누리고 싶다. 아직 다리도 튼튼하고 눈도 밝다는 것을 내 자신에게 증명해 보이고 싶다.

수많은 사상가와 작가, 과학자들이 삶에서 죽음으로 이어지는 길을 탐색했다. 그들은 여러 각도에서 이 미스터리를 둘러싼 세계에 탐조등을 들이대고 분석하고, 이해하고, 설명하려 발버둥쳤다. 그럼에도 불구하고 여전히 우리를 궁극적으로 납득시키고 안심시키는 이론은 없다고 보는 것이 맞다고 생각한다. 특히 죽음이라는 문제는 경험적으로 명쾌하게 설명될 수 있는 영역이 아니기 때문이다. 철학자 에피쿠로스는 플라톤이 사망한 직후에 쓴 글에서 죽음에 대한 공포가 인간의 삶에서 가장 큰 문제라는 의견을 피력했다. 에피쿠로스는 죽음을 '가장 무시무시한 악'이라고 부르면서 공포 때문에 인간이 종교적 미신을 추궁하게 된다고 주장했다. 공포는 인간이 아주 나쁜 행동을 하게 만드는 유인이라는 것이다.

카프카(Franz Kafka)는 '삶이 소중한 이유는 언젠가는 끝나기 때문이다'라고 한다. 내가 죽을 것이라는 사실, 그리고 내 삶에 끝이 있다는 사실은 우리 인생에 관한 심오하고 근원적인 진리이며 우리가 살아가는 방식에 영향을 미치는 막강한 위력을 지니고 있다.

죽음에 대한 가장 일반적인 반응은 '두려움'일 것이다. 이 두려움은 우리 인간이 약한 존재라는 의미를 품고 있다. 이러한 죽음에 대한 두려움은 이성적으로 적절한 태도인가? 하고 반문한다.

'죽음에 이르는 병'의 저자인 키에르케고르는 '사람은 누구나 태어난 순간부터 죽음에 이르는 병을 앓기 시작하는 환자인 것이다'라고 한다. 영원한 생명의 상실을 의미한다. 죽음에 이르게 하는 병은 절망이며 절망이란 자기를 있게 한 하나님과의 관계를 상실하는 것이라 말하고 이 상실이 죄라고 규정하였다. 키에르케고르는 하나님과의 관계를 회복하는 회개와 신앙만이 죽음에 이르는 병에서 회복할 수 있는 길이라고 주장하였다. 죽음이 임박했을 때 가장 후회스러운 일은 스스로를 무시하며 살았다는 것이다. 가슴이 원하는 여행을 하지 않은 것만큼 큰 실수는 없다. 남의 기준에 맞추고 사회의 암묵적인 동의에 의문 없이 따름으로써, 그렇게 하지 않았다면 경험했을 너 많은 기쁨들을 스스로 놓쳐 버린 것이다. 이 세상을 떠날 때 당신이 가져갈 수 있는 유일한 것들은 당신의 가슴에 담긴 것들이다. 스스로 감동하는 순간들, 삶을 자신의 가슴에 일치시키는 순간들을!

스위스 조각가인 알베르토 자코메티(Alberto Giacometti)는 시간과 죽음의 절대적 요구를 잘 아는 사람이었다.

'나는 이 세상에서 자신이 죽게 될 거라는 사실을 믿는 사람은 없다고 확신한다. 인간은 죽음 직전의 순간에도 이 사실을 믿지 않는다. 어떻게 이것이 가능한가? 살아있다는 것이 사실이며, 자신 안에 있는 모든 것

시각장애인들의 찬송과 기도를 하고 있는 모습이 아름답다.

이 여전히 생명을 유지하고 있기 때문에 죽음을 1초도 채 안 남긴 순간까지도 여전히 살아있기 때문에 인간은 죽음에 대해 전혀 의식할 수 없는 것이다.'라고 했다.

우리가 본능적으로 거부하려는 위협 세 가지는 '현실', '시간', '죽음'이다. 톨스토이는 유명한 도덕적 우화에서 이렇게 물은 바 있다.

'사람은 얼마나 많은 땅을 필요로 하는가?'

그리고는 냉담하게 답한다.

"머리에서 발끝까지 눕힐 수 있는 단 2미터 그것이 사람에게 필요한 땅의 전부다."

우리가 잘 아는 무소유의 저자인 법정스님은 죽음에 대해서 다음과 같이 설명한다.

"실제로 죽임이 닥치면 어떨진 모르지만 지금 생각으로는 무섭지 않을 것 같습니다. 죽음은 인생의 끝으로 생각하면 안 됩니다. 새로운 삶의 시작으로 생각할 수 있어야 합니다. 이러한 생각들이 확고해지면 모든 것을 받아들일 수 있어요. 죽음을 받아들이면 사람의 삶의 폭이 훨씬 커집니다. 사물을 보는 눈도 훨씬 깊어집니다. 죽음 앞에서 두려워한다면 지금까지의 삶이 소홀했던 것입니다. 죽음은 누구나 겸허하게 받아들어야 하는 자연스러운 현상입니다."

우리는 어떻게든 죽음의 문제를 피하려고 하지만 자신의 죽음에 대해 생각하는 사람일수록 삶을 진지하게 살아간다. 죽음을 준비하는 사람, 그래서 행복하게 죽는 법을 아는 사람이 행복하게 사는 법도 안다는 말이다. 이상적인 죽음으로 동경할 수 있는 인물은 누구일까? 스위스의 철학자 칼 힐티다. 그는 76세의 어느 날 여느 때처럼 아침에 원고를 쓰고, 쥬네브호반의 작은 오솔길을 딸과 함께 산책했다.

10월 중순 스위스의 가을 하늘은 맑고 시원했다. 산책을 마치고 숙소로 돌아온 힐티는 평소보다 조금 더 피로함을 느꼈다. 그래서 딸에게 따뜻한 우유가 마시고 싶다고 말했다. 딸 에디트가 우유를 데워 거실로 가져왔을 때 힐티는 소파에 누워 숨져있었다.

마치 단잠을 자는 모습으로 숨을 거둔 것이다. 책상 위에는 '행복론'의 원고가 깔끔하게 정리되어 있었다. 평소 그는 '인생의 마지막 숨을 내쉴 때까지 정신적으로 활발하게 활동하고 신의 완전한 도구로서 작업을 하다 죽는 것이 질서 있는 노인의 생활 방식이며, 인생의 이상적인 종결이다.'라고 하였다.

그는 자신의 꿈처럼 이상적인 죽음을 맞이했다.

나도 그처럼 마지막을 맞고 싶다. 문득 내가 좋아하는 시인 천상병이 생각났다.

'나는 아주 가난해도/그래도 행복합니다./아내가 돈을 버니까!'라고 하며, 하루 한 병의 막걸리를 마시며 살았던 천상병 시인에게 어떻게 세상이 아름다울 수 있었을까? 어떻게 '나 하늘로 돌아가리라/아름다운 이 세상 소풍 끝나는 날/가서 아름다웠더라고 말하리라'라고 '귀천'에서 노래할 수 있었을까? 또한 현대철학의 비트겐슈타인(Ludwig Josef Johann Wittgenstein)이 남긴 마지막 말은 "나는 멋진 삶을 살았다"였다. 그의 세 형은 모두 자살하였고 그 자신도 수없이 자살 충동에 시달렸다고 한다. 그는 세상에 절망하였고 이해되지 못하였고, 고독하였고, 우울증에 시달렸다. 그럼에도 불구하고 죽을 때까지 스스로 삶을 내치지 않았을 뿐만 아니라 '멋진 삶'을 살았다는 말로 삶을 마감한 것이다. 어떻게 그런 생각을 했을까?

우리 인생에 있어서 보다 폭넓은 개인적 유산을 남길 수 있도록 인생의 비전을 세우고 그것을 추구하는 삶이야말로 가장 중요한 일일 것이다. 그러면 무엇을 남길 것인가?

궁극적으로 도달하고 싶은 곳은 어디인가?

삶의 마지막 장면에서 나는 과연 어떤 모습으로 완성되고 싶은가?

나의 삶에서 나는 어떻게 기억되길 원하는가? 내가 가족, 친구, 동료에게 남길 수 있는 유산 중 가장 중요한 것은 무엇인가? 나의 존재와 행동과 생각과 대응방식은 모두 나의 책임이다. 내가 나의 모습을 만든다고 생각한다. 하지만 나는 가끔 멍하니 허공을 바라보며 넋을 잃고 생각에 빠져들 때가 있다.

우주에서 나는 얼마나 작은 점 같은 존재인가

이렇게 넓은 세상에서 사람들은 그저 '잠시 머물다 가는구나.' 이런 생각에 이르자, 문득 이곳에 머물다 간 모든 존재에게 큰 연민을 느낀다.

나는 나의 인생의 마지막을 미리 스스로 준비를 하고 있다. 이것은 죽음이 아니라 노쇠했을 때를 준비해야 하는 이유이다. 쇠약준비란 죽음 준비단계에서 발생하는 다양한 위험요인을 최소화하기 위한 것이다. 아직 판단력과 자기 결정력이 남아 있는 건강한 시기에 그때 필요하게 될 복지나 의료, 간호에 대한 제도적 지식과 정보를 수집하고, 대처법을 배우고, 삶의 방향과 인간관계를 재편성하여 자신의 미래를 스스로 준비하는 과정이라고 볼 수 있다.

죽음 준비는 장례, 상속, 묘지, 연명치료 여부, 유품정리와 관련된 일들이 포함되며 이것이 내가 죽고 나서 남은 가족이나 다른 사람에게 민폐가 되지 않도록 미리 사후처리를 하는 과정이다.

마지막으로 나는 자식들에게 전하고 싶은 소원이 있다. 내가 하늘나라로 갔을 때, 나의 장례 절차는 최소한으로 하였으면 한다. 우선, 연락범위는 4촌 이내 가족으로 한하며, 병원 영안실은 1박 2일이며, 화장을 한다. 그리고 그 외 친지와 동료 지인들의 명단을 미리 준비하여 줄 테니 장례 절차를 마무리한 후 정중히 아버님의 소천 소식을 전해주었으면 한다. 나는 이런 마음을 갖게 된 것은 너희 어머니와 합의 하에 수목장을 아름다운 선산에 있는 커다란 소나무 밑에 하기로 하였다. 이렇게 하면 너무나 서운할 것 같아서 기회가 되면 생전에 가까운 친지, 동료, 제자들을 초청해서 그동안 살아오면서 기쁜 일들, 아쉬운 일들 그리고 감사함을 전하는 생전 이별 모임을 하고 싶다. 살아 있을 때 한 번이라도 보면서 생전에 행복했던 그 시절을 추억하였으면 한다. 이것이 나의 사랑하는 자식들에게 부탁하는 일이다.

하나님!

범사에 감사합니다.

산티아고 대성당 앞 십자가

제 2 부

배낭여행기

1. 여행이란?

여행은 인생이라고 한다. 왜 인생이라고 할까? 우리의 삶이 엮어진 실타래처럼 이어진 그런 것은 아닌가 한다. 우리는 인생을 두 번 살지 못한다. 딱 한 번뿐인 삶이기 때문에 누구나 절실하고 간절한 마음으로 삶을 영위하게 된다. 우리는 여행을 하기 때문에 여유가 생기고 시간이 생기고 돈에 대한 참 의미를 알 수 있기 때문에 여행은 인생에 대한 여유와 교훈을 주는 것이다.

여행이란 일이나 유람을 목적으로 다른 고장이나 외국에 가는 일, 자기 거주지를 떠나 객지에 나다니는 일, 다른 고장이나 다른 나라에 가는 일 등을 말한다. 여행은 비교적으로 멀리 있는 지역 간 사람들의 움직임을 말한다. 그 움직임은 걸어서, 자전거를 타고, 차나 기차, 보트, 버스, 비행기 등의 수단을 이용해 오고 가는 것을 말한다.

모든 여행은 발견이라는 주제를 다루는 서사시다. 집에서는 찾을 수 없는 대답을 추구하는 탐구자들은 여행을 떠나며, 마음을 바꾸기가 기후를 바꾸기보다 더 어렵다는 사실을 얼마 안 가서 알게 된다.

여행과 관련된 괴로우면서도 즐거운 진실은 중세의 고문대 트리팔리움(tripalium)을 어원으로 하는 노고(travail)라는 옛말에서 파생된 말에 근거를 두고 있다. 먼 길을 여행한 수많은 방랑자들이 느꼈던 것처럼, 여행(travel)에는 고문을 당하는 것 같은 순간들이 있다. 또 다른 여행(journey)이라는 말은 하루라는 뜻의 프랑스어 '주르(jour)'에서 왔다. 하루 동안에 여행하는 거리이기 때문이다. 한편 진행(progress)이라는 말은 중세 영어의 '여행(journey)', 좀 더 상세하게는 '계절여행(seasonal journey)' 또는 순회(circuit)라는 말에서 왔다.

여행에 반드시 필요한 일은 일상생활의 무기력한 습관으로부터 벗어나는 것이다. 시간이 아무리 오래 걸리더라도 우리 주위의 세상을 다시 한 번 더 참되게 보기 위해 그 습관에서 벗어나려고 해야 한다. 그것이 바로 알버트 아인슈타인(Albert Einstein)이 지적한 것처럼 '상상력이 지식보다 더 중요한' 이유이며, 순례의 기술이 우리가 마음 속 깊은 곳에서 바라는 여행을 떠날 준비가 되었을 때 어떻게 걷고 말하고 듣고 쓰고 그리는지를 다시 상상하는 기술인 이유이다. 헨리 데이비드 소로는 이렇게 적었다.

"여행자, 나는 그 이름을 사랑한다. 여행자는 여행자로서 존경받아야 한다. 그의 직업은 우리 삶의 가장 훌륭한 상징이다. 왔다가 가는 것 그것은 우리들 각자의 역사이다."

위대한 여행자는 일종의 자아성찰을 하는 사람이다. 여행자는 외면적으로 땅을 밟고 나아가듯, 내면적으로 자신에 대한 새로운 해석을 진척시킨다.

기억에 남은 첫 번째 여행을 생각해보라! 마음속에 어떤 이미지가 떠오르는가? 마음속에 소중히 간직된 여행의 기억들로부터 어떤 느낌이 떠오르는가? 열망하는 것을 털어놓으면 자신이 누구인지 알게 될 것이다. 여행이라는 말 한마디로 가슴 떨리지 않을 사람이 있을까? 누군가는 가족들과 오랜만에 시간을 보내기 위해서, 누군가는 일상의 지루함을 탈피하기 위해서, 누군가는 목표했던 곳을 눈으로 확인하기 위해서 여행을 떠나곤 한다. 많은 사람들에게 여행은 다른 의미로 다가올 것이다. 여행자의 상황, 기분, 준비과정에 따라서 가지각색이겠지만, 공통점이 있다면 여행을 떠나는 것으로부터 '기쁨'과 만족을 얻는다는 것이 아닐까?

그리고 혹여 그 기쁨에 더하여 큰 만족을 얻고 싶다면, 그 답은 여행에 의미를 부여하는 것이다.

여행이란 '자아에 대한 탐험'이라고 볼 수 있는데, 즉 자신을 돌아보고 또 다른 상황에서의 자신을 직면하고, 자아가 이끄는 대로 나아가는

유럽과 아시아를 잇는 보스포루스 대교

것이다. 간혹 어떤 사람들은 '나'를 잊기 위해 여행을 떠난다고 말하기도 한다. 그런 경우, 여행의 의미는 어떻게 변할까? 그들은 자신을 잊지 못함은 물론이고, 가장 두려웠던 자신의 모습을 발견할 수도 있다. 여행에서 '나 자신' 즉 자아는 빼놓을 수 없는 것이기 때문이다.

여행의 장소를 정할 때부터 우리는 흥미로운 경험을 시작하게 되는데 우리가 여행할 지점을 선택하는 것이 아니라 그 장소들에 의해 우리가 선택된다는 것이다. 우리 기억 속에 뿌리 깊이 존재하는 무언가가 갑자기 어떤 감정을 유발하기 시작하기 때문이다. 그리고 이어지는 '여행의 시작'은 딱 집을 나서는 순간부터다. 여행자는 그때부터 '사이'의 상황에 돌입하게 되는데 '사이'의 상황이란 '더 이상 떠나온 장소에 있지도 않으며, 그렇다고 우리가 갈망하던 장소에 아직 도착하지도 않은 공간'이다.

그곳은 사람들이 오가며 무가치한 말을 주고받는 곳일 수도 있고 누군가의 목적지가 다른 누군가의 출발지가 되는 새로운 공간, 새로운 공동체, 자신만의 이야기를 만들어 내는 교차의 장소일 수도 있다.

'사이'의 공간을 넘어 마침내 우리는 꿈꾸던 장소에 도착한다. 이후 수많은 감정이 뒤섞이는 여행, 세공해야 할 원석과 같은 기억의 순간들을 얻는다.

우리는 그 순간들을 어떤 것으로든, 가장 편한 방법으로 기록해야 한다. 냄새와 향, 소리, 맛, 시각과 같은 모든 감정을 사진이나 그림, 시, 녹음 등으로 기록한다. 그것들은 '여행을 어느 정도 불멸시키고' 강렬한 순간들을 고정시킨다.

새로운 여행길에 오를 때마다 나는 목적이 가장 중요하다는, 그리고 자기가 여행에서 얻는 것은 얼마나 주의 깊게 정신적으로 준비하느냐와 정비례한다는 믿음을 가지고 신중하게 만반의 준비를 갖춘다.

여행을 하기로 결정할 때마다 나는 시간을 두 배로 더 귀하게 여긴다. 말 그대로 시간이 내 삶에서 하는 역할을 다시 돌아보게 되는 것이다. 우리의 내면에 있는 순례자의 마음에, 찾아가려는 땅의 마음과 영혼을 탐구하고 싶어 하는 마음에 귀를 기울일 시간이다.

이제는 언제 어느 계절에, 자신의 삶에서 어떤 장소에 여행을 떠나야 할지, 혼자서 떠나야 할지 아니면 단체로 가야 할지 결정할 시간이다. 시간을 들여 신중하게 숙고해야 할 시간이다. 여행을 떠나기 전 그 지역에 대한 관련 자료들을 읽은 덕분에, 그 지역의 땅을 밟았을 때 내 영혼은 이제 거기에서 나를 기다리고 있었다. 여행을 하는 동안 그때마다 그 옛사람의 존재를 느끼며 시간을 초월한 예술은 그처럼 우리를 기다리고 있다. 그런 예술이 없다면 신성한 여행도 있을 수 없을 것이다.

정여울 작가는 "나에게 여행이란 '나를 넘어선 나를 찾는 것' 바삐 살아가는 동안 자신도 모르게 놓치는 생의 아름다움, 이름 모를 장소들의 아름다움, 콕 집어 설명할 수 없는 과정의 아름다움, 아마도 일생에 단 한 번뿐일 낯선 길을 그냥 무작정 걷는 몸짓의 아름다움, 그 아름다움을 찾아가는 것 이것이 여행이다"라고 했으며 괴테의 여행 목적은 인간으로서 그리고 예술가로서의 자기 수양이며 새로운 세계를 체험해 사고의 틀과 삶을 넓히고 깊은 성찰로 자신을 키우기 위함이라고 했으며 또한 여행의 의도는 육체적, 도덕적 폐해를 치유하는 것이고 참된 예술에 대한 뜨거운 갈증을 진정시키는 것이라고 했다.

우리가 여행이라는 영역에서 경험하는 열광과 실망 사이의 차이는 당연히 현대 생활에서 겪는 혼돈을 반영한다. 나는 문제가 유적지에 있다기보다는 관찰, 즉 우리가 보는 방식에 있다고 생각한다. 말하자면

손녀 리아와 할아버지의 여행

문제는 우리를 유적지로 끌어들여 실망시키는 기념물들에 있는 것이 아니라, 우리에게 요구되는 상상력에 있는 것이다. 단 수많은 사람들에게 종교적, 예술적, 문화적 기념물을 찾아가도록 영감을 주는 믿음을 탓할 수도 없다. 그보다는 믿음이 결여되어 더 이상 진정한 것을 경험할 수 없는 우리 자신을 탓해야 한다. 우리는 점점 더 많은 것을 둘러보지만 실제로는 점점 더 적게 본다. 정작 우리에게 필요한 것은 여행할 길을 다시 상상하는 것뿐이다. 상상력을 어떻게 활용해야 하는지 알려고 노력해야 한다. 즉 '보는 것이 믿는 것'이라고 하기보다는 '믿는 것이 보는 것'이라고 한다.

만일 정신으로 충만한 여행의 비결을 정말로 알고 싶다면, 사실상 어느 여행에나 발견되기를 기다리는 신성한 뭔가가 있다고 믿어야 한다. 정신적으로 충만한 여행에 한 가지 비결이 있다면 그것은 우리 자신을 볼 줄 알게 되는 것이다. 하지만 그러기 위해서는 연습을 해야 하고 그 연습이 중요하다는 믿음을 가져야 한다. 순례자와 관광객 사이의 차이점은 관심의 목적과 호기심의 질이 다르다는 것이다.

'자기 결정의 원칙'의 저자인 라인하르트 K, 슈프렝어는 "진정한 여행자에게는 목적이 아니라 방향이 있을 뿐이다. 그는 어딘가를 향해 가는 것이 자신이 계속 다른 곳에 존재한다는 사실을 발견한다. 그는 목적지에 이르는 거리를 극복하기 위해서가 아니라 그것을 발견하기 위해서 여행한다. 그러다 보면 때로는 구간을 벗어나 다른 길에 이르기도 하는 것이다."라고 했다. 우리는 여행을 다니면서 우리가 태어나고 자란 곳이 아닌 다른 곳에 존재한다는 사실을 발견하는 것이다. 여행자의 행복을 미래로 미루지 않는다면 여행자는 지금 이곳에 사는 것이다. 모든 여행에서 중요한 것은 여행의 내용이라는 것이다. 어느 지점에 도달했는가보다 어떻게 그곳까지 갔는가, 얼마나 많이 그 순간에 존재했는가가 여행의 질을 결정한다는 것이다. 우리는 여행자이면서 동시에 여행 그 자체이다.

어디로 출발하십니까?

2. 백두산 기행

출발의 설렘

설렘 속에 새벽 네 시에 일어났다. 영국과 독일 간의 월드컵 축구 경기가 중계되고 있다. 새로운 기대 속에 아침기도와 성경을 보면서 요즈음 나의 삶에 대한 의미를 생각해보았다. 무언가 허무한 생각에 염세주의적인 생각에 빠져 있는 듯했다. 모든 것이 의미가 없다는 생각이 더욱 든다. 자신에 대한 확신이 없기 때문일까, 나이 60이 넘은 상태에서 오는 불안감인가?

간단한 식사를 하고 콜택시를 불러 타고 리무진 인천행 버스터미널에 갔다. 새벽 시간에 느끼는 상쾌함이 나를 일깨워준다. 오늘(2017년 6월 30일)은 "J&J" 부부 동반하여 우리 민족의 영산인 백두산 천지를 중국을 경유해서 간다. 안타까운 생각이 든다. 우리나라 땅을 밟고 산천을 구경하면서 갈 수 있는 날이 나의 생전에 이루어질까? 요즈음의 정세를 보면 아득하다. 세상은 양육강식의 시대에 살고 있다. 힘이 있어야 한다. 그래야 승자가 되는 세상이다. 하지만, 먼저 손해를 보고 양보를 하고, 배려를 하고, 뭔가 부족해 보이는 세상, 나는 이런 세상이 좋다. 조급해지지 않아서 좋고, 상대방을 생각하니 더욱 좋을 것 같다. 같이 더불어 사니까 더욱 좋을 것 같다.

차창 밖에는 비가 오고 있다. 어릴 때 이런 꿈을 꾸었다. 만주 평야에서 우리나라의 영토를 확장하는 소설을 쓰는 꿈을 꾸었다. 제목은 "함성"이었다. 우리나라의 기개가 널리 나타내어지는 꿈, 끝이 보이지 않은 대지 위에 커다란 나라를 세우는 꿈, 가도가도 끝이 없는 지평선 위에 말을 타고 끝없이 가는 꿈, 그런 "함성"을 들려주고 싶었다. 이런 꿈을 꾼 지역인 중국의 단동지역 등을 여행하는 것이다.

얼마나 가슴 벅찬 감홍을 가질까.

젊은 여학생이 달리는 버스기사에게 무슨 말을 하고 있다가 갑자기 뒤에서 오는 차가 추돌하는 상황에 직면했다. 순간에 소리를 지르고 깜짝 놀랐다. 다행히 사고는 없었지만 큰일 날 뻔했다. 아마 같은 일행인 남학생 속이 좋지 않아서 차를 갓길에 세워달라고 했던 것 같다. 잠시 차가 쉬었다가 다시 출발해 인천 공항에 도착했다. 10시다. 약속시간보다 한 시간이 남아있어 가져온 책을 보다가 공항 내 상점들과 사람들을 구경하였다. 약속시간에 일행이 다 모여 즐겁게 인사를 하니 아내인 서정순 씨가 오지 않아 아쉬워했다. 아내는 몇 년 전에 친구들과 다녀왔기 때문이다.

비행기가 이륙한 후에 난생 처음으로 삼각 김밥을 기내 식사로 제공받았다. 기분이 묘했다. 어린 시절 주먹밥이 생각났다. 얼마 되지 않아 대련국제공항에 도착하여 가이드인 왕 양을 만났다. 북한에 어머니와 누이가 있다고 한다. 자기는 25세인 2004년에 중국에 왔다고 한다. 이런 저런 이야기를 하면서 인구가 540만이 되는 대련 상해공원에 도착했다. 주위의 아파트와 건물들이 즐비하다. 마치 빌딩 숲이 있는 것 같다. 중국에 대한 새로운 생각이 들었다. 이렇게 변해가고 있다. 표정이나 모습이나 모든 것이 새롭게 보였다. 광장에서 초상화를 그리는 거리화가의 모습이 진지하다. 남을 의식하지 않고 앉아있는 여성이 무섭게 보였다.

다시 대련에서 단동으로 가는 고속도로에 진입했다. 이 지역의 여행은 옥수수 여행이라고 한다. 고속도로 양 옆에는 온통 옥수수 밭이다. 가도가도 끝이 없는 평원에 옥수수 밭이 널려있다. 2년 전에 스페인 산티아고 데 콤포스텔라에 갈 때 보았던 밀밭이 생각이 났다. 구릉지에 한없이 펼쳐져 있던 밀밭을 무더운 날씨와 힘든 다리와 함께 힘들게 걸어갔지만, 지금은 멀리 지평선에 펼쳐지는 초록 평야에 더욱더 다정스럽다. 가도 가도 끝이 없다. 중간에 휴게소에 들려서 라면과 음료수로 배를 채우니 한결 기분이 좋았다. 19시에 단동 시내에 들어와 압록강을 끼고 저녁식사 장소에 갔다. 압록강 맞은편에 보이는 북한은 조용하다. 불빛도 희미하다. 가이드 말이 호롱불이 전부라고 한다. 또한 배터리 불빛이 보인다고 한다. 100m 넘지 않은 강을 넘으면 북한이다. 짜한 생각이 든다. 다 같은 민족인데 말이다. 장어 집에 도착하여 북한 가락도 생막걸리가 있다고 하여 몇 주전자를 단숨에 다 같이 마셨다. 단동국제호텔에 도착하여 휴식을 취하면서 친구들과 옛 얘기로 시간을 보냈다.

둘째 날, 광개토왕비의 능을 가다

언제나처럼 아침 네 시에 일어났다. 어제 일을 생각하면서 삶의 참된 의미를 생각해보았다. 부족하고 연약한 나로서는 언제나 무엇인지 허

광개토왕비 능 앞에서

전하다. 기도를 하면서 오늘 하루를 계획해본다. 국제호텔 23층 회전석식장에서 뷔페식사를 하는데 다른 나라와는 다른 것이 없다. 뷔페는 여러 가지 음식을 한 접시에 놓고 먹으나 무엇이 맛있는지 모르겠다. 먼 북한 땅을 쳐다보면서 이렇게 가까이 있는데 아쉬운 마음이 든다. 야경에 보았던 압록강 나리가 보이고 유유히 흐르는 강이 나의 마음을 아리게 한다. 그래도 흐르고 있는데? 네 시간 삼십 분 동안 온 몸을 자동차에 맡기면서 압록강 변을 끼고 달려갔다. 산천초목이 변함이 없이 있을 것 같은데 우리들은 어떻게 될까 아쉬운 마음만 남는다. 우리네 마을도로를 가고 있는 듯한 착각에 빠져든다. 가이드 왕 양의 전화 소리에 우리가 중국에 있다는 것을 느끼는 정도이다. 모두가 지치는 것 같다. 나도 힘이 든다. 허리가 휘고 뒤틀리고 몸을 그냥 놔주지 않는다. 시간이 가니 집안도시에 도착했다. 우리의 역사가 숨쉬고 있는 지역이다. 광개토왕이 일찍이 39세에 요절하기 전까지 통일했던 지역이 중국의 천진에서 내몽고까지 그리고 우리의 한성까지 역사상 유례없는 영토 확장을 했던 왕이다. 그러나 너무 일찍 39세에 요절하면서 쇠퇴하였지만 아들인 장수왕이 이곳에 능을 만들어 아버지를 모시고 기념비를 세웠다. 자기 자신은 아버지로부터 300m 떨어진 곳에 묻혀 있다. 우리 민족의 자긍심과 자주성을 나타낼 수 있는 호태왕의 위업을 감히 느낄 수 있다. 앞에는 압록강이 있고 뒤에는 세 개의 산이 에워 쌓여 있는 이곳은 가히 천혜의 요지인 것 같다.

점심식사를 한 뒤 압록강에서 수상보트를 타면서 북한을 넘나들며 북한의 정리된 만포마을을 바라보니 마음이 짠하다. 걸어 다니는 사람과 자전거를 타고 가는 사람, 이쪽 방향을 보면서 무슨 생각을 할까. 동제련소에서는 흰 연기가 가득하게 굴뚝에서 나온다. 많은 사람들이 이동하는 것이 보인다.

자동차를 타고 가면서 424년간 고구려 수도로 있었던 국내성 성터를 차창으로만 보면서 가는 것이 아쉽다. 또한 수도방어의 요지인 환도산성의 모습이 옹골지게 보인다.

셋째 날, 천지를 올라가다

새벽 네 시에 일어나 날씨를 보니 비가 온다. 간절한 기도로 오늘 하루의 일정을 하나님께 맡긴다. 천지를 볼 수 있도록 간절히 기도를 하였다. 간단한 식사로 아침을 때우고 비가 오는 차창을 바라보면서 백두산 천지를 보기 위하여 출발하였다. 갈수록 비가 계속해서 내리고 있다. 창밖은 우리 시골과 같은 풍경이다. 중국이 변화되고 있음을 보이기라도 하듯이 곳곳에 건설현장이 많이 있다. 아직도 교통 인프라를 구축하기 위하여 분주함을 볼 수 있다. 가이드 말에 의하면 2011년부터 고속도로가 완공되면 이번 일정이 사분의 일로 줄어든다고 한다. 하루에 7~8시간씩 엉덩이 관광이 1~2시간으로 단축된다고 하니 다행스럽게 생각된다.

뒤를 돌아보니 친구부부들이 곤히 잠자고 있다. 여행의 피곤함을 알 수 있다.

백두산 입구 주차장에 도착하니 바쁘게 사람들이 움직인다. 비가 온다. 우의를 준비하면서 그래도 희망을 갖고 우의를 꺼내어 입었다. 백두산 안으로 들어가서 다른 버스로 갈아타고 백두산 천지 주차장으로 갔다. 밖은 비가 오지만 그래도 가는 길에 피어 있는 야생화를 보고 감격스럽다. 우리의 영산 백두산에 피어있는 꽃들이 널려있다. 흰 꽃인 만천초로부터 네발자국 등이 올라갈수록 우리의 마음을 잡아 이끈다. 구름 속에 보이는 백두산은 널리 뻗어지는 구름 고원처럼 완만하고 완만하게 보인다. 해발 2400인 천지 주차장에 도착하였다. 서로가 바쁘다. 비가 오고 구름이 자욱하다. 안타까운 마음이 든다. 이렇게 고생하면서 왔는데. 계단 1340개를 이용하여 백두산 천지로 올라간다. 가마를 만들어 중국사람들이 호객행위를 한다. 가마 타고 올라가라고 한다. 몸이 불편한 사람을 위하여 준비하고 있는 것 같다. 1년 전에 이스라엘 성지순례를 갔었던 생각이 난다. 시나이산에 오르는데 낙타 타고 가라고 호객행위를 하였다.

좀 가다보니 눈이 쌓여있다. 눈이 많은 백두산에 온도가 영상인데도 아직까지도 녹지 않고 있다. 힘이 들고 숨이 가쁘지만 그래도 갈만했다. 우리 일행도 잘 오고 있다. 드디어 정상이다. 구름이 가득하다. 하지만 그래도 천지에 왔으니 얼마나 다행인가. 감사하고 감사하게 기도를 한다. 우리 민족에게 축복을 내려주셔서 남북이 통일되게 하옵소서. 감사합니다. 마음을 다하여 간절한 기도를 하고나서 먼 북한 땅을 쳐다본다.

우리 민족이 통일되어 평양을 경유하여 백두산에 오면 얼마나 좋을까, 중국을 우회해서 오는 우리의 마음이 안타깝다. 우리 세대가 아니더라도 하루 빨리 통일이 되어서 단일 민족으로 자긍심을 가졌으면 한다. 우리에게 희망을 주는 날이 하루라도 빨리 왔으면 한다. 서로가 사진을 찍고 조중경계선인 5호 경계비에서 사진을 찍는다. 마치 통일된 나라에서 사진을 찍는 것처럼 말이다.

바람이 불고 비가 내려서 우의를 입었지만 아랫도리와 신발이 물에 젖는다. 추워진다. 단체 사진을 찍었다. 날씨가 더 추워져서 아쉽지만 천지를 못 보고 내려가기로 하였다.

타고 온 차에서 점심 도시락을 먹었다. 어릴 때 온적(소풍) 갔던 생각이 든다. 도시락 반찬에 달걀프라이를 밥에 얹혀 있어 다른 반찬이 필요 없을 정도였다. 그때는 그토록 먹을 것이 적었다. 요즈음은 너무 넘친다. 가이드 왕 양이 나보고 비사회주의자라고 부른다. 배가 나와서 그런단다. 북한에는 굶어 죽는 사람이 많다고 하는데 부끄러운 생각이 든다. 밥에 김자반을 뿌리고 있는데 지나가던 다른 일행이 맛있어 보인다면서 나눠달라고 한다. 조금 나눠줬다. 다른 일행들은 부러워한다. 용기 있는 자만이 할 수 있는 행동이다. 춥지만 시장해서 그런지 맛있게 먹었다.

하산하면서 천지가 용암을 분출하며 만들어 낸 v자 형태의 금강대협곡으로 갔다. 산림이 울창한 숲길을 걸어가면서 산림욕을 하는 느낌이 든다. 나무판자로 만든 길이 좋아 보인다. 협곡을 보니 마치 검은 화산재로 깊은 계속 속에 날카로운 비수가 거꾸로 세워있는 듯 장관이다. 모습 모양이 다채롭다. 흘러가는 물소리와 바위들과 울창한 숲이 어우러진 모습이 경이롭다. 네 시간을 하산하면서 장 양이 분위기를 띄운다. 김회장의 노래실력과 모두가 합심해서 부르는 노래에 분위기가 한층 더 달아오른다. 춤도 추고 박수 치고 시간 가는 줄 모르게 통화시에 도착했다. 모처럼 이런 분위기를 갖는 것 같아 모두가 좋아하면서 호텔에 도착했다.

넷째 날, 졸본성을 가다

호텔 레스토랑에 내려왔으나 음식이 준비되어 있지 않다. 식탁에 둘러앉아 이야기를 하고 있는데 장 양이 나타났다. 깜짝 놀라워하면서 식당 종업원과 이야기를 하는데 서로 연락이 안 된 것 같다. 좀 더 기다리라고 한다. 어젯밤 꿈속에 나의 마음속에 또 다른 생각이 잠재하고 있는지 엉뚱한 꿈을 꿨다. 잊어버리자고 마음속을 다시 한 번 다짐해본다. 출발 시간이 됐는데 이 대사가 나오지 않아 로비에 가보니 식당 종업원과 장 양이 이야기를 하고 있는데 어젯밤에 호텔 방에서 거울이 내려앉아 깨졌다고 한다. 거울 창틀이 비틀어져 있어 떨어져 깨진 것 같은데 종업원들은 막무가내다. 200위안을 배상하라고 한다. 한참을 싸웠지만 도무지 말이 통하지 않는다. 할 수 없이 돈을 주고 출발했다. 모두가 기분 나빴지만 이 대사 부부가 상처 없는 것만으로도 다행이라고 하면서 출발하자고 하였다.

네 시간을 달려 내려와 주몽이 건국한 고구려의 첫 번째 수도인 환인(졸본성)으로 왔다. 잘 닦여진 거리가 조용하면서도 널따랗게 정리되었다. 도시 외곽에 대단한 위용을 자랑하는 천혜의 요새인 오녀산성이 보인다. 마치 남아공의 테이블마운틴처럼 널따랗게 깎아 만든 산성이다. 환인을 출발하여 최종 목적지인 단동으로 돌아왔다. 만리장성을 본떠 만든 호리장성인 호산장성에 도착하여 산행을 하였다. 더운 날씨지만 그래도 호산장성 정상까지 올라갔다. 멀리 보이는 북한 땅이 눈앞에 있다. 한 발자국만 가면 북한 방산마을이다. 이렇게 가까이 있는데 우리네 마음은 짠한 생각이 든다. 안타깝다.

압록강변을 따라서 산책을 하는데 바람이 북녘 땅에서 불어온 것 같아 기분이 좋다.

많은 중국인들이 거리에 나와서 춤을 추고 있다. 중국 문화가 이채롭다. 모두가 즐기고 있다. 기분 좋게. 우리가 다시 갈 수 있을지 없을지 모르지만 우리 손자와 증손녀들이 꼭 그곳에 가서 뛰어놀 수 있기를 바라는 마음에서 고은 시인의 '압록강'을 소개한다.

오래 전 젊은 날
아무것도 없이 하루가 공짜로 가던 시절이었다
나는 다친 다리로 걷지 못하는 날
그 빈집 곰팡이와 함께
하루를 다 보내며
압록강 같은 서사시를 쓰고 싶었다/...

압록강의 길고 긴 물기슭은
항상 고단한 삶이 있고
억울한 죽음들이 있다
그런 강의 서사시가 되고 싶었다
나 뿐 아니라
이미 나보다 먼저
압록강은 흐른다 아아 하고 누가 노래하였다
그의 머리말을 뒤이어 내가
압록강 같은 서사시를 쓰고 싶었다

3. 안나푸르나 푼힐 전망대 산행기

첫째 날

산행은 보통의 걷기와는 다르다. 어디엔가 오른다는 것은 더 힘들 뿐만 아니라 자기 자신과의 싸움(원초적 관계)을 설정하기 때문이다. 다시 말해 산행은 의지와 자유를 가르치는 곳이다. 시간이 어느 정도 흐르면 걷는 사람을 괴롭히게 마련인 좌절감, 피로, 고통 등에 대항해야 하기 때문이다.

산행에서는 절대 서두르지 말아야 한다. 자연은 결코 서두르지 않는다. 스위스의 등반 안내자가 젊은 등산객들에게 가장 먼저 하는 조언이 '천천히 그리고 꾸준히' 걸으라는 것이다. 다시 말하면, 지나치게 빨리 걸으려고도 하지 말고 지나치게 쉬지도 말라는 뜻이다. 이따금씩은 휴식이 필요하다. 힘 센 황소라도 가끔은 쉬어야 한다. 산행이 가르쳐주는 가장 귀중한 비밀은 노력과 성공의 차이이다. 이 깨달음은 개인이 얻을 수 있는 가장 훌륭한 교훈 중 하나로, 용기와 인내의 가치를 입증해준다. 이러한 시련을 겪으며 우리는 자신이 겉모습이나 나약함에 휘둘리는 존재가 아니라는 것과 행동하고 실존하는 힘이 우리에게 부여된 고유의 것이라는 걸 느끼는 기쁨을 경험한다.

최근 히말라야 안나푸르나남벽에 도전하다 실종된 고 박영석 대장이 진정으로 참된 용기를 갖은 산악인이라 생각이 들었다. 박영석(朴英碩)은 도전정신과 탐험정신의 화신(化身)이나 다름없는 산악인이다. 2005년 인류 최초의 산악 그랜드슬램을 달성한 이후 2006년 봄 에베레스트 횡단등반에 성공하고, 2007년 초 베링해협 횡단에 나서는가 하면 이후 지난 5월 20일 세계 최고봉 에베레스트 남서벽에 코리안 루트를 뚫었다. 박영석 대장은 "탐험 없는 세상은 존재의 의미도 없다"고 말했다. 등반을 하기 전에 다음과 같이 기도하였다고 한다. 히말라야 산 대자연속에서 인간의 입성을 허락하여 달라고 기도하면서 한 번도 성공하게 해 달라고 기도한 적이 없다고 한다. 다만 지혜를 주며 안전 등반하도록 기도했다고 한다. 박영석 대장은 "제일 하고 싶었던 것이 히말라야 3대 암벽에 한국인의 신 루트(코리아 루트)를 내는 것이었다. 히말라야든 어디든 새로운 길을 낸다는 것, 자기나라 이름이 붙은 루트를 낸다는 것이 꿈이다"라고 말했다. 1%의 가능성만 있으면 절대 포기하지 않고 도전하는 박영석 대장이야말로 진정한 참된 용기의 소유자가 아닌가 싶다.

미국의 유명한 소설가인 마크 트웨인은 "용기는 두려움을 느끼지 않는 것이 아니라 두려움에 대한 저항이자 극복이다"라고 했다. 또한 춘추전국시대의 위대한 사상가요, 철인이었던 맹자에게 어느 날, 제나라의 공손추란 사람이 와서 물었다고 한다. "선생님이 제나라의 큰 재상이 되어 도를 행하신다면 제나라는 틀림없이 천하의 패자가 될 터인데 그럴 마음이 없으십니까?" 이 물음에 맹자는 대답하기를 "나는 아무런 마음의 동요 없이 리(利)를 다스리고 있다."라고 했다. 공손추가 그 비결이 무엇이냐 묻자 맹자는 "대용(大勇)"이라고 짧게 끊어 대답했다. "大勇"은 "큰 용기"란 의미가 있다. 맹자가 말한 "큰 용기"란 무엇일까? 그것은 한마디로 마음속에 전혀 부끄러움이 없다는 뜻이다. 부끄러움이 없으니 두려움이 없고, 두려움이 없으니 큰 용기로 무장되어 인생을 관조할 수 있다는 의미일 것이다. 우리의 삶에서 용기는 곧 승리임을 잊지 말아야 한다. "나는 운명의 주인이다"라고 말할 수 있는 사람에게 최후의 실패는 없는 것이다. 닥쳐오는 어둠에도 떨지 않고, 가망이 없어 보일 때도 절망하지 않는 것만이 승리에 이르는 길이란 것을 알아야 한다. 우리는 성경에 가장 자주 나오는 명령을 알고 있다. 즉 두려워하지 말라는 것이다. 우리를 향해 수없이 보내주는 명령이다. 용기는 삶의 근본이며 모든 덕목이 피어나는 토양이기 때문이다.

인간의 존경심을 자아내게 하는 속성에는 세 가지가 있다고 한다. 첫째는 사심 없는 마음이며, 둘째는 실용능력이며, 셋째는 용기라고 한다. 이러한 용기는 모든 덕목의 기초이며 근간이다. 그리고 참된 용기는 겸손하다. 참된 용기는 자신을 잊어버림을 의미한다.

나는 참으로 산을 좋아한다. 건강상의 이유가 있었지만 35년 전부터 규칙적인 등산을 하였다. 높은 산이든 낮은 산이든 특별한 경우가 아니면 가급적 혼자서 산행을 하였다. 산에 가면 모든 것이 자유롭고 희망이 보인다. 가능성이 있어 보인다. 나는 어떤 문제가 발생하면 산에 가서 생각하고 생각해서 해결한다. 많은 생각이 나를 자유롭게 하면서도 나를 평화롭게 해주는 것이 산이다. 몇 년 전에는 대학 중간고사기간 동안에 속리산, 오대산, 치악산 그리고 설악산을 등반하고 집에 와서 다시 지리산까지 등반하기도 하였다. 힘든 경우가 있지만 그래도 할 수 있다는 생각에 그 다음 제주도에 가서 한라산까지 등반하기도 하였다.

2010년 2월 12일에는 히말라야 안나푸르나 푼힐 전망대 3210m를 부부가 함께 도전하였다. 힘들고 힘들어도 의미가 있는 산행이었다. 말로만 듣던 히말라야 산, 그 많은 사연과 사연이 우리네 마음을 감동시키는 이유는 무엇일까? 그만큼 우리 인간에게 시련과 고통을 준 자연의 힘을 느끼고 인내하며 도전하여 정복하고자 하는 인간의 참된 용기가 있어 그럴 것이다. 우리는 무엇 때문에 걸을까요? 많은 사람들이 던진 질문이지만, 난 한 번도 근사하게 대답하지 못했다. 그냥 막연하게 답한다. "건강의 유지" 아니면 "새로운 도전과 호기심"이라고.

특히 2010년은 개인적으로 결혼 30주년이며 회갑이 되는 해이다. 적지 않은 나이에 아내와 같이 간다는 것은 쉽지 않은 길이라 생각되었지만 몇 년 전에 부부가 산티아고 가는 길 800km를 완주한 경험도 있기에, 우리 부부가 도전할 수 있다는 생각에 안나푸르나 푼힐 전망대 트레킹을 하기로 결정했다. 안나푸르나는 길이가 무려 55km에 달하고, 최고봉인 안나푸르나 제1봉은 높이가 8,091m로 8,000m 이상의 고산을 의미하는 14좌 중 하나이다. 이번 여정 중 하이라이트가 될 안나푸르나(Annapurna) 정상까지는 비록 등정은 못하지만 가장 가까이 조망할 수 있는 푼힐 전망대(3210m)까지 우리 일행은 5박6일에 걸쳐 걷게 될 것이다. 수년 전에 미국여행을 함께 했던 채수완 교수, 이화옥 원장 가족과 함께하기로 하였다. 출발 날짜가 다가올수록 긴장을 하고 준비를 하지만 모든 것이 내 마음대로 되는 것은 아니다. 준비는 준비일 뿐이고 실제로 현지에선 부딪히고 경험하면서 그 상황에 대처하는 것이 현명할 것 같았다. 바둑에서 장고 끝에 악수를 둔다고 하지 않던가?

전주에서 새벽 3시 30분에 인천공항 리무진을 타고 출발하여 7시에 공항에 도착하였다. 7시인데 많은 사람들이 바쁘게 돌아다닌다. 공항이 크기 때문에 많은 사람들이 오고 가고 붐빈다. 우리도 카트를 가지고 와서 무거운 카고백 다섯 개와 배낭을 싣고 여행 일행들이 있는 곳으로 갔다. 잠시 이야기를 하고 있는데 아내가 큰 소리로 부른다. “장형이 아니냐” 깜짝 놀라 뒤돌아보니 산티아고 순례길에서 같이 동행했던 이장형 군이 아닌가. 너무나 반갑고 반가워 악수를 하면서 숨 가쁘게 웬일이냐고 묻고는 다시 이야기를 했다. 연락을 했지만 연락이 안 돼서 그렇게 시간이 갔다고 한다. 그런데 머리를 깎은 모습에 단정하게 옷을 입고 있다. 산티아고의 마지막 여정인 피니스테레에서 머리를 깎아보였던 그 모습이 생각이 난다. 이제는 대학을 졸업을 하고 사회봉사를 하는 회사에 다니고 있다고 한다. 오늘은 에베레스트 베이스캠프까지 가는 친척을 배웅하기 위하여 공항에 왔다고 한다. 귀국 후에 만나기로 하고 헤어졌다. 하나님은 신비스럽다. 우리가 생각하지도 못했던 일이다. 그 동안 찾고 싶었던 청년이었는데 이렇게 공항에서 그 많은 사람 중에서 만날 수 있다는 것을 생각하면 하나님께 감사한다. 어찌 이런 일이 있을까? 많은 추억거리를 만들어 준 청년이었다. 순례길에서의 힘든 여정을 즐겁고 행복하게 완주하는데 많은 도움을 받았었다. 지난 2008년 6월에 걸었던 스페인의 산티아고 순례길에서 그리스도인으로서 많은 것을 사색하고 기도할 수 있는 시간 그리고 치유의 시간을 가졌던 것과는 달리 이곳에서는 무엇을 담고 갈까?

우리들의 근본적인 삶의 의미를 어떻게 접근할 것인가. 우선 나를 찾는 시간을 갖고 싶다. ‘나는 누구인가’에 대한 정체성은 무엇인가를 고민하고 싶다. 그 다음에 나는 진정 무엇이 되고 싶은가 그리고 나의 삶에서 정말 중요한 것은 무엇이며 따라서 앞으로 어떻게 살 것인가를 고민해야 할 것이다. 이러한 문제들은 적극적이고 긍정적 생각으로 접근함으로서 내가 존재하는 이유를 찾는 것이 가장 중요한 문제라 생각된다. 흔히들 인생은 산을 오르는 것과 같다고 한다. 산은 인생이라고도 한다. 산을 찾은 이유가 우리 인생의 깊이를 알기 위함은 아니었을까. 삶의 한 단면을 산을 통해 바라보고, 더 나은 삶의 모습을 가꾸기 위함이 안나푸르나 푼힐 전망대까지 가는 걸음 속에 숨어있지 않았을까(?) 하는 상념에 빠져보았다.

얼마쯤 날았을까? 7시 30분 인천공항을 이륙하여 7시간 가까이 되어 네팔 카트만두 국제공항에 도착하였다. 국제공항이라지만 규모는 우리나라 중소도시의 비행장 규모에도 어림없고 군 비행장같이 어수룩하다. 공항 청사 밖으로 나오니 후덥지근한 공기가 숨이 막힌다. 비가 온 뒤라서 더욱 그런 것 같다. 낡은 소형 버스에 오르니 네팔 국화인 랄리구라스 노란 꽃잎으로 만든 목걸이를 현지 가이드가 환영한다는 의미로 하나씩 목에 걸어준다. 이 꽃은 해발 2000m 이상에서만 서식하고 여러 종류가 있어서 3월 하순부터 몇 개월간 계속 핀다고 한다. 향기는 독특하다. 네팔 가이드는 우리말을 참 잘한다. 한국에서 2년간 일을 하고 왔기 때문이라고 한다. 크지 않은 키에 동그랗고 선한 눈망울이 인상적인 사람이다.

우리들에게 안나푸르나 트래킹을 이렇게 설명한다. "땀이 나지 않게 걷고, 숨이 가쁘지 않게 걷는 길"이라고 한다. 의미가 있는 말이라 생각한다. 생각대로 움직이지 말고 이 대자연에 순응하면서 걷는 길이란 생각이 든다. 올라갈수록 고산 지역으로 올라가므로 무서운 고산병이 우리를 맞이하는 것 때문일 것이다. 차창 밖으로 보이는 시내의 풍경은 사진으로만 봐 온 우리나라 6.25 전후의 혼란스러운 모습이 연상된다. 좁은 도로에 차선의 구분도 없고 앞지르기, 차선 바꾸기, 없는 중앙선 침범은 예사로운 일이고 이건 운전이 아니라 거의 곡예수준이다. 끊임없이 울려대는 장난감소리 같은 경적소리에 정신이 없다. 자동차와 오토

바이의 매연으로 목과 코가 거북할 정도로 매캐하고, 곳곳에 줄 서 있는 오토바이와 사람들의 행렬은 거의 일상이란다. 오늘은 시바의 신의 생일이라서 많은 사람들이 참배하러 가고 있어 교통이 매우 혼잡하다고 한다.

호텔에 들어가기 전 저녁을 먹기로 했다. 저녁 먹을 식당은 카트만두에서 유명한 타멜(Thamel)지구였다. 식당에 가기 전 타멜시장을 둘러보았다. 이곳은 산악인들이 필요한 물건을 구입하는 커다란 시장으로 일상용품에서부터 골동품까지 온갖 물건들이 있다. 타멜시장을 한 바퀴 돌았다. 다양한 풍물들이 숨어 있다. 네팔의 의상, 전통문양, 선물용 장식, 손으로 만든 옷 등 온갖 것이 시장에는 있었다. 산악인을 위한 등산장비점도 여러 군데 있다. 하지만 내가 구입할 것은 아무것도 없다. 한국에서 이미 준비할 것을 준비했기 때문이다. 세계적으로 우수한 품질의 실크와 양털 생산국인 네팔과 티벳의 특산물 중의 하나인 실크로 만든 가볍고 보온성이 뛰어난 파시미나 스카프와 무릎 덮개를 샀다. 그런데 시장이 어둡다. 대부분의 가게들은 어디가 어딘지 구분이 안 되게 깜깜하고 어떤 가게들은 촛불을 켜놓고 있고, 그보다 좀 나은 가게는 30촉 정도의 알전구를 켜고 있으니 시장같은 왁자지껄한 활기가 느껴지기보다는 음산하다. 시끄러운 모터소리와 심한 매연 때문에 신경이 쓰였는데 알고 보니 각 가게마다 모터를 돌려 알전구를 켜고 있었다. 네팔은 전력사정이 안 좋아서 수시로 정전이고 그래서 주로 촛불이나 등잔을 사용한다고 한다. 어둠이 깔리는, 간판의 글씨에 전깃불이 켜질 무렵 저녁 먹을 식당으로 옮겼다. 한국 음식을 취급하는 신라 레스토랑이었다. 우린 삼겹살을 먹으며 자기소개를 하는데 내가 멋진 트래킹을 기원하였다.

제일 연장자인 것 같아 묘한 생각이 들었다. 세월이 무심하게 많이 흘렀다. 내가 진정으로 존재하는 이유는 무엇일까? 생각해보면, 엊그제 결혼을 한 것 같은데 30주년을 맞이하고 회갑인 나이다. 지금까지 건강하고 큰 걱정 없이 잘 보살펴 주신 것도 모두 하나님의 은혜라 생각된다. 살다보면 어려움과 직면하고 세상의 유혹에 빠질 수도 있는데 한 직장에서 30년을 일할 수 있도록 하신 것도 하나님의 축복이다. 그런데 이 축복을 잊고 산다. 이처럼 연약하고 간사한 것이 인간인 것 같다. "좋은 글"에서 내가 존재하는 이유를 이렇게 말한다.

"늘 반복되는 지루한 하루
고달프고 초라함 속에서도 나는 걷고 있다.
내가 어디로 가는지 누구를 만나러 가는지
걷다가 뛰어 가기도 한다.
때로 지쳐 넘어지려 하고 가던 길을 돌아가고도 싶다.
작은 것에도 웃음을 나눌 수 있는
소박한 사람들을 만나고 싶다.
한없이 곁에 두고 함께 할 수 있으니 행복해 할 수 있다.
하루하루를 시행착오와 실수로 이어가지만
믿음과 애정으로 어떤 일에도 변함없이 나를 지켜봐 주는 가족이 있으니 행복할 수 있다.
만나면 늘 불만으로 가득한 투박한 말들을 건네도
화낼 줄 모르고 묵묵히 고민을 들어줄 수 있는 좋은 친구가 있으니 행복할 수 있다.
더 많은 관심과 사랑받기를 갈망해 질투와 욕심으로 상심하는 날들이 많지만 누구보다 나를 아껴주고 이해해주는 사랑하는 그대 있음에 행복할 수 있다.

이 많은 것들을 받기에는 턱 없이 부족한 나이지만 묵묵히 힘이 돼주고 사랑으로 안아주시는

소중한 님이 곁에 있기에 나 존재의 이유가 된다.

몸은 나른하고 타멜시장을 수박 겉핥기식으로 보는 둥 마는 둥 하고 빠져 나온다. 첫 숙박지 카트만두의 5성급 호텔 하이얏트에 들어서니 분위기가 싹 바뀐다. 로비에 흐르는 음악에 홀리는 듯하다. 늦은 저녁 안나푸르나 트레킹이 나에게 어떤 의미가 있는지 생각하면서 호텔 주변을 산책하였다.

둘째 날

오늘부터 안나푸르나 푼힐 트레킹이 시작된다. 가장 높은 곳에 올라가려면 가장 낮은 곳으로부터 시작하라는 말이 있다. 아침부터 바쁘게 움직였다. 우리 일행이 무사히 자연이 준 숭고함을 가슴 속에 품고, 추억을 담아 올 수 있도록 기원해보았다. 호텔 주위에는 안개가 자욱하여 지척이 안 보일 정도다. 국내선을 이용하여 포카라로 이동해야 하는데 걱정이 되었다. 아침식사를 마친 우리는 카트만두 국내선 공항으로 이동하기 위하여 로비에서 걱정을 하고 있는데 가이드는 별 문제가 없다고 한다. 항상 안개가 많다고 하면서 멀리 떨어져 있지 않은 공항으로 출발하였다.

역시 공항에도 지척을 분간할 수 없을 정도로 안개가 낮게 깔렸다. 역

시 출발시간이 늦춰졌다. 국내선 공항의 바깥 모습은 우리나라 중고차 매매시장, 또는 중고 물건 거래시장같이 황량하게 넓다. 종교적 관습 때문인가? 탑승구와 심사대 소지품 검색대가 모두 남녀로 분리되어 있다. 그래서인지 남자 줄은 길고 여자들이 서 있는 줄은 짧은 모습도 보인다. 나중에 산행을 하다 들은 얘기지만 최근들어 여자들의 사회적 활동이 많이 활발해진 편이라고 했다. 대합실 내부는 우리나라 시골 소읍의 버스 터미널 규모, 또는 작은 여객선 대합실 규모다. 높은 곳에 매달린 행선지와 시각을 알리는 20인치 크기의 전광판과 〈삼성〉 로고가 크게 쓰여진 큰 텔레비전이 있다. 안개만 없으면 30여분만 기다리면 탑승한다고 했는데 안내 방송도 없고 전광판의 안내도 없다. 기다리는 사람들은 아무 불만 없다는 듯 책을 읽고 이야기를 하고 TV를 본다. 1시간 30여분을 더 기다려서야 우리는 남녀로 구분된 출구를 통해 예티항공(Yeti airline) 프로펠러 항공의 작은 비행기에 오를 수 있었다.

이 작은 프로펠러 비행기를 보니 예 생각이 든다. 1980년 1월 20일에 결혼식을 마치고 신혼여행을 가기 위하여 서울에서 속초까지 이와 같은 비행기를 타고 갔다. 전 날에 눈이 많이 내려서 산과 들이 하얗게 보여 설경이 기가 막힐 정도로 좋아보였다. 그런데 바람이 불고 눈이 내리자 비행기 곡예가 시작되었다. 처음 타 본 비행기이지만 이렇게 힘들게 갈 줄은 몰랐다. 서로가 두 손을 잡고 숨을 죽이며 긴장했던 기억이 떠올랐다. 정말 죽은 줄 알았다. 이런 추억 때문에 미국 그랜드캐년에 갔을 때 경비행기를 타지 않았었다. 그런데 여기 네팔에서 이 비행기를 타다니 묘한 기분이 든다. 하지만 어찌하랴 포카라까지 버스 아니면 이 방법밖에 없을 것을? 프로펠러 비행기 안에 들어가서 오른쪽으로 타야 히말라야 산맥을 잘 볼 수 있다는 가이드의 말에 앞에서 네 번째 오른쪽 자리에 앉았다. 지정된 좌석이 없기에 먼저 타는 사람이 앉고 싶은 자리에 앉는다.비행기 안이 꼭 시골버스 같았다. 의자 등받이도 뒤로 젖힐 수 없었고 너무 간격이 좁아 무릎을 세우고 앉아야 했다. 포카라까지 40~50분 걸린다고 한다. 곧 비행기가 이륙하였다. 엄청난 광음에 고막이 찢어질 것만 같았다. 프로펠러가 돌아가는 소리였다. 그때 네팔 전통 의상을 한 여자 승무원이 활짝 웃으며 인사를 한다. 얼굴이 새까맣다. 얼굴 생김새로 보아 인도계 여성인지 이목구비가 분명하고 늘씬하고 아름다웠다. 여자 승무원이 승객들에게 봉지를 하나씩 나누어 준다. 비닐봉지를 열어 보았더니 땅콩과 사탕 몇 알, 그리고 솜이 들어있었다. 솜은 귀마개용으로 주는 것이란다.

작은 창으로 네팔의 풍경이 펼쳐졌다. 고도가 높지 않아서인지 비교적 자세하게 보인다. 그런데 네팔의 풍경이 익숙하게 느껴졌다. 우리네 시골 풍경과 크게 다르지 않았기 때문이다. 멀리 히말라야 산맥의 봉우리를 잇는 설산들이 병풍을 친 듯 가까이 보인다. 날씨가 좋아서 오른쪽에 있는 승객들이 연신 카메라 셔터를 누르는 소리와 사람들의 탄성으로 기내가 가득하다. 정말 멋진 하늘이 지붕, 즉 설산이다. 잠깐 사이에 포카라에 착륙한다는 싸인을 한다. 생각보다 가까운 거리이다. 비행기에서 내리자 북서쪽으로 안나푸르나 남봉과 마차푸차레 그리고 이웃 산들이 보인다. 공항 주차장은 트레커들의 짐을 싣느라 운전기사와 조수들이 바쁘다. 우리는 포카라에서 다시 중고자동차를 이용하여 나야폴까지 2시간 정도 가야 한단다. 우리나라 시골집 같은 마을들이 정겹게 보인다. 도로는 구불구불해서 차가 방향을 틀 때마다 몸이 좌우로 쏠리곤 한다. 점점 고도가 높아지며 산굽이 돌고 돌아서 나야폴(1.080m)에 도착했다. 이미 그곳에는 우리보다 먼저 온 포터들이 짐을 받아 그 짐을 자기 몸에 맞도록 갈무리를 한다. 우리는 간편한 물건들을 배낭에 넣고 준비를 하는 동안 포터와 요리사 일행은 우리보다 먼저 출발한다.

드디어 우리의 산행이 시작되는 것이다. 저 멀리 안나푸르나 푼힐 전망대를 향하여 아니 더 멀리 새로운 도전을 위하여 우리는 모든 짐을 포터들에게 맡긴 채 우리는 각자의 배낭 하나만 달랑 메고 출발하는 것이다.

조금 올라가는데 조랑말들이 내려오고 있다. 먼지가 일어난다. 아마도 짐들을 목적지에 보내고 내려오는 조랑말들일 것이다. 우리 일행은 나야폴 마을의 산 경치와 멀리서 흘러내리는 물줄기를 보면서 천천히 올라가고 있다. 우리 시골마을과 흡사하다. 여기는 해발 천 미터를 넘은 언덕들을 넘나들지만 우리 시골길은 이와는 같지가 않다. 산행 첫날이어서 그런지 모두들 잘 가고 있다. 한 시간도 되지 않아 식당에 도착하니 준비된 찌아(chia)라는 네팔 차를 대접한다. 나마스테 하면서 감사하게 마셨다. 먼저 온 요리사들이 비빔밥을 준비하고 있다. 이곳에 와서도 비빔밥을 먹다니 고마웠다. 어찌 우리의 비빔밥과 비교할 수 있을까? 하지만 감사하게 맛있게 먹었다. 식사 후에는 계속적인 오르막길 산행이 시작되었다. 갈수록 우리 일행들은 앞서거나 뒤서거니 하면서 잘 가고 있다. 초등학교 2학년인 꼬마는 아빠와 함께 새로운 세상을 맛보고 있다. 그 어린아이는 무슨 생각을 할까. 잘 뛰어 다니고 이쁜 짓도 많이 한다. 귀여운 아이이다. 왼쪽으로 깊이 파여진 계곡물 소리를 들으며 그 소리에 빠져 들어가는 느낌을 갖게 된다. 산위에서 내려오면서 나마스테 하면서 인사하는 한국 여행객을 반갑게 만났다. 힘들게 계속적인 오르막길을 걸으면서 비레탄티 마을에서 잠깐 휴식을 취했다. 우리 일행인 모두가 도착할 때까지 기다렸다. 이제는 완만히 내리막이 이어지더니 널찍한 논이 나타나고 평지가 계속된다. 그리고 오르막길을 가는데 모두들 힘들어 한다. 처음에는 긴장을 하고 산행에 대한 기대감으로 흥분된 상태에서 힘차게 출발하였지만 시간이 갈수록 산행이 힘들어지는 것을 느끼게 된다. 우리 육체도 이렇게 길들여지는 것 같다.

저 멀리 우리가 숙박해야 할 힐레(1,475m)마을이 보인다. 다들 힘차게 잘 가고 있다. 목적지가 앞에 보여서 그런 것 같다. 비탈진 산들을 배경으로 그림같은 롯지가 우리를 기다린다. 힘들게 올라온 뒤, 우리 일행들은 그 전에 알고 있는 것처럼 다정하게 서로를 위로하며 격려한다. 동기간처럼 말이다. 저녁 식사 후에 밖으로 나오니 하늘에서 눈부시게 쏟아지듯 별들이 나를 반긴다. 굵은 별들이 손으로 잡힐 것 같다. 채수완 부자가 별을 세고 있는 모습이 정겨워보여 아름답다. 참 많은 별들이 팔 벌린 산등성이 사이에서 내 품에 안긴다. 저 많은 별들을 우리 자식들도 보고나 있는지 궁금하다.

안나푸르나 푼힐 전망대로 출발하다.

셋째 날

어제 저녁 추운 날씨 때문에 잠을 설쳤다. 중간에 일어나 물을 먹고 자려고 하는데 잠이 잘 오지 않는다. 잠깐 잠들었는데 5시 5분이다. 모닝콜 10분 전이다. 모닝콜로 찌아(chia)를 만나며 아침을 연다. 우리를 돌보며 함께 트레킹을 하는 네팔 현지인 보조 가이드들이 이른 아침부터 롯지(lodge)의 방문을 두드린다. 모닝콜 대신 김이 모락모락 피어나는 밀크티를 대접하며 피곤한 몸을 깨운다. 세면을 하고 카고백을 정리한 후 아침식사를 하기 전에, 채수완 장로, 이화옥 장로, 채병민 군, 김연형 장로, 서정순 권사와 함께 새해 첫 날 예배를 전주갈릴리교회 예배시간에 맞추어 7시 45분에 드렸다. 시온의 영광이 빛나는 아침의 찬송가를 부르고 채수완 장로의 "복 있는 사람은 악인의 꾀를 따르지 아니하며, 죄인의 길에 서지 아니하며, 오만한 자의 자리에 앉지 아니하며(시편 1:1)"를 성경봉독을 하고 돌아가면서 간절한 기도를 하였다. 서로가 은혜를 받은 산상기도회였다. 온 몸에 전율을 느꼈다. 얼마나 감격스러운 새해 첫 날에 이렇게 높은 산에서 산상기도회를 할 수 있다니 정말 놀라웠다. 기도회는 이화옥 장로의 아이디어다. 참 신실하신 장로님이시다.

조금 뒤에 카고백을 가지러 포터들이 방문 앞에 나타날 것이기 때문에 다른 생각을 할 겨를이 없다. 대충 카고백을 정리하여 문 밖에 내어놓고 1층 주방으로 내려가니 요리사들이 아침식사를 준비해 놓았다.

식사 전에 우리 일행들은 서로가 마주서서 새해 인사를 하면서 건강하고 행복한 산행이 되도록 서로가 덕담을 주고받았다. 우리 민족은 정이 많은 민족이다. 서로가 이해하고 배려하며 같이 하고자 하는 마음이 각별한 것 같다.

오늘 일정은 힐레(Hile 1,475m)마을의 마마타롯지를 출발하여 울레리(Uleri 1,960m)라는 마을에서 잠시 쉬었다가 반탄티(Banthanti 2,300m)라는 마을에서 간단하게 점심을 먹기로 되어있다. 그리고 낭게탄티라는 마을을 거쳐 고라파티(Ghorepani 2,750m)까지 산행을 해야만 한단다. 그래야만 안나푸르나 산군(山群)을 180도로 바라볼 수 있는 푼힐 전망대(Poon Hill 3,210m)를 내일 새벽에 오를 수 있다고 한다. 무려 1,000m 이상을 오르는 것이다. 마을을 출발하여 가는 길은 자갈길이어서 걷기가 불편했다. 하지만 가는 길 내내 히말라야에서 내려오는 물소리가 끊이지 않는다. 만년설이 녹아서 내려오는 물소리가 산골짜기 계곡을 따라 우리를 안내해 준다. 땀방울이 맺힐 즈음 우리 일행은 잠시 휴식을 취하고 다시 계단을 오른다. 눈을 들어 보니 맑고 푸른 하늘과 물과 공기와 바람과 구름과 층층계단과 건너편에 펼쳐진 이국적인 계단 논들과 산기슭의 집들과 멀리 다가오는 산봉우리가 전부다. 여행객들의 짐을 올려다 놓고 내려오는 당나귀들이 대열로 내려온다. 우리 일행은 길을 비켜주고 딸랑거리는 소리와 뿌연 먼지를 우리에게 선물한다. 그런데 어찌 탓할 수가 있겠는가? 그들의 삶을 이해하고 배려해야 할 것 같다. 산행하는 길은 놀늘을 평평하게 하여 놀계단을 쌓은 것이다. 계속되는 오르막길이 산허리를 감싸며 방향을 틀어잡는다. 숨이 차기 시작하고 땀이 나기 시작한다. 시간은 흘러 햇살이 퍼지고 입었던 등산복 겉옷을 배낭에 다시 넣고 간다. 앞서가던 국내 가이드가 뒤를 돌아보라고 한다. 멀리 하얗게 보이는 히말라야 산의 광채가 빛난다. 히말라야(Himalaya)! 히말라야(Himalaya)라는 말은 고대 인도어로 산스크리트어로 눈(雪)을 뜻하는 히마(Hima)와 거처(居處)를 뜻하는 알라야(Alaya)의 합성어로 '눈의 거처', 즉 만년설의 집이란 뜻을 지녔다고 한다. 눈 앞에 저 멀리 보이는 흰 산이 안나푸르나 남봉이란다. 푸른 산 사

무가운 짐을 올려 놓고 내려오는 당나귀

이에 만년설이 햇살 아래 눈부시다. 다지털 카메라의 줌 기능을 사용하여 당겨서 한 컷 찍는다. 네팔에 입국한 이후로 처음 맞이하는 안나푸르나! 가슴이 뛴다. 지금 내 눈 앞에 있지 않은가. 비록 멀리 떨어져 있어도 흰 광채가 또렷하다.

참 감격적이다.

잠시 휴식을 위하여 울레리(Uleri 1,960m)라는 마을의 찻집에 들른다. 이제 우리는 모두 네팔의 밀크티인 찌아(chia)에 익숙해져 간다. 달콤하다. 휴식 중에 바라다 보이는 히말라야 산맥은 고도가 아직 높지 않은 곳이라서 그런지 물소리와 초록을 머금고 있는 숲이 아름답다. 우리를 환영한다는 간판이 눈에 들어온다. 웰컴 투 반탄티(Banthanti)다. 미리 와있는 쿡들이 국수를 준비하였다. 시장이 반찬이라고 한 그릇 뚝딱 해치운다. 바람이 분다. 이곳에서 오늘 우리가 쉴 수 있는 롯지가 있는 고라파티까지 산행을 남겨 두고 있다.

완만하게 올라가는 산비탈의 능선을 지니며 꽤 깊은 계곡의 흔들다리도 건너는데 이렇게 깊은 산골짜기에 맑고 풍부한 물이 끊임없이 흐르는 게 신기하다. 산간 비탈에 만들어진 한 폭의 그림 같은 계단식 밭들은 계속 펼쳐지고 한참을 가다보니 향기로운 꽃향기가 나서 주변을 살펴보니 우리나라의 동백꽃 같은 붉은 빛의 꽃들이 떨어져있다. 같이 걷던 셀파에게 꽃 이름을 물으니 랄리구라스라는 나무에 피는 꽃으로 네팔의 국화란다. 2,000m 이상에서 식생하는 랄리구라스는 계속 자주 눈에 띄었다. 가라픈 층층계단을 오르고 또 오르고 더 오르니 우리가 묵을 롯지가 보이기 시작한다. 고라파티에 다다른 것이다.

내일 아침에는 새벽 4시 기상이란다. 쿡들이 마련해 준 저녁을 먹으니 잠이 스르르 온다. 추운 몸을 난로 곁에서 녹이다 보니 썰렁한 냉기가 감도는 방으로 들어가고 싶지 않다. 연신 따뜻한 차를 마시며 몸을 녹인다. 침낭 속에 들어가 핫팩을 가슴 품에 안고 바로 잠이 오지 않지만 새벽에 일어나기 위하여 잠을 청한다.

넷째 날

오늘은 우리 일행이 소망하는 푼힐 전망대에서 히말라야 산 일출을 보기로 되어 있다. 날씨가 좋아서 멋지게 볼 수 있을까? 기대 반 우려 반 하면서 새벽 4시에 기상했다. 따뜻한 스프와 차를 마시고 일출을 보기 위해 푼힐 전망대를 향하여 출발하였다. 하늘이 잔뜩 흐려서 일출을 못 볼까 걱정을 했는데 새벽하늘은 달도 밝고 별도 총총하다. 좁은 등산로에 헤드랜턴으로 비춰지는 긴 행렬에 따라 앞사람의 발걸음만을 보고 걷는데 눈길이고 얼음길이다. 조심하지 않으면 안 된다. 스틱을 손으로 꽉 잡고 발을 조심스럽게 옮긴다. 걷다가 조금 쉰다. 1시간 30분여를 오르니 탁 트인 평지에 전망대가 놓여있다. 어스름하긴 하지만 채 가시지 않은 어둠 때문에 허여스름한 만년설로 덮힌 모습은 장관이다. 이름만 보고 사진으로만 봐 온 안나푸르나 1봉(8,091m), 안나푸르나 남봉(7,219m), 히운출리(6,444m), 마차푸차레(6,997m), 다울라기리(8,167m) 등의 히말라야 고봉들이 병풍처럼 내 눈 앞에 펼쳐져 있다. 우리와 함께 올라온 채병민이는 엄마와 아빠가 올라오지 않아서 그런지 말이 없고 힘이 없어 보인다. 즐거운 표정이 없다. 엄마가 힘들어 늦게 올라오는 것 때문일 것이다. 몇 장의 사진을 찍어주었지만 별로 말도 없고 무표정이다. 조금 뒤에 채 교수와 이 장로께서 정상에 도착했다. 아들 병민이의 표정이 곧바로 밝아졌다. 우리는 다 함께 단체사진을 찍었

안나푸르나 남봉 일출

다. 떠오르는 태양 때문에 동쪽으로부터 붉은빛이 진해지면서 만년설의 희뿌연 빛은 엷어지고 붉은 빛으로 조금씩 넓게 봉우리마다 색깔이 변해간다.

그러나 이것도 잠시 구름 때문에 우리가 소원했던 일출을 보지 못해 안타까웠다. 하지만 많은 여행객들은 감탄사와 카메라 셔터 누르는 소리가 묘한 분위기를 조성한다. 또 다시 안나푸르나 남봉과 마차푸차레가 보인다. 마치 수묵담채화를 보듯 그 산들이 흐릿한 안개 저쪽에서 살며시 얼굴을 내밀다가 사라진다. 구름 위 우뚝 솟은 마차푸차레 봉우리는 우리를 압도한다. 네팔 사람들은 마차푸차레를 민족의 산으로, 신의 영역으로 여긴다. 그렇기 때문에 일반인들은 물론 전문산악인의 등산도 금한다고 한다.

날씨가 추워서 오래 있을 수 없다. 고라피니에서 아침식사를 한 후 란드룽마을까지 가야 하기 때문에 하산하기로 하였다. 날이 밝아서 내려가는 길은 며칠 전에 내린 눈 때문에 빙판이 되어있다. 올라갈 때와는 달리 아이젠을 준비하지 못해 무척 고생하면서 하산하게 되었다. 이렇게 높은 산일수록 기후 변화가 심하기 때문에 사전에 모든 것을 준비해야 한다. 세상일도 마찬가지 아닌가. 예상치 못한 일 때문에 큰 일을 당한 일이 허다하다. 우리는 겸손함을 배워야 한다. 교만이나 자만하지 않은 삶 더욱더 낮아지는 자세로 세상을 살아야 하는 지혜를 배우며 살아야 한다.

발걸음을 몇 번이고 멈추곤 다시 한참을 바라보며 아쉬움을 뒤로 둔 채 롯지로 내려오니 북어국에 누룽밥과 숭늉까지 준비가 된 아침을 먹고 오늘의 목적지인 간드룽마을을 향하여 출발한다. 이번 여행의 목적인 3210m의 안나푸르나 푼힐 전망대를 등산했다는 자신감과 자긍심이 우리 마음을 들뜨게 하는 것 같다. 능선을 따라 계속해서 걷는 길은

마차푸차데가 보이는 전망대

세상 밑이 모두 내려다보이는 듯하다. 조금 전에 우리가 일출을 본 푼힐 전망대도 저 멀리 아래로 보이고 마차푸차레 봉우리는 계속 우릴 따라온다. 잠깐의 휴식 시간에 눈을 들어 고개만 돌려주면 만년설의 히말라야 영봉들이 그림처럼 펼쳐진다. 두 어깨의 봉우리를 넘어서니 숲 속의 원시림이 펼쳐진다. 며칠 전에 눈이 내려서 응달진 곳은 눈이 얼어 있고 빙판이 되어 내리막길은 미끄러워 내려가는 것이 힘들다. 모두 다 아이젠을 준비 못한 우리들의 탓이다. 앞, 뒤에서 엉덩방아를 찧고 가는데 다행히 다친 사람이 없어 다행이다. 빙판이 없는 내리막길을 조심스레 걷고 있다. 왼쪽으로는 히말라야 만년설 봉우리들을 보면서 며칠 동안 쉬면서 지냈으면 하는 아쉬움도 달래고, 또한 앞서거니 뒤서거니 하면서 일행들과 얘기도 나누며 여유 있고 느긋하게 걷는다. 데우랄리(해발 2,990m)에서 잠시 찌아차를 마시고 또 걷기를 시작한다. 이제 일행들은 요리사들이 마련한 점심을 먹고 또 다시 길을 재촉한다. 새벽부터 일어나 푼힐 전망대를 다녀온 후의 산행이라 더욱 더 힘들어한다. 우리를 안내한 네팔 가이드들도 선두 그룹과 중간 그룹, 그리고 제일 처진 그룹으로 나누어 안내하면서 길을 걷고 있다. 너무나 힘들어 그룹간 차이가 갈수록 벌어지고 있다.

반단티(2,520m) 마을 휴게소에서 찌아차를 마시면서 제일 늦게 오는 그룹까지 기다리고 있는데 홍콩에서 온 고등학생이 보이지 않는다. 나 역시 중간에 그 학생을 만났는데 우리보다 먼저 내려갔다. 전체 분위기가 어두워지고 가이드들이 역시 당황하면서 대책을 세우고 있었다. 그 학생 아버지와 가이드는 내려온 길을 다시 올라가서 찾아보기로 하고 나머지 일행은 다시 하산하기로 결정했다. 길을 잃은 학생과 그 부모는 어떠할까. 속이 타고 앞이 캄캄할 것이다. 우리도 걱정하면서 내려가는데 다 온 것 같으면서도 아직도 많이 남아있는 것 같다. 깊은 산속이라 어둠이 빨리온다. 하산 예정시간보다 3시간정도 늦게 내려가고 있다는 것이다. 이것은 아마 며칠 전에 내렸던 눈 때문에 우리가 천천히 내려왔기 때문이다. 그러나 헤드랜턴을 하고 어둑해지는 산길을 걷고 또 걷는다. 잘 걷고 있던 아내도 무척 힘들어 한다. 홍콩에서 온 초등학교 학생인 유 사장 아들은 정말 힘들어 다른 일행이 업고 내려가고 있다. 모두 다 힘들게 하산하다 보니 우리 일행은 단결이 더 잘 된 것 같다. 서로가 위로하고 격려하면서 끝이 보이지 않는 길을 계속 내려왔다. 마을을 지나 이제 다 왔나 싶으면 또 다른 계곡을 만나고 또 다른 산을 만난다. 드디어 마을 입구를 알리는 표지가 있다. '반갑다 친구야!' 하는 것처럼 다들 함성을 지른다. 어둠 속에서 얼마나 힘들고 힘들었으면 그랬을까? 아내는 산티아고 800km를 완주한 사람인데도 눈물까지 흘렸다. 너무 힘들다고 한다. 오늘 제법 큰 롯지다. 간단하게 샤워도 할 수 있어 좋았다. 아직 오지 않은 학생과 부모와 가이드가 걱정이 되었다.

나머지 일행들은 저녁 식사를 하면서 기다리고 있는데 1시간 30분 정도 지나서 그 일행들이 롯지에 왔다.

모두 다 개선장군이 오는 것처럼 박수와 환호성으로 롯지가 떨어져 나갈 것 같다. 사정 이야기를 들어보니 고등학교 학생이 아마 삼거리에서 오른쪽 방향으로 내려가야 하는데 직진을 한 것 같다. 한참을 가는데 사람들을 만나지 못해 걱정하면서 내려갔단다. 어떤 마을 롯지에 도착해서 물어보니 잘못 온 것을 확인했단다. 그 길은 안나푸르나 베이스 캠프를 가는 길이었다. 학생은 다시 되돌아와 삼거리에서 기다리고 있는데 자기 아버지와 가이드가 와서 만났다고 한다. 학생의 현명한 판단으로 잘 마무리되었으나 몇 시간 동안의 공황상태를 어찌 말로 표현할 수 있을까.

안나푸르나 푼힐 전망대

다섯째 날

오랜만의 숙면과 산행 중에 묵었던 최고의 전망과 시설을 갖춘 롯지가 준 편안함 때문인지 아침햇살이 유난히 눈부시다. 더 머물고 싶은 아쉬움을 남겨두고 간드룽 마을을 출발했다. 경사도가 심한 마을의 비탈길을 지나면서 마을 사람들, 소박한 집, 등교하는 초등학생과 교복을 입은 고등학생들을 보면서 마을의 활기가 느껴진다. 준비한 학용품을 어린 학생들에게 주면서 내려갔다. 천지난만한 눈망울, 약간의 아쉬움도 있지만 그래도 아침인사를 하면서 서로의 마음을 섞으니 마음이 편해진다. 우리도 어릴적 그 못살았던 그 시절에 미국군인들에게 초콜릿, 껌, 사탕과자를 얻어먹었던 생각이 들어 마음이 짠해진다. 많은 세월이 흘러 가족과 이웃과 함께 이 먼나라 네팔까지 그리고 안나푸르나를 보기 위해 이곳까지 와서 그 동심의 나라에 순간에 빠져 50년 전 생각을 하고 있는 것이다. 비탈길 내리막길을 내려오니 모디코라 강이 가로지른다. 강가에서 바라본 우리가 지나온 간드룽마을은 손에 집힐 듯한데 서너시간의 거리를 내려온 것이다. 이제는 오르막길을 천천히 헉헉대며 올라간다. 우리 삶도 그렇지 않던가. 좋은 일과 나쁜 일, 성공과 실패, 내려가면 올라가는 것이 세상의 이치인데 이것을 부인하고 돈과 권력으로 모든 것을 해결하려는 사람들이 많이 있다. 세상은 그러나 만만한 것만은 아니다. 정의가 살아있고 하나님은 공평하시니 우리가 살만하지 않는가.

산의 가장 높은 곳에 올라가려면 가장 낮은 곳부터 시작해야 한다는 것. 문득 덕유산 무주 구천동 백년사를 가는 길에 써있던 시가 생각났다.

산을 보며

늘 그렇게
고요하고 든든한
푸른 힘으로 나를 지켜주십시오
기쁠 때나 슬플 때
나의 삶이 메마르고
참을성이 부족할 때
오해받은 일이 억울하여
누구를 용서할 수 없을 때
나는 창을 열고
당신에게 도움을 청합니다.
이름만 불러도 희망이 생기고
바라만 보아도 위로가 되는 산
그 푸른 침묵 속에
기도로 열리는 오늘입니다.
다시 사랑할 힘을 주십시오.

빨간 파슈미나를 두르고 네팔 여인네들이 눈만 빠끔히 내놓고 산비탈 논 가운데서 소들을 돌보고 있다. 참 인상적이다. 물소리를 들으며 산길을 걷고 출렁다리를 지나 또 다시 산비탈을 오른다. 숨이 턱에 와 닿고 땀이 흐른다. 이제 조금만 힘을 내면 점심을 먹을 수 있다. 고개턱을 오르니 점심을 먹기로 되어있는 곳이다. 땀을 씻으며 산 아래를 바라본다. 까마득하다. 쿡들이 미리 준비한 떡라면이 입에 착착 감긴다. 산 중에서 먹는 떡라면이 맛이 일품이다. 아직 갈 길이 멀다. 가는 길에

멀리 보이는 학교와 마을길

만나게 될 땅거미를 얼른 앞질러 가야만 한다. 산은 언제나 우리를 등에 지고 간다. 우리가 앞서 가는 것 같지만 산은 언제나 우리 앞에 놓여 있다. 인생도 그러하지 않은가. 우리가 늘 앞서가듯 달려가지만 우리는 늘 뒤에서 따라간다. 산은 그래서 커다란 스승이다.

얼마쯤 왔을까. 저 멀리 담푸스(Dampus) 마을의 롯지가 보이기 시작한다. 오늘 저녁은 우리들을 위해 염소를 한 마리 특별히 잡았다고 여행사 인솔자가 너스레를 떤다. 시장기가 도는 시각이다. 가도 가도 끝없는 길 위 밤하늘에 별이 뜬다. 우리는 안나푸르나의 마지막 밤을 보냈다. 롯지 앞마당 뜰에 마련된 캠프파이어 속에서 네팔 가이드들과 어울려 술잔을 나누며 아쉬운 내일의 이별을 예고하고 있었다. 가이드들이 부르는 레샴피리리(Resham Phree Ree)! 이 노래는 네팔 고유의 대표적인 민요라고 한다. 마치 우리나라의 아리랑이 있는 것처럼 네팔에는 레샴피리리가 있다. 이 연가의 의미는 네팔어 레샨(Resham)이 뜻하는 '실'과 피리리(Phree Ree)가 뜻하는 '바람'이다. 즉, '실 바람' 다시 말해 '산들바람'이다. 모두가 흥에 겨워 춤을 추고 춘다. 네팔 가이드들이 부르는 흥겨운 노래와 우리들의 아쉬운 노랫가락에 교대로 불러지면서 히말라야의 밤은 깊어만 가고 있다.

여섯째 날

담푸스(Dhampus, 1650m) 마을의 아침이 오기 전에 일어나 밖으로 나가 먼 안나푸르나의 설경 보면서 아침 일출을 기다리고 있다. 최 교수와 이 장로가 곧이어 나와 가까이 와 있는 산을 보면서 깊은 명상에 빠져 있는 듯하다. 며칠 동안이었지만, 힘들고 힘들었던 산행길이 이제는 추억으로 남겨 놓은 듯 아른거린다. 아침공기가 상큼하다. 해발 1650m인 담푸스마을은 덕유산 정상(1625m)에 마을이 있는 것과 같다. 긴 호흡을 하면서 멀리 있는 산 위에는 누가 있을까 하는 생각이 든다. 하나님의 창조비밀을 누가 알까. 상상할 수 없을 정도로 신비스러운 산봉우리들이 병풍처럼 길게 누워있다. 산 너머 그곳에서도 사람이 살고 있었고 내가 서 있는 이곳 위에 그리고 내가 서 있는 이곳 아래에도 사람이 살고 있지 않는가. 우리들의 삶이 어디에 있든지 관계없이 고단하다는 것을 느끼고 살고 있지는 않은지. 늘 아쉬운 마음만 남는다. 욕심 때문일 것이다. 뒤돌아보면, 어제 낮에 본 계단식 논들 사이로 여름이면 벼들이 여물어 가고 에메랄드 빛깔의 물결이 춤을 출 것이다. 히말라야 일대에서 안나푸르나 지역만큼 벼농사가 잘되는 곳은 드물

캠프파이어와 함께 춤을 추는 일행들

다고 한다. 그래서 안나푸르나는 풍요의 여신이라고 했던가?

떠오르는 아침 해를 뒤로 보내고 아침식사를 하러 갔다. 한국에서 식사하는 것처럼 맛있게 준비를 하였다. 그동안 많은 등산객들의 식성을 잘 알고 있는 것처럼, 우리 입에 딱 맞게 끼니때마다 정성스럽게 만들어 우리를 감탄시켰다. 자유 시간을 갖고 모처럼 한가하게 마을들을 산책하며 그동안 친숙하게 지냈던 일정들과 이야기꽃을 피우며 즐겁게 거닐었다. 일행들이 안나푸르나를 조망할 수 있는 곳으로 많이 모이자, 안나푸르나를 배경으로 아쉬움의 단체사진을 찍는다. 여행사의 국내 인솔 가이드와 네팔 현지 가이드와 보조가이드들이 다 함께 모여 일행들과 추억을 담는다.

이제 이 산길을 걸어 내려가면 이들과 헤어져 우리는 우리가 처음으로 안나푸르나를 향하여 마이크로버스를 탔던 포카라(Pokhara)로 향할 것이고 쌍발 프로펠러 비행기를 타고 다시 카트만두로 향할 것이다. 아쉬운 마음이 간절하다. 그동안 정들었던 가이드와 포터들, 특히나 언제나 말이 없이 그 무거운 짐들을 머리에 메고 들고 앞서 갔던 포터들한테 뭔가 미안함과 송구스런 마음이 내 가슴에 확 밀려온다. 참 수고 많았노라고 말하고 몇 푼의 수고비로 대신하지만 짠한 마음에 몸둘 바를 모르겠다. 담푸스 마을을 출발하여 가는 길목에 물소와 염소들이 한가하게 놀고 있다. 조금 가는데 할머니가 앉아있어 사진을 청하니 포즈를 취해준다. 그런데 손을 내민다. 무엇을 드릴까 잠깐 고민하다 돈을 드렸다. 모델료를 지급한 것이다. 처음으로 말이다. 내려가면서 먼 산을 보며 여유를 갖고 주위를 살피며 갔다. 그 전에는 보지 못했던 마을 길들이 눈에 와 닿는다. 이 마을집 대문이 제주도의 정낭과 비슷하다. 네팔의 산악부족과 제주도 사람의 생활 문화는 많은 공통점이 있다. 돌길, 돌담, 지붕 등도 그렇고 대문의 정낭 역시 유사하다. 주인이 있으면 가로막대를 치우고 가까운 곳에 갔으면 한 개의 막대를, 멀리 갔으면 세 개의 가로 막대를 걸어 놓은 풍경이 너무 흡사하다. 경사가 심하다. 내려가는 것이 편하지만 무릎이 좋지 않은 사람에게는 무리가 따른다. 스틱을 적절하게 이용해서 다리에 체중이 쏠리지 않도록 하면서 내려가면 편하다.

얼마쯤 걸었을까. 우리가 하산하여 도착하여야 할 페디 마을까지 가서 점심식사를 한다고 한다.

가는 길에 잠시 휴식을 하기 위해 쉬는 곳에 티베트에서 건너온 난민들이 각종 장신구와 팔찌 등을 펼쳐놓고 사라고 권유한다. 이미 포카라로 향할 마이크로버스가 대기하고 있다. 우리 일행은 이제 이들과 작별인사를 한다. 포터들과 차례차례 악수를 하고 쿡들에게도 고마웠다는 인사를 한다. 나마스떼! 우리 일행이 도열해 있고 보조 가이드들이 마주해 있다. 모두들 한 가족처럼 산 속에서 샤워도 못하고 몇날 며칠을 보냈던 몸들이다. 땀에 벤 몸이지만 서로를 포옹하고 악수를 나눈다. 마음 한 구석이 정말로 짠하다.

나마스떼! 나마스떼! 나마스떼!

두 손을 가지런히 모으고 마이크로버스에 오른 여행객들을 향하여 그들이 마지막 배웅을 한다.

신성한 마차푸차레

4. 그리스 배낭여행

왜 그리스인가?

나는 한 달 정도의 배낭여행을 계획하면서, 2500년 전의 그리스 시간여행을 통해 우리는 한 인간이 던지는 삶과 죽음에 관한 근원적 질문에 대한 해답을 구하고 싶었다. 신화의 나라, 철학의 나라, 예술의 나라로 알려진 그리스! 그리스에는 17,000명이 모여 연극을 즐길 수 있는 디오니소스 극장과 체력을 기르고 우애를 다질 수 있는 올림픽 경기장이 마련되어 있다. 또한 독재자가 등장하지 못하도록 제도적인 장치를 만들어 시민 개개인의 참여를 강조하는 민주주의가 태어났다. 그리고 신화와 철학이 탄생했다.

그렇지만 BC 5세기로 접어들면서 그리스의 아포리아(Aporia) 즉 길 없음의 상태, 어찌할 도리가 없는 상태가 도래하게 된다. 첫 번째가 페르시아 전쟁, 두 번째가 서로 동족상잔의 비극을 치를 펠로폰네소스전쟁이며, 마지막으로 30인의 참주와 아테네의 현자인 소크라테스의 죽음이다.

그리스의 아포리아 상태가 현 대한민국의 현실과 궤를 같이하기 때문이다. 우리 또한 일제 강점기의 식민지 지배와 6.25전쟁으로 동족상잔의 비극을 겪었으며 성수대교의 붕괴, 대구지하철 참사, 최근의 세월호의 아픔을 통한 리더십의 부재를 안타까워하고 있다. 이러한 아포리아의 시대를 극복한 대안은 무엇일까? 우리 모두가 리더란 존재는 무엇인지 다시금 고찰해야 하는 시기이며 진정으로 우리가 자기 자신을 되돌아보는 자기 성찰이 필요한 시대라고 생각된다. 스티브잡스가 스텐포드 대학 졸업식에서 이야기했듯이 '만약 오늘이 내 인생의 마지막 날이라면, 오늘 내가 하려는 일을 과연 할 것인가?'라는 물음을 스스로에게 던지는 것이다. 이러한 자기 반성의 태도가 나를 찾아가는 여행이며 이번 여행의 목적이다.

나는 그리스를 중심으로 한 여행계획이 결정되면서 그리스의 신화와 철학, 그리고 관련된 많은 책을 읽었다. 짧은 시간이었지만 문명의 시작이라 할 수 있는 나라를 찾아서 탐구한다는 것이 무엇보다도 좋았다.

청춘은 아니지만 몸은 젊은이 못지않은 의욕과 간절함이 무엇보다도 우선했다. 내 청춘은 지났지만 내 마음은 여전히 두근거리는 중이다. 새로운 도전이고 도전에 대한 대가가 설렘과 희망이다. 하지만, 진정으로 나의 삶을 되돌아보고 후회없이 잘살았다고 할 수 있겠는가. 천상병 시인처럼 이 세상에 소풍 한 번 잘 왔다가 간다고 말할 수 있다면 얼마나 좋을까?

인천국제공항에 들어서면서 우리나라도 참 많이 발전되었다는 생각이 든다. 주차장을 가득 메운 그 많은 자동차, 사람들 모두가 만원이다.

이번 여행에 동행할 친구인 김창순 교수(전 여성가족부 차관) 부부를 만났다. 우리를 태운 비행기가 이륙하여 기내에서 만난 하나님의 말씀은 누구와 동행하는가이다. 미가선지자께서 우리에게 말씀을 전한다. 하나님은 우리가 정의를 행하기를 즉, 하나님의 법과 우리가 사는 나라의 법을 잘 지키길 원하신다. 둘째는 하나님은 우리가 다른 사람들을 판단하지 않으며 긍휼히 여기는 것, 즉 인자를 사랑하라고 하신다. 셋째로 우리는 우리의 뜻을 접고 하나님이 우리의 길을 인도하시도록 하나님과 겸손히 동행해야 한다고 말씀하신다. 우리의 여행계획과 목적에 맞는 말씀으로 생각되었다. 예수님은 선지자 미가의 말씀을 요약하여 "우리가 마음과 목숨과 뜻을 다하여 주 너의 하나님을 사랑하고 네 이웃을 네 자신과 같이 사랑하라"고 하신다. 창세기 말씀에서는 우리가 하나님의 형상대로 창조되었다고 가르친다. '나는 하나님의 형상을 드러내고 있는가' 높은 자리에 있을 때 나는 정의를 행하는가? 다른 사람들이 나를 나는 용서하는가? 아니면 상처를 품으며 복수할 기회를 노리는가? 하나님과 동행할 때 나는 겸손히 하나님이 인도하시도록 하는가 아니면 내 능력과 인맥에 의지하는가에 깊은 생각에 빠져 있었다.

로마 레오나르도다빈치 국제공항에 밤 10시경에 도착하여 픽업 약속 장소에 가보았으나 사람이 없다. 민박집에 전화를 하였으나 전화도 받지 않아 불안한 마음을 갖고 마냥 기다리는데 전화가 왔다. 우리나라와 알제리간의 월드컵경기 때문에 일할 사람이 움직이지 않는다고 한다. 월드컵 경기가 이렇게도 인기가 있는지 몰랐다. 2014년 브라질 월드컵에서 우리나라는 러시아와 가진 본선 첫 경기에서 1-1 무승부를 기록하면서 비교적 무난한 출발을 하였으나 알제리와의 2차전에서 4-2로 패하면서 16강 진출이 무산되었다. 후반에 골을 추가한 구자철 선수는 우리 전주대학교 출신이다. 여기에서도 애교심이 발동한다. 한참 후에야 승용차 기사가 우리를 픽업해서 민박집에 도착했다. 숙소에 오는 동안 승용차 기사가 이런저런 이야기를 하다가 이탈리아에서는 병원 구급차 소리를 자주 들을 것이라면서 여기는 병원에서 모두가 무료라고 한다. 요즈음처럼 노령사회에서 이곳은 정말 천국이라는 생각이 든다. 힘없고 돈없는 사람들에겐 얼마나 좋은 정책인가 싶다. 병원에 입원 치료 중인 형님이 눈에 밟힌다. 수술을 하였지만 암을 완전히 제거하지 못하고 다시 봉합하였다는 조카의 말에 아연 실색했다. 형수님도 8개월 만에 천국으로 가셨는데? 모든 것을 주님의 뜻대로 맡기시고 기도하시던 형수님의 얼굴이 선하다. 불쌍하신 우리 형님! 어떻게 그 무서움, 두려움을 견디어 내실까? 우리의 삶이 너무나 덧없다는 생각이 너무 많이 드는 새벽에 몇자 적었다. "나는 어떠하라고?"

그리스 문명을 찾아서

고대 그리스 문명은 유럽문명의 시작이자 인류 속냉의 원천이다. 고대 그리스인들이 창조해낸 독창적인 문화와 문명의 자취는 숱한 고전과 유물, 유적으로 고스란히 우리에게 남겨졌다. 그리스 역사 문화 탐방은 그리스 문명과 영욕의 세월을 거슬러 올라가는 그리스인들의 열광과 환희, 고통과 좌절로 점철된 뜨거운 삶의 궤적이라고 할 수 있다. 오늘날 혼돈에 빠진 우리의 삶을 반추하고 새로운 지혜를 탐색하는 나를 찾는 여행이라고 볼 수 있다.

로마공항에서 이륙한 비행기는 1시간 20분을 날아와 그리스 아테네 공항에 도착하였다. 출구에 나와 보니 조동규 목사님이 우리들을 반갑게 맞아주셨다. 목사님은 30여 년을 그리스에서 선교사와 목사님으로 선교활동에 헌신하셨다고 한다. 오늘은 우선 그리스 본토 가장 남쪽에 있는 땅 끝 마을인 수니온 곶을 가기로 했다. 아테네에서 수니온 곶으로 가는 길은 살로닉만의 해안선을 따라 달리는 해안 루트와 내륙산 길을 달리는 두가지 길이 있는데 우리는 해안 길을 따라 가기로 했다. 아테네와 수니온 곶을 연결하는 해안 길은 꽤 유명하다. 멀리보이는 푸른 바다가 에메랄드빛 에게해이다. 특히나 1962년에 개봉된 영화 '페드라'가 이곳에서 촬영했다고 한다. 수니온으로 가는 해변도로는 에메랄드빛 에게해의 아름다운 풍경을 즐길 수 있다.

연인들의 환상적인 드라이브 코스로 제격이라고 한다. 연중무휴로 바다수영을 즐길 수 있는 해변도 그리고 작렬하는 태양에 실오라기 하나 걸치지 않고 즐기는 누드비치도 있다고 한다. 한참을 눈으로 호사를 누리고 가는 동안에 드디어 수니온 곶에 위치한 포세이돈 신전에 도착하였다. 그런데 이상하게도 관광객이 한 사람도 없었다. 신전 주위를 한 바퀴 돌았으나 멀리 푸른 에게해와 바람만이 우리를 반기고 있다.

포세이돈 신전은 바다의 신답게 절벽 위에 우뚝 솟아있다. 14개의 돌기둥만 남아 있지만 위엄이 있어 보인다. 길이 31.2m에 폭 13.47m의 도리아식 기둥이다. 에게라는 명칭은 전설상의 아테네왕 아이게우스 또는 해신 포세이돈의 성지 아이가이에서 비롯되었다고 한다. 또한 에게해에 대한 또다른 신화는 다음과 같다 아이게우스의 아들인 테세우스가 아테네의 소년 소녀들을 잡아먹는 크레타의 괴물 미소타우로스를 죽이러 떠난 뒤 성공하면 흰 돛을, 실패하면 검은 돛을 달고 오겠다고 아버지에게 약속을 했었다. 테세우스가 크레타공주 아리아드네의 도움으로 미소타우로스를 처치하고 동료들을 무사히 구해서 고국 아테네로 오다가 디오니소스 신의 협박에 그만 아리아드네를 낙소스 섬에 두고 떠나게 되었다. 이 일로 테세우스는 크게 상심하고 그의 동료들도 슬픔에 잠겨 돛을 바꾸는 것을 잊어버렸다. 이들을 걱정하며 수니온 곶까지 나와서 기다리는 아이게우스 왕은 돌아오는 배의 돛이 검은색인 것을 보고 아들이 죽었다는 생각과 순간적으로 밀려오는 슬픔에 바다에 몸을 던져 죽었다. 테세우스는 아버지의 죽음을 전해 듣고 혼절했다고 한다. 그래서 이때부터 아테네인들은 아이게우스가 몸을 던졌던 바다를 에게해라고 부르게 된다고 한다. 이와 같이 에게해에는 그 이름의 유래가 되는 아이게우스 왕의 애틋한 아버지 마음과 아테네의 영웅 테세우스와 아리아드네 공주의 지켜지지 않은 약속, 영웅들의 모험 등등이 살아 숨 쉬는 역사가 있지 않는가 한다.

파란 하늘과 청람색 바다를 배경으로 황갈색의 척박한 산 위에 웅장하게 솟은 포세이돈 신전의 열주를 보면 말문이 막힌다. 멀리서 보이는 신전과 주변의 풍광도 압도적이지만, 언덕 꼭대기에 올라 탁트인 에게해를 내려다보면 신전의 탁월한 위치와 장중한 아름다움에 도취되어진다. 수니온 곶은 고대부터 선원들의 성지로 숭배되었다. 파도가 잦기를 기원하는 선원들이 기원전 6세기에 포세이돈 신전을 세웠고, 기원전 480년 페르시아 전쟁 때 신전이 파괴되자 페리클레스시대인 기원선 444년에 다시 세웠다.

아테네인들이 선택한 신은 아테네 여신이었지만 해상을 장악했던 아테네로서는 바다의 신 포세이돈을 홀대할 수 없어서 땅 끝에 바다와 만나는 첫 자리에 포세이돈을 위한 신전을 건립하게 된다. 자신의 삼지창으로 만들어낸 바람을 맞으며 2500년의 세월을 지키고 있는 포세이돈 신전에는 낙서들이 많이 있는데 그리스를 그토록 사랑했던 영국의 계관시인인 바이런이 1810년에 새긴 시구는 다음과 같다.

"수니온의 대리석 절벽 위에 나를 올려놓아다오,

파도와 나 이외에는 아무것도 없어, 우리 서로의 속삭임이 서로 휩쓸려 가는 것을

들을 수 있는 그곳에,

거기서, 백조처럼, 노래하면서 죽게 해 다오.

노예들의 나라가 결코 나의 나라가 될 수 없으리.

사모스 포도주의 저 술잔을 내팽개쳐라."

포세이돈 신전에서 400m 정도 떨어진 장소에 있는 아테네 여신의 수니온 신전은 두 개의 신전기초가 남아 있지만 큰 것은 BC 470년경 혹은 펠레폰네소스전쟁(BC 431-404년)기간에 지어진 것으로 추정된다.

포세이돈 신전

이 작은 신전에 대한 고고학자들의 견해는 두가지로 갈라진다. 아테나여신에게 봉헌된 신전이라는 의견과 또 다른 주장은 아르테미스여신에게 봉헌된 신전이라는 것이다. 전쟁과 지혜의 여신 아테나는 제우스의 딸로서 전쟁과 여러 가지 기예의 수호신이다. 또한 도시의 수호신으로서 그리스 여러 도시에 그녀의 신전이 있다. 제우스의 머리에서 무장한 채 태어난 지혜의 여신이며, 남성적인 행동을 즐겼으며 지혜를 나타내는 올빼미와 항상 함께 다녔다. 아테나라는 그녀의 이름에서 알 수 있듯이 아테네가 가장 애착을 가지고 지켜준 도시는 고대 그리스의 여러 도시국가 가운데서도 가장 빛나는 별 아테네였다. 우리는 그리스 첫 날을 수니온 곶 땅 끝 마을에서 아테네로 돌아와 여장을 풀고 오후 시간을 산책하며 지내기로 하였다.

아크로폴리스 언덕에 서서

그리스에서의 첫날밤은 일찍 눈이 떴다. 나이가 들어서 그런지 아니면 새로운 설렘 때문일까? 호텔 문을 열고 밖으로 조금 나와보니 해안길이 있고 깨끗하고 아름다운 집들이 꽃들과 함께 눈에 들어온다. 시원하고 상쾌한 아침이다. 낚시대를 바다에 던져놓고 마냥 기다리는 아저씨, 아침 해수욕을 하러 나온 중년 부인이 벤치에 앉아 먼 수평선을 보고 있는 모습이 남같이 보이지 않는다. 지나가는 배는 새벽에 얼마나 고기를 낚았을까? 항구 주변에 있는 빈의자들이 왠지 쓸쓸하게 느껴지는 것은 왜 그럴까?

먼 나라에서 온 사람의 마음을 나타내어 주는 것은 아닌지?

김용택 시인의 '사람들은 왜 모를까'라는 시가 생각난다.

아레오파고스 언덕에서 본 파르테논 신전

… 누가 알랴 사람마다 누구도 닿지 않은 고독이 있다는 것을…

어제 우리를 가이드했던 조 목사님 사모님이 오셔서 오늘 아테네를 안내하시겠다고 한다. 고향이 전라도 순천이라고 하신다. 그리스에 대한 가이드를 오랫동안 해왔기 때문에 그리스의 역사, 신화 등 모든 것이 해박하시다. 호텔에서 나와 트램(Tram)을 타고 아크로폴리스로 향했다. 아테네 중심부인데도 대도시라는 느낌이 들지 않았다. 눈 앞에 보이는 아름답고 새롭게 보이는 동방정교회가 있다. 동방정교회는 서방(라틴)교회의 상대적 의미로 동방교회라 호칭되지만 더 깊은 뜻은 죽음에서 부활한 빛인 그리스도를 상징하는 빛나는 태양이 동방에서 떠오른다는 데 있다.

동방정교회라고 할 때 정(正; Orthodox)이란 사도전통 · 교부전통의 올바른 가르침, 올바른 믿음, 올바른 예배의 의미를 지닌다. 동방정교회의 내부에 들어가 보니 좀 분위기가 어둡고 의자가 없고 기존 교회나 성당과는 다른 분위기였다. 성경책을 들고 있는 예수님도 그동안 보아왔던 예수님상과 다르게 보였다. 천장에 있는 예수님상은 이슬람교도가 지배하던 당시에 예수님상을 회칠을 한 것을 이제는 회칠한 부분을 제거하여 손상이 많이 되어 있어 안타깝게 보였다.

프로필레아는 아크로폴리스의 대문 혹은 정문이라는 뜻으로 BC 437-432년에 건축되었으며 미완성인 채로 남아 있다. 건물 바깥쪽은 도리아 양식의 기둥을 배치하고 안쪽에는 이오니아식 기둥을 세운 것이 특징으로 날개처럼 두 건물이 마주보고 있다. 북쪽 건물은 그림 전시관으로 사용되며 약 23m의 길을 따라 문을 통과하면 아크로폴리스 내부로 들어갈 수 있다. 가장 큰 문을 통과해 뒤돌아보면 다섯 개의 대문이 손가락처럼 보인다고 해서 손가락 양식이라 부르기도 한다.

프로필레아를 통해 아크로폴리스 내부로 들어오면 오른쪽에 파르테논 신전이 있다. 파르테논은 아테네 수호 여신인 아테나를 위해 지어진 도리아 양식의 건축물로 나무로 만든 지붕을 제외하면 바닥과 기둥을 펜텔릭(Pentelic)대리석으로 만들었다. BC 447-438년에 천재 조각가 피디아스(Pheidias)의 감독아래 칼리크라테스(Callicrates)와 이크티수스(Lctinus)가 설계해 15년 동안 지었다. 얼핏보면 바닥이 평평하지 않고 기둥간격이나 굵기도 일정하지 않은 것 같지만 이는 착시현상까지 계산한 엔타시스(Entasis)기법으로 당시의 기술자들이 설계한 것이다.

1801년, 콘스탄티노플 영국대사였던 토마스 엘진(Thomas Elgin)경이 술탄의 허락 아래 신전의 문화재를 영국에 팔아 그 일부가 영국대영박물관에 전시돼 있다고 한다.

조금 오르막길을 올라가자 매표소가 나왔다. 사모님께서 티켓을 사 온 뒤에 아크로폴리스에 대한 설명을 열정적으로 하였다. 아크로폴리스의 '아크로(Acro)'는 높다는 뜻이고 '폴리스(Polis)'는 예방된 장소라는 뜻이다. 그러므로 아크로폴리스는 '높은 곳에 있는 예방된 장소'이다.

고대 그리스 도시국가는 언덕을 중심으로 발달했다. 방어에 유리한 언덕을 폴리스라고 부르다가 시간이 흐르면서 도시국가를 폴리스라 부르게 되었다. 그리스인들은 아크로폴리스에 성벽을 쌓고 폴리스의 수호신을 비슷한 신을 모시는 신전을 세웠다.

생각보다 아침인데도 날씨가 덥다. 많은 관광객들이 언덕의 아크로폴리스로 향한다. 우리는 걸을 때 주변 환경, 분위기, 풍경, 소리, 얼굴이 기억에 남을 정도로 계속 되풀이해서 감탄을 하게 되는 경우도 있다. 이와 같은 걷기는 세상의 즐거움으로 이어지는 통로라고 볼 수 있다. 잠깐 쉬었다 갈 수도 있고, 내면의 평정도 찾을 수 있으며, 주변 환경과 함께 우리가 목표로 한 장소의 탐험에 몰두할 수 있다. 아크로폴리스 입구에 도착하여 로마시대 외세침략에 대비해 만든 방어용 성벽의 일부로 알려진 블레의 문(Boule Gate)을 통과하였다. 수많은 관광객들의 발자국에 의해서 바닥이 반들반들하다. 블레의 문을 통과해 프로필레아로 올라서기 직전 오른쪽에 보이는 것이 아테네 니케신전으로 아크로폴리스 건축물 중 최초로 이오니아식으로 지어졌다. 이 신전은 기원전 칼리크라테스가 페르시아와의 승전을 기념하기 위해 세웠다. 또 이곳은 그리스신화에서 아테네 왕인 아이게우스가 아들 테세우스가 미노타우로스에게 죽은 줄 알고 투신자살한 장소로 유명하다고 한다. 얼마나 아들을 사랑하였으면 아버지가 아들을 그리워하며 자살했을까? 짠한 마음이 든다.

오늘은 다른 날보다 관광객들이 많다고 한다. "여호와의 증인"신도들이 아테네의 세계집회를 참석한 후 파르테논신전을 관광하기 위해 왔다고 한다. 무더운 날씨가 많은 관광객들을 힘들고 힘들게 한다.

아이스크림을 먹거나 부채를 연신 부쳐봐도 별 소용이 없다. 여기저기를 봐도 그늘진 곳이 없다. 파르테논신전 북쪽에 있는 아테나 여신이 올리브나무를 심었던 곳으로 아크로폴리스에서 가장 신성한 장소에 세워진 신전이 에렉티온신전이다. 아테네를 놓고 경쟁한 아테나 여신이 올리브나무를 심고, 그 자리에 바다의 신 포세이돈이 삼지창을 내리쳐 우물을 만든 곳에 전설의 왕 에렉토니우스(Ericthonius)의 이름을 붙여 에렉티온신전이라 한다. 이 신전은 이오니아식 양식으로 지어진 건축물로 BC420년 짓기 시작하여 BC406년에 완공되었다. 이 신전의 볼거리는 카리아티테스(Caryatines)상으로 불리는 여섯 명의 소녀상이다.

그리스의 산토리니 모습

기둥을 대신해 주랑을 받치고 있는 6명의 처녀는 2m가 넘은 높이로 이오니아 장식을 하고 있으며 머리모양과 장신구, 복장 등이 모두 다르다. 현재 신전에 있는 처녀상들은 모두 모조품으로 진품 4개는 아크로폴리스박물관에 전시되어 있고 왼쪽에서 두 번째 소녀상은 영국의 엘진 경이 반출해 대영박물관에 있으며 뒤쪽 오른쪽 소녀상은 파괴되었다고 한다. 이 건물은 후에 기독교교회로 쓰이기도 하고, 왕궁으로 쓰이기도 하고, 하렘으로 쓰이기도 했다. 터키 점령시에 하렘으로 사용되었는데, 하렘은 궁녀들의 생활공간을 의미한다. 역사 속에서 에렉티온신전은 이처럼 수많은 변화와 수난을 겪으면서 현재의 모습으로 남아있다. 건물 옆 올리브나무는 아테나 여신의 상징수로 1917년 독일의 고고학자 베르트 하지 힐이 다시 심었다고 한다. 파르테논과 에렉티온 신전을 가로질러 5분정도 걸어가면 그리스의 국기가 게양돼 있는 곳이 전망대이다. 아크로폴리스에서 가장 높은 곳으로 산티그마와 올림푸스 제우스 신전, 자피온, 근대올림픽 경기장 등 아테네 시내를 한눈에 내려다볼 수 있다.

아테네 도심의 모습은 높은 건물은 거의 없고 거리 곳곳에 역사적인 유물들이 산적해 있는 도시이다. 도심의 어느 곳에서도 이곳의 아크로폴리스가 보여야 한다고 한다. 참으로 그리스인들은 고대의 유적지에 대한 자긍심이 대단한 것 같다. 이것은 서양문명의 발생지라는 자부심이 아닐까 생각된다. 아크로폴리스 언덕 아래에 있는 헤로데스 아티쿠스 오데온(Herodes Atticus Odeum)을 내려다본다. 오데온은 음악과 연극 그리고 춤을 공연하는 장소로 일반적으로 음악당이라 불린다. 헤로데스 아티쿠스(Herodes Atticus)는 부유한 소피스트이자 수사학자로 로마 황제 마르쿠스 아우렐리우스의 스승이었다. 기원 후 2세기에 살면서 그리스 지역 여러 도시에 수많은 로마식 건축물을 세웠다. 이곳의 오데

온도 서기 160년 자신의 아내 레길라(Regilla)를 기억하기 위해 세웠다고 한다. 아크로폴리스 동남쪽 아래에 포도주의 신인 디오니소스를 기리는 신전이 있고 그 옆에 디오니소스 축제가 벌어지던 장소에 디오니소스 극장(Theater of Dionysos)이 있다. 디오니소스 극장은 고대 아테네에서 가장 중요한 공연장으로 기원전 6세기에 지어졌다고 한다. 기원전 5세기에 이곳에서 비극 경연대회가 열렸다. 아이킬로스(대표작 〈아가멤논〉, 〈코에포로이〉, 〈에우메니데스〉 등), 소포클레스(대표작 〈오이디푸스 왕〉, 〈안티고네〉 등), 에우리피데스(대표작 〈메데이아〉, 〈키클롭스〉 등) 세 사람이 가장 유명한 비극작가들이다. 디오니소스 극장은 15,000명의 관객을 수용할 수 있는 크기로 반원형의 모습을 하고 있다. 로마 시대에 개보수가 이루어졌다. 물론 오늘날은 유적으로만 남아있다. 디오니소스 극장의 관람석 맨 뒤쪽에 아스클레피오스 신전이 있었다.

아레오파고스 언덕을 올라가는 입구에 성경구절 사도행전 17장 22절 이하의 구절이 적혀있는 동판이 있다. 그것은 사도 바울이 기원후 51년 아테네에 전도여행을 와서 아레오파고스 앞에서 설교한 내용을 기록한 것이다. 이 아레오파고스 언덕에서 아테네를 한 눈에 볼 수 있으며 또한 숲으로 둘러싸인 파르테논 신전이 정말로 아름답게 보였다.

아고라에서 소크라테스를 만나다

그리스의 철학자들은 잘 걸었을까? 그들은 주로 서 있었고, 제자들에게 둘러싸인 채 산책했으며 그 제자들을 이끌고 긴 기둥들이 쭉 늘어선 회랑을 이쪽 끝까지 걸어와 잠깐 멈춰 섰다가는 다시 되돌아서서 반대방향으로 저쪽 끝까지 걸어갔다. 그래서인지 라파엘로(Raffaello Sanzio)

는 "아테네 학당"이라는 그의 유명한 그림에서 서 있거나 자신있게 걷거나, 집게손가락을 치켜들고 있는 고대철학자들을 묘사했다. 고대에는 아고라(Agora)에 가면 누구나 만날 수 있었다. 누구나 만나 이야기를 할 수도 있었다. 그곳은 늘 사람들로 북적거리고 시끄러운 거리였다. 아고라는 그리스어로 '함께 모이다.'라는 동사에서 나왔고 집회 또는 모임 장소를 의미한다. 그러므로 고대 아테네의 민회가 열렸던 장소를 가리키기도 한다. 그렇지만 단지 토론이나 재판 및 공적업무만 이루어졌던 것은 아니고 시장의 기능도 하였다. 아고라는 사람들이 모여드는 장소로 삶의 현장이었다. 아테네 시민들은 이곳에 모여 정치와 경제 및 철학적 문제에 대해 토론과 격론을 벌이기도 하고 일상생활에 필요한 물품을 사기도 하였다.

나는 아고라를 걸으면서 2400년전 당대 최고의 철학자 소크라테스가 걸었던 그 길에서 그 당시를 상상해보면 가슴 속에 용솟음치는 감동과 희열에 빠져 드는 느낌이 든다. 아고라에서 식료품가게를 찾고 있던 크세노폰이 소크라테스를 발견하고 "선생님, 식료품가게가 어디있는지 아십니까?"라고 묻자 소크라테스는 "그럼 자넨 탁월한 사람을 어디서 찾을 수 있는지 아는가?"라고 되물었다고 한다.

이런 우연한 관계에서 그때부터 크세노폰은 소크라테스의 제자가 되었다.

이와 같이 젊은이들과의 소통을 통해서 우리 삶의 문제를 토론했던 소크라테스가 아테네 신들을 숭배하지 않을 뿐만 아니라 종교적으로 이단적인 것들을 소개하여 젊은이들을 타락시켰다고 기원전 339년 봄 아테네 시민 세 사람(시인 밀레토스, 정치인 아니토스, 웅변가 리콘)이 고소하여 독약을 먹고 죽은 희대의 사건이 발생한 곳이다. 그 당시 소크라테스는 믿기 어려울 만큼 침착했다고 한다. 법정에서 자신의 철학을 부

아테네 학술원, 플라톤과 소크라테스

인할 기회가 있었음에도 불구하고, 그는 대중적인 인기에 영합하지 않고 자신이 진실이라고 믿는 것을 끝까지 고수했다. 그의 제자인 플라톤의 "변명"에 의하면, 소크라테스는 배심원들 앞에서 이렇게 말했다고 한다.

"나는 숨을 쉬는 한, 그리고 지적능력을 잃지 않는 한, 철학을 가르치고, 사람들을 훈계하고, 만나는 모든 사람들을 위해서 진리를 명료하게 밝히는 일을 결코 멈추지 않을 것이오.

…그러나 여러분… 그대들이 나를 무죄로 하든 말든, 나는 나 자신의 행동을 바꾸지 않을 것임을 그대들을 알게 될 것이오, 일백번을 더 고쳐 죽는다고 해도 말이오."

그리하여 소크라테스는 아테네의 감옥에서 최후를 맞게 되었고, 그의 죽음은 철학사에서 철학의 본질이 무엇인지를 명쾌하게 보여준 한 순간으로 기록되었다.

갑자기, 고려 말 충신이며 성리학의 시조인 정몽주 선생이 생각되었다. 고려의 마지막 기운이 느껴지던 어느 날, 정몽주와 이방원이 술상을 앞에 놓고 이방원은 먼저 회심의 시 한수를 읊는다. "이런들 어떠하리 저런들 어떠하리/만수산 더렁칡이 얽어진들 어떠하리/우리도 이같이 얽혀져 백년까지 누리리라." 그러자, 정몽주가 이방원이 따라주는 술 한 잔을 받아들고는 화답을 한다. 그것이 유명한 단심가(丹心歌)인데 이 시 한수로 정몽주의 고려 왕조에 대한 일편단심을 충분히 느낄 수 있다.

"이몸이 죽고죽어 일백번 고쳐죽어/백골이 진토되어 넋이라도 있고 없고/님 향한 일편단심이야 가실 줄 있으랴"

정몽주의 마음을 알고 있었던 이방원은 그로부터 얼마 후 심복 조영규를 통해 선죽교에서 정몽주를 쇠방망이로 죽였다고 한다.

소크라테스의 변명과 정몽주의 단심가에서 보듯이 일백번을 고쳐죽는다고 하더라도 자신의 소신과 철학을 바꿀 수 없다는 의지를 보여주는 모습이 아름답고 거룩하게 느껴진다. 이것은 어찌보면 바람부는 대로 살지 말라는 의미가 있는 메시지라고 생각되었다. 하지만, 여기에서 소크라테스와 정몽주가 자신의 철학을 부정하고 목숨을 구할 수도 있었을 것이다. 이러한 선택을 할 이들이 비논리적인 반대에 부딪혀서도 자신의 입장에 대한 확신을 굽히지 않는 극단적인 예로 받아들여야 할 것이다. 특히 소크라테스의 변명에서 소크라테스의 예견은 빗나가지 않았다는 것을 볼 수 있다.

"만약 그대들이 나를 죽음으로 몰아넣는다면, 그대들은 나의 자리를 대신할 사람을 쉽게 발견하지 못할 것이오. 약간 우스꽝스럽게 표현하자면, 사실 나라는 존재는 신에 의해서 글자 그대로 이 도시에 달라 붙어있소. 아테네로 말할 것 같으면, 커다란 순종 말처럼 거대한 몸집 때문에 게을러지기 쉬운데 그래서 쇠파리의 자극이 필요한 곳인 것 같소. 만약 그대들이 나의 충고를 받아들인다면, 그대들은 나의 생명을 구해주겠지요. 그러나 나는 곧 그대들이 졸음에서 깨어나서 성가셔하며 아니토스의 조언을 받아들여 일격에 나를 해치우고는 계속 잠을 청하리라 생각하오."

판사는 두 번째이자 마지막 평결을 주문하자 배심원 중에서 360명이 소크라테스에게 사형판결을 내렸다.

그 후 배심원들은 집으로 돌아갔고 유죄선고를 받은 소크라테스는 감옥으로 끌려가 죽음을 맞게되었다.

왜 내가 소크라테스를 생각할까?

그리스 여행을 계획한 것은 나의 존재에 대한 물음에 있었다. 나는 누구인가? 어떻게 살 것인가? 그리고 어떻게 죽음을 맞이할 것인가의 문제를 고민하게 되었기 때문이다. 소크라테스의 삶을 통해서 이러한 문제에 대한 문제의식을 갖고 산다면 얼마나 좋을까라는 생각이 들었다. 우리는 유명한 인물의 죽음에 관해서는 자세하게 알지만 그의 탄생에 관해서는 잘 모를 때가 많다. 플라톤의 '고르기아스'에 의하면 소크라테스는 아테네에 10부족과 139데모스가 있던 시절에 안티오키스부족의 알로페케데모스에서 소프로니스코스와 파이나레테의 아들로 태어났다. 소크라테스의 고향인 알로페케는 아테네 중심부에서 걸어서 25분이면 도착될 정도로 멀지 않은 곳에 있다. 소크라테스의 아버지는 대리석을 다루는 석공이었다. 자료에 의하면, 소크라테스는 다른 아이들과 약간 다른점이 있었다고 한다. 오죽하면 소크라테스의 아버지가 델포이 신탁에 이 괴짜 아들을 어떻게 키워야 하는지 물어봤을까? 신탁은 아들이 마음에 떠오르는대로 뭐든지 하게 놔두고 그의 동기를 구속하거나 바꾸지 말고 있는 그대로 놔두라고 대답했다고 한다. 이러한 소크라테스는 어린시절부터 벌써 자신을 둘러싼 세상에 질문을 던지기 시작했다. 평생 그는 질문을 업으로 삼았다고 한다. 디오게네스 라에르티오스의 "유명한 철학자들의 생애·가르침·격언"에 따르면 소크라테스는 유일한 덕은 지식이며, 유일한 악은 무지이다고 말했다고 한다. 플라톤의 "소크라테스의 변명"에서는 캐묻지 않는 삶은 살 가치가 없다는 소크라테스의 말을 전한다.

청년 소크라테스는 기원전 450년경 '무엇(What)'보다는 '왜(Why)'를 탐구한 것으로 보인다. 당대의 위대한 원로 사상가인 파르메니데스와 제논이 아테네의 보호벽 밖에 있던 천박하고 악취나고 시끌벅적한 케라메이코스지역에 나타났다. 그들은 내적인 삶이 육체적 존재만큼 중요하다고 말했다. 케라메이코스에서의 모든 경험을 받아들이던 청년 소크라테스는 이 일을 계기로 '존재'라는 개념에 눈뜨게 되었다고 한다.

왜 어떤 사람은 영감을 주는 반면, 다른 사람들은 그렇지 못할까? 이 세상에 존재하는 사람들은 자신이 무엇을(What) 하는지 100% 알고 있다. 어떤 사람은 어떻게(How) 하는지도 안다. 하지만 '왜' 하는지 아는 사람은 드물다. 여기서 '왜'란 그 일을 하는 목적, 신념, 동기 등을 말한다. 우리는 눈에 보이는 것, 겉모습만으로 생각하고 행동하는 우리의 모습 안에 있는 본질적인 이유(Why)를 찾지 못한 채 밖에 있는, 눈에 보이는 결과에 집착하게 된다. 하지만 우리에게 영감을 주는 사람은 본질적인 문제를 먼저 생각하고 행동하고 소통을 한다는 것이다. 청년 소크라테스는 이러한 본질적인 문제인 왜(Why)에 관심을 갖고 기존의 현상에 도전하고, 다르게 생각한다는 것을 추구하였던 것 같다.

델포이 신전에 새겨진 경구는 다음과 같다. "도를 넘지 마라"(Meden

Agan) "너 자신을 알라"(Gnothi Seauton) 이 경구는 사람의 삶에 유용한 격언이다. 그리스인에게 이 격언은 네 분수를 알아라, 즉 자만하지 마라, 과욕을 부리지 말라는 뜻이었다. 소크라테스의 동시대인들은 자기 분수를 아는 사람들이었다. 그들의 분수는 매일 의례와 기도, 운동경기에 참여하는 것, 그럼으로써 현 상태를 유지하는 것이었다. 하지만 소크라테스는 격언을 그렇게 풀이하지 않았던 듯하다. '세상을 움직이려면 우선 너 자신을 움직여라' 소크라테스는 이 격언을 역설적으로 이해했다. '너에게 커다란 한계가 있다는 것을 알아라' '하지만 다른 사람들이 말하는 너 자신에 안주하지 마라' '너의 내면을 알아라' '다른 사람과 관계를 맺으면서 너 자신을 알아라' '주변 사람들을 사랑함으로써 너 자신을 알아라' '네가 아무것도 모른다는 것을 알아라'

소크라테스가 보았던 아고라는 죽은 자의 집이 아니라. 산 자들의 장소였다. 음악회가 열렸고 병사들이 훈련했으며 책을 팔았고 극을 상연했으며 조각을 새기고 다듬었다. 소크라테스에게 아고라는 우리의 의식, 우리의 영혼이 머무는 곳이었다. 소크라테스는 사람이 곧 사회라고 믿었다. 그는 어울릴 사람을 찾아 지구 끝까지라도 가겠노라고 했다고 한다. 또 그는 현명한 사람은 절대 완전히 고독할 수 없다고 믿었다. 지식을 추구할수록 함께 할 동료를 만나게 된다고 생각했다. 무지는 올바르지 않고 앎은 올바르다. 우리가 무엇이 올바른지 안다면 우리는 그 올바름을 행할 것이다. 세상에서 고립되는 것이 아니라 세상과 어울리면서 세상의 나쁜 점까지 모두 받아들이는 것이 바로 올바름을 행하는 방법이라고 했다.

그리스인들은 델포이 신전이 세상 모든 문제에 해답을 내린다고 믿었다. 소크라테스의 제자인 카이레폰이 델포이 신전에 가서 물었다.

"소크라테스보다 지혜로운 자가 있습니까?" 신탁이 대답했다. "없다" 건방진 소크라테스가 감히 위대한 신 아폴론께 신학을 구해 아테네 최고의 현자라는 소리를 들었다면 그는 최악의 오만을 저지른 것이 된다. 그러나 소크라테스는 카이레톤이 받은 신탁을 도저히 이해할 수가 없었다. 그는 자신이 현명하다고 생각한 적이 전혀 없었기 때문이다. 그래서 소크라테스가 선택한 방법은 자신보다 지혜롭다고 생각되는 사람들을 찾아다니면서 알아보자는 것이다. 아테네에서 각 방면에 전문가라고 말해지는 사람들을 직접 찾아가 대화를 해보니 그들이 실제로는 현명하지 않다는 사실을 안 것이다. 소크라테스는 최소한 자신이 모른다는 것은 알고 있었지만 그들은 자신들이 모르고 있다는 것조차 알지 못했다는 것이다. 이제 신탁이 무엇을 의미하는지는 알았지만 많은 사람들에게 원한을 샀다는 것이다. 소크라테스는 다만 신탁의 뜻을 알기 위해 자신이 한 일로 죽음의 상황까지 이르게 된 것이다.

기원전 399년 5월의 어느날, 소크라테스는 아테네 시민 500명 앞에 서있었다. 그는 여전히 낙관주의와 균형감각, 도덕적 확신을 잃지 않았다. 마치 다른 세상 사람처럼 구는 그의 태도에 사람들은 화가 났다. 멜레토스와 아니토니, 리콘은 추상적이지만 아주 중대한 두 가지 범죄로 소크라테스를 고소했다. "소크라테스는 국가가 인정하는 신들을 인정하지 않고 새로운 신을 받아들인 죄가 있다. 그뿐만 아니라 젊은이들을 타락시킨 죄가 있다. 형은 사형을 제안한다." 하지만 그는 담담했고 심드렁했다. 말의 대가인 그는 초연해 보였다. 그러면서 고발한 내용을 조목조목 논리적으로 반박한다. 첫 번째 투표에서 유죄를 판결한 사람이 280명이고 무죄는 220명이었다. 이제 유죄판결을 받은 상태에서 원고측은 사형을 인도할 것을 주장하고 피고측은 벌금형을 제안하고 있다. 그러나 소크라테스는 벌금형을 제안하기에 앞서 혹시 자신에게 추방령이 내려지면 받아들이지 않겠다는 의사를 확실히 한다. 그 자신은 다른 사람들과 함께 사람에게 가장 좋은 것은 무엇이고 가장 탁월한 것은 무엇인가를 음미하지 않고 살아간다는 것을 생각조차 할 수 없다고 한다. 여기서 그는 유명한 플라톤의 소크라테스의 변명에서 "캐묻지 않은 삶은 살 가치가 없다"고 말한다. 그러면서 소크라테스는 아마도 이러한 자신의 입장을 사람들이 이해하기 어려울 것이라고 한다. 실제로 배심원들은 이해를 못했을 뿐만 아니라 오해를 하였다. 아마도 건방지다고 생각했던 것 같다. 최종투표는 160명 사면, 340명이 사형에 찬성했다.

소크라테스는 법정에서 고작 280미터 떨어진 감옥으로 이동했다. 감옥은 필로파포스 기념비가 있는 언덕에 자리하고 있다. 아크로폴리스에 올라가 서쪽 방향인 입구쪽을 향해 건너편을 바라보면 삐쭉한 기념비가 보이는 곳이다. 필로파포스는 로마시대 때 아테네의 아르콘으로 파견된 사람인데 아테네인들에게 관대한 정치를 베풀었다. 아테네인들은 그가 죽자 기원전 116년에서 114년 사이에 당시 뮤즈의 언덕 정상에 추모기념탑을 세웠다. 그 이후로 뮤즈의 언덕을 필로파포스 언덕이라 불리게 된 것이다. 이곳에 올라와 파르테논을 바라보면 가장 아름다운 전경을 찾아 낼 수 있다. 15년전 성지순례 때 이 감옥에 들러 기도를 하고 갔던 기억이 새롭다. 그 당시엔 많은 것을 알지 못하고 막연하게 배웠다. 소크라테스를 기억했지만 지금은 다른 아련한 아픔이 가슴에 젖어온다. 결국 소크라테스는 사형선고를 받고 죽을 수밖에 없었다.

소크라테스는 사형을 선고 받았지만 바로 죽지는 않았다. 소크라테스는 죽음을 앞둔 얼마 남지 않은 시간동안에도 끊임없이 말하였다. 아마 그가 살아 있는 한 침묵을 지키는 것은 불가능하였을 것이다.

특히나 억울한 죽음을 받아들이지 말고 탈옥을 하라고 종용하는 크리톤을 설득하고 비탄에 빠진 제자들에게 죽음이 무엇인가를 설파하고 슬퍼하지 말라고 위로한다.

소크라테스의 마지막은 너무나 의연하였다. 플라톤의 '파이돈'을 보면, 소크라테스는 죽기 전에 이상한 유언을 했다.

> "크리톤, 우리는 아스클레파오스께 닭 한 마리를 빚졌네. 절대 잊지 말고 갚게나."

소크라세스가 마지막 순간에 찾은 신은 치유의 신인 아스클레피오스이다. 왜 하필 독이 온 몸에 퍼지면서 서서히 죽어갈 때 이 말을 했다. 그 순간에 치유의 신 말고 다른 누구를 찾을 수 있을까? 신화에 의하면 아스클레피오스는 죽은자를 부활시킨다고 한다. 그는 부활해서 열정적인 삶을 더 연장하고 싶었는지도 모르겠다. 플라톤의 소크라테스의 변명을 보면 소크라테스는 이런 말을 했다.

> "나는 죽고 자네들은 살겠지. 어느 것이 더 나은 여행인지 누가 알겠는가?"

나는 추후 이 장을 연결하여 한 달 동안 여행했던 그리스·이탈리아와 크로아티아를 중심으로 기행문을 준비하고 있다.

참고문헌

강남순, 『용서에 대하여』, 동녘, 2017.

강량원 외 9인, 『아들에게 보내는 갈채』, 책 숲, 2012.

강상중, 송태욱 옮김, 『살아야 하는 이유』, 사계절, 2012.

강신주 외 6인, 『나는 누구인가』, 21세기북스, 2014.

고은 외 11인, 『어떻게 살 것인가』, 21세기북스, 2017.

김기석, 『흔들며 걷는 길』, 포이에마, 2014.

김덕영, 『이야기의 땅, 터키 이스탄불에서 델피의 신탁까지』, 책세상, 2012.

김병숙, 『은퇴 후 8만 시간』, 조선 Books, 2012.

김정한, 『나를 찾아가는 여행』, 함께 북스, 2013.

김연형, 서정순, 『별이 내리는 마을에서 길을 묻다』, 월인, 2012.

김연형, 『아직도 끝나지 않은 길』, 월인, 2013.

김형석, 『영원과 사랑의 대화』, 김영사, 2017.

김형석, 『백년을 살아보니』, Denstory, 2018.

다비드 르 브르통, 김화영 옮김, 『걷기 예찬』, 현대문학, 2002.

다비드 르 브르통, 문신원 옮김, 『느리게 걷는 즐거움』, 북라이프, 2014.

레오 보만스 엮음, 노지양 옮김, 『세상 모든 행복』, 흐름출판, 2012.

로제 폴 드루아, 백선희 옮김, 『걷기, 철학자의 생각법』, 책세상, 2017.

루키우스 안나이우스 세네카, 김경숙 옮김, 『화에 대하여』, 사이, 2013.

랜디 포시, 제프리 재슬로, 심은우 옮김, 『마지막 강의』, 살림, 2011.

리베카 솔닛, 김정아 옮김. 『걷기의 인문학』, 반비, 2017.

리베카 솔닛, 김현우 옮김, 『멀고도 가까운』, 반비, 2019.

리하르트 다비트 프레히트, 백종유 옮김, 『나는 누구인가』, 21세기북스, 2010.

리 호이나키, 김병순 옮김, 『산티아고 거룩한 바보들의 길』, 달팽이 출판, 2011.

릭 웨렌, 고성삼 옮김, 『목적이 이끄는 삶』, 디모데, 2009.

마리아 베테티니, 스테파노 포지, 천지은 옮김, 『여행, 길 위의 철학』, 2017.

마사 누스바움, 솔레브모어, 안진이 옮김, 『지혜롭게 나이든다는 것』, 2019.

모간 스캇 펙, 조성훈 옮김, 『끝나지 않은 여행』, 율리시즈, 2011.

모간 스캇 펙, 황혜조 옮김, 『그리고 저 너머에』, 율리시즈, 2011.

모간 스캇 펙, 최미향 옮김, 『아직도 가야 할 길』, 율리시즈, 2012.

무가미 하루키, 임홍빈 옮김, 『비 내리는 그리스에서 불볕 천지 터키까지』, 문학사상, 2015.

무가미 하루키, 김진욱 옮김, 『나는 여행기를 이렇게 쓴다』, 문학사상, 2016.

무가미 하루키, 윤성원 옮김, 『먼 북소리』, 문학사상사, 2017.
박경철, 『그리스기행 1』, 리더스북, 2013.
법정, 『오두막 편지』, 이레, 2007.
법정, 『살아 있는 것은 다 행복하다』, 조화로운 삶, 2010.
베르나르 올리비에, 고정아 옮김, 『여행』, 효형출판, 2006.
베르나르 올리비에, 임수현 옮김, 『떠나든, 머물든』, 효형출판, 2016.
베르나르 올리비에, 베네딕트 플라테, 이재형 옮김, 『나는 걷는다 끝』, 효형출판, 2017.
벨 훅스, 이영기 옮김, 『All about love』, 책 읽는 수요일, 2017.
빌 브라이슨, 『나를 부르는 숲』, 동아일보사, 2011.
사라 베이크 웰, 김유신 옮김, 『어떻게 살 것인가』, 책 읽는 수요일, 2012.
손봉호, 『나는 누구인가』, 샘터, 2006.
신영복, 『감옥으로부터의 사색』, 돌베개, 2016.
신정일, 『길 위에서 배운 것들』, 루이앤 휴잇, 2018.
신재원, 엘 카미노, 『별들의 들판까지 오늘도 걷는다』, 지성사, 2007.
스키너, B. F, 마거릿 e. 본, 이시형 평열, 『스키너의 마지막 강의』, 더 케스트, 2013.
셸리 케이건, 박세연 옮김, 『죽음이란 무엇인가』, 엘도라도, 2012.
쑤쑤, 김정자 옮김, 『멈추어야 할 때 나아가야 할 때 돌아와야 할 때』, 다연, 2016.
안스복, 『느낌』, 문지사, 2010.
알랭드 보통, 정영목 옮김, 『여행의 기술』, 이레, 2004.
알폰소 링기스, 김창규 옮김, 『길 위에서 만나는 신뢰의 즐거움』, 오늘의 책, 2014.
야마구치 슈, 김윤경 옮김, 『철학은 삶의 무기가 어떻게 되는가?』, 다실초당, 2019.
앤디 앤드루스, 이종인 옮김, 『폰더씨의 위대한 하루』, 세종서적, 2003.
오스 기니스, 박지은 옮김, 『인생, 복있는 사람』, 2016.
오스 기니스, 김진선 옮김, 『오스 기니스의 저항』, 토기장이, 2017.
요르그 리거, 홍병룡 옮김, 『여행, 관광인가 순례인가』, 포이에마, 2015.
유진 피터슨, 이종태 옮김, 『다윗: 현실에 뿌리 박은 영성』, IVP, 2007.
유시민, 『유럽 도시 기행 1』, 생각의 길, 2019.
에릭 시노웨이, 메릴 미도우, 김명철·유지연 옮김, 『하워드의 선물』, 위즈덤하우스, 2013.
애나메리 로버트슨 모지스, 류승경 편역, 『인생에서 너무 늦은 때란 없습니다』, 수오서재, 2018.
우간린, 임대근 옮김, 『어떻게 원하는 삶을 살 것인가』, 위즈덤하우스, 2014.
이근후, 김선경 엮음, 『나는 죽을 때까지 재미있게 살고 싶다』, 갤리온, 2019.
이유택, 『행복의 철학』, 계명대학교 출판부, 2020.
이용호, 『나는 가야만 한다』, 하양인, 2016.
이영철, 『영국을 걷다』, 미래의 창, 2017.

이영호, 『나는 누구인가?』, 그림같은 세상, 2010.
자크 라카리에르, 문신원 옮김, 『길을 걸으며』, 연남서가, 2016.
자클린 드 로미이, 이명훈 옮김, 『왜 그리스인가』, 후마니타스, 2011.
전규태, 『유럽힐링투어』, 신아출판사, 2012.
조동규, 『그리스의 섬들』, 그리스성지문화연구소, 2007.
조지 베일런트, 이덕남 옮김, 『행복의 조건』, 프런티어, 2010.
정태남, 『이탈리아 도시기행』, 21세기북스, 2013.
존 그리피스 페들리, 조은정 옮김, 『그리스 미술』, 예경, 2004.
조현, 『그리스 인생 학교』, 휴, 2013.
잭 케루악, 이만식 옮김, 『길 위에서』 1, 2, 민음사, 2016.
찰린 C. 지아네티, 이혜원 옮김, 『나는 누구인가』, 반디, 2005.
최인호, 『눈물』, 여백, 2013.
클라우스 틸레 도르만, 정서웅 옮김, 『베네치아와 시인들』, 열림원, 2007.
파울로 코엘료, 박명숙 옮김, 『순례자』, 문학동네, 2008.
폴 칼라니티, 이종인 옮김, 『숨결이 바람 될 때』, 흐름출판, 2016.
프레데리크 그로, 이재형 옮김, 『걷기, 두발로 사유하는 철학』, 책세상, 2016.
피에르 쌍소, 김주경 옮김, 『느리게 산다는 것의 의미 2』, 현대신서, 2001.
필 쿠지노, 황보석 옮김, 『성스러운 여행 순례 이야기』, 문학동네, 2003.
하이럼 스미스, 김경섭·이경재 옮김, 『인생에서 가장 소중한 것』, 김영사, 2002.
헨리 데이비드 소로, 박우정 옮김, 『월든』, 문예춘추사, 2017.
홍병선, 『그리스 신화의 철학적 사유』, 연경문화사, 2010.
호원숙, 『그리운 곳이 생겼다』, 마음산책, 2016.

걷기, 삶과 행복의 관계

초판 1쇄 인쇄 2021년 11월 11일
초판 1쇄 발행 2021년 11월 17일

지은이 김연형
펴낸이 박성복
펴낸곳 도서출판 월인
주 소 01047 서울특별시 강북구 노해로25길 61
등 록 2000년 2월 7일 제6-0480호
전 화 (02)912-5000
팩 스 (02)900-5036
홈페이지 www.worin.net
전자우편 worinnet@hanmail.net

ISBN 978-89-8477-711-8 03810

값은 뒤표지에 있습니다.